本书系北京市教育科学规划 2021 年度校本研究专项课题的研究成果，课题名称为"指向深度学习的校本化课堂教学范式构建研究"（CDBA21081）。

深度探索

教师深度学习变革之路

刘晓昶◎主编

科学技术文献出版社
SCIENTIFIC AND TECHNICAL DOCUMENTATION PRESS

·北京·

图书在版编目（CIP）数据

深度探索：教师深度学习变革之路 / 刘晓昶主编.
北京：科学技术文献出版社, 2024.12. -- ISBN 978-7-
5235-1959-2

Ⅰ. G420

中国国家版本馆 CIP 数据核字第 2024PV7922 号

深度探索：教师深度学习变革之路

策划编辑：梅　玲　　责任编辑：韩　晶　　责任校对：王瑞瑞　　责任出版：张志平

出 版 者	科学技术文献出版社
地　　址	北京市复兴路15号　邮编 100038
出 版 部	(010) 58882943, 58882087（传真）
发 行 部	(010) 58882868, 58882874（传真）
邮 购 部	(010) 58882873
官 方 网 址	www.stdp.com.cn
发 行 者	科学技术文献出版社发行　全国各地新华书店经销
印 刷 者	北京虎彩文化传播有限公司
版　　次	2024 年 12 月第 1 版　2024 年 12 月第 1 次印刷
开　　本	787×1092　1/16
字　　数	334千
印　　张	16.25
书　　号	ISBN 978-7-5235-1959-2
定　　价	68.00元

前言
Foreword

在信息化、智能化浪潮席卷全球的新时代背景下，教育领域正经历着前所未有的深刻变革。新课程、新教材（简称"双新"）的推行，不仅是教育理念的更新，更是教学方式的深刻变革。面对这一重大挑战，北京市第五十七中学紧跟时代步伐，以课题研究的方式积极探索并实施了深度学习教学改革项目。经过3年的不懈努力与探索实践，我们取得了丰硕的成果，这些成果不仅体现了教师们的辛勤付出和智慧结晶，更彰显了深度学习教学改革项目的深远意义和价值。

深度学习，作为一种新型的学习方式，强调学生在理解的基础上，通过批判性思维、创新思维等高级认知活动，实现对知识的深度掌握和灵活运用。在课题的引领下，我们致力于将深度学习理念融入日常教学，推动教学方式的转变，提升学生的学习效果。经过3年的探索与实践，我们深刻认识到，深度学习不仅是学生学习方式的变革，更是教师教学理念和教学方式的转变。

在这3年中，我们坚持以学生为本，注重激发学生的学习兴趣和主动性。通过设计富有挑战性的学习任务，引导学生进行深入思考和探究，让他们在解决问题的过程中，不断提升自己的思维能力和创新实践能力，提升学习效果，让他们在学习过程中感受到了成长的喜悦和成就感。

在深度学习教学改革中，我们通过培训、研讨、交流等多种形式，深化教师对深度学习理念的认识和理解，引导教师在教学实践中积极探索和创新。教师们以饱满的热情和坚定的信念，投入深度学习教学改革，不断尝试新的教学方法和手段，教学观念得到了更新和升华，教师们更加注重培养学生的综合素质和能力，更加关注学生的学习过程和体验。

在这本成果集中，我们记录了教师在深度学习教学改革中的探索与实践，展示了北京市第五十七中学教师在教学理念、教学方法、教学资源等方面的创新成果。这些成果不仅是我们过去3年努力的见证，更是我们未来继续前行的动力。我们希望这本成果集能够激发更多教育工作者对深度学习教学改革的兴趣和热情，共同推动教育的创新与发展。

最后，我要衷心感谢所有参与深度学习教学改革项目的教师，正是你们的辛勤付出和不懈努力，才使我们取得这些宝贵的成果。

展望未来，我们将继续秉持着探索与实践的精神，不断深化深度学习教学改革，为培养更多具有创新精神和实践能力的新时代人才而不懈努力。我们相信，在全体师生的共同努力下，我校的教育事业一定能够迎来更加辉煌的明天！

这本深度学习教学改革成果集，既是对我们过去 3 年工作的总结与回顾，更是对未来工作的展望与期许。让我们携手共进，在深度学习教学改革的道路上不断前行，共同书写教育事业的崭新篇章！

刘晓昶

2024 年 5 月

目　录
CONTENTS

研究概述

指向深度学习的校本化课堂教学范式构建研究

刘晓昶

当前，基础教育经过前几轮课改，课堂教学改革取得了一定的成效，但是还存在一系列问题。在知识系统性上，碎片化的教学影响学生对知识的建构与迁移；在实践性上，学生所学知识与生活实际关联性不强，与社会发展脱节，知行难以有效统一；在教学互动性上，"满堂问""满堂动"的形式主义现象仍大量存在，课堂活动思维含量不够，不利于发展学生的高阶思维；在评价上，教师过于关注学生对知识的学习，不重视学生"情意"的发展。总的来看，新课改倡导的自主、合作、探究的学习方式和个性化、实践性的学习理念虽然在观念上被教师理解和接受，但是真正实施起来，老师们还是觉得困难重重，应试教育根深蒂固，让学生机械重复地学习，对学生进行简单的记忆强化训练，导致学生只会做题，不会解决真实的问题；如此种种，迫切要求对课堂教学进行根本性的变革。

以上课堂教学所面临的问题，很难通过教师个人的努力解决，必须发挥团队的力量。简单、零散的变革，教师个人有时就能够完成；复杂、整体的变革，必须通过教师群体共同努力才能达到。因此，我们想从学校整体层面寻求突破。

通过系统搜集国内外课堂教学的最新理论和相关文献发现，深度学习在培养学生核心素养、提升其高阶思维能力方面具有显著优势，对改进当前教学深有启发。

一、深度学习的内涵与特征

深度学习，是指在教师引领下，学生围绕着具有挑战性的学习主题，全身心积极参与、体验成功、获得发展的有意义的学习过程。在这个过程中，学生掌握学科的核心知识，理解学习的过程，把握学科的本质及思想方法，形成积极的内在学习动机、高级的社会性情感、积极的态度、正确的价值观，成为既具独立性、批判性、创造性，又有合作精神、基础扎实的优秀的学习者，成为未来社会历史实践的主人[1]。深度学习主要特征为联系与结构、活动与体验、本质与变式、迁移与应用、价值与评价。

从"深度学习"在中学课堂中的实践与运用来看，深度学习的课堂具有以下5个主要特征：注重批判性地理解、强调知识整合、关注迁移应用与问题解决、着重发展高阶思维能力、提倡监控与反思。

---

[1] 刘月霞，郭华.深度学习：走向核心素养（理论普及读本）[M].北京：教育科学出版社，2018.

二、课堂教学范式的构建

（一）什么是范式

不同的学者对范式有着不同的理解，但总体来说他们都是在库恩范式概念的基础上加以理解和说明。诸多学者在对范式进行界定时使用了以下核心词：模式、图式、信念、技术、方法、思维方式、研究方式、价值等。

从学校层面看范式的话，大致包含以下 3 个方面的含义：第一，它是学习共同体进行特定研究时所共同持有的价值取向与信念；第二，它是学校研究者所共有的世界观和方法论；第三，它是学习共同体在做研究时所遵循的基本相同的思考方式和研究方式。

（二）课堂教学范式

本研究的课堂教学范式是指学校教师群体在课堂这一特定教育教学场域中共同认知、公认价值和常用技术的总和，其要素主要包括一定的学习共同体共同的教育价值取向、教学目标（学习目标）确立、教学内容选择、师生角色与关系、教学行为表征、教学结果评价、课堂文化 7 个方面。

（三）基于深度学习的教学范式

结合学校的课堂教学实际和校园文化特征，我们构建了基于深度学习的课堂教学范式，该范式如下。

1. 教育价值取向

以学生为中心，注重培养学生的批判性思维、问题解决能力和跨学科知识应用能力。这一理念成为学校文化的核心，并被全体教师共同认同和实践。

2. 教学目标（学习目标）确立

以素养为导向，基于深度学习的特征，制定具体、可衡量的学习目标，如提升学生的分析、评价、创造等高阶认知能力。这些目标应与课程标准符合，并能够反映学生的预期表现。

3. 教学内容选择

选择能够激发学生兴趣、有挑战性的教学内容。内容应涵盖学科核心知识，最好同时融入跨学科元素，通过项目式学习等方式促进对知识的深入理解和应用。

4. 师生角色与关系

教师作为引导者和协作者，而非单纯的知识传递者；学生则转变为主动探索者和参与者。这种转变需要通过教师培训和课堂管理策略来支持。

5. 教学行为表征

采用多样化教学方法，如情景教学、案例研究、小组合作学习、翻转课堂等，以适应不同学习风格和提高互动性。教师需灵活运用各种教学策略，鼓励学生积极参与。

6.教学结果评价

实施多元化评价体系，包括自我评价、同伴评价、项目作品评估及学业水平考试。评价不仅关注结果，而且重视过程，以促进学生的全面发展。

7.课堂文化

建立一个开放、包容、尊重差异的课堂环境，鼓励学生提问和探究。通过定期的教学反思和教研活动，不断优化教学实践和课堂管理。

这个课堂教学范式强调在教学过程中提升深度学习的重要性，并通过具体的策略和活动设计来促进学生学习质量的全面提升。

三、基于深度学习的课堂教学模型构建

根据以上教学范式，构建基于深度学习的"学—思—研—创"课堂教学模型（图1）。

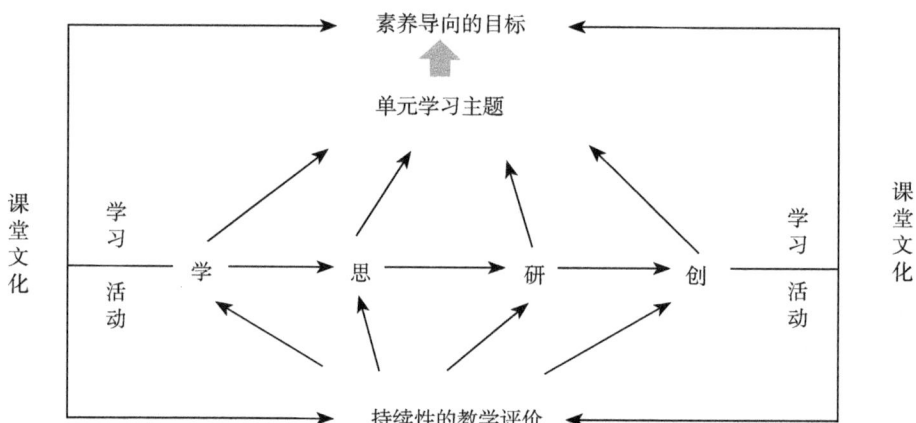

图1 "学—思—研—创"课堂教学模型

（一）"学—思—研—创"课堂教学模型构建

在该模型中，素养导向的目标是核心、指挥棒，单元学习主题的构建、单元内的教学活动设计及单元的教学评价都指向这个核心。

一个学科课程分成若干学习模块，每个模块分成若干相对独立又相互联系的学习单元（每个单元都有主题），单元之间在内容上具有一定的逻辑性和递进性。

在主题单元的学习中，"学、思、研、创"是课堂学习活动的主要环节，教师的教学设计和教学评价紧密围绕这些环节展开，指向素养导向的目标。

"学"，是基础。它强调学生的学习方式和方法的转变，从被动接受知识变为主动探索和构建知识。学生需要积极参与到学习过程中，通过自主学习、合作学习等方式，深入理解并掌握所学知识。

"思"，是核心。一方面，"思"是思考，它要求学生在学习过程中进行深度思考，

对所学知识进行批判性分析和评价，实现深度理解，形成自己的见解和观点；另一方面，"思"是反思，通过反思和评估，巩固学习成果，识别改进空间。

"研"，是探究。它强调研究的重要性，鼓励学生在教师的引导下，通过问题探究、课题研究等方式，进行深度学习和探究。这不仅能够帮助学生深化对知识的理解，还能培养他们的研究能力和创新精神，发展高阶思维。

"创"，即创新，是应用于实践的高级目标。学生在教师的指导下，进行创意设计、实践操作等活动，发挥自己的创造力和想象力，提出新的观点、新的方法和新的解决方案。它要求学生将所学知识运用到实际中，通过创新实践来解决问题。

为了学生能够更好地"学—思—研—创"，教师需要创建宽松、愉悦的学习环境，并丰富和利用教学评价手段，促进学生学习、思考、探究和创新实践，并创建支持和分享的课堂教学文化，加强师生间和学生间的学习互动，并让尊重、支持和分享的文化成为学校文化的核心。

这个教学模型注重学生的主动性和实践性，鼓励学生积极参与、自主探究和勇于创新。它不仅能够提高学生的知识水平和高阶思维能力，还能够培养学生的实践能力和创新精神，为他们的未来发展打下坚实的基础。

（二）"学—思—研—创"课堂教学模型特点

"学—思—研—创"课堂教学模型在结合学科素养和深度学习时，展现出了诸多显著优点。这一教学范式不仅有助于培养学生的学科素养，还有力地促进了学生的学习进程，实现了知识与能力的双重提升。

1. 有利于提升学科素养

"学—思—研—创"课堂教学模型为培养学生的学科素养提供了有力支撑。学科素养是学生在特定学科领域内所具备的一系列基本素质，包括学科知识和技能、学科思维、学科态度和学科价值观念等。在"学"的环节中，学生通过自主学习和合作学习，系统地掌握学科知识，为形成学科素养打下基础。在"思"的环节中，学生通过对学科知识的深度思考，培养学科思维和价值观念，进一步提升学科素养。而"研"和"创"的环节则鼓励学生进行跨学科学习和创新实践，从而培养全面发展的学科素养。

2. 促进深度学习

模型的设计鼓励学生超越表层学习，向深度学习转变，这有助于他们更好地理解和应用知识，而不仅仅是记忆事实。在"学"和"思"的环节中，学生通过对学科知识的深度学习和思考，形成对知识的深度理解和应用。在"研"的环节中，学生通过深度学习的方式进行研究，探索学科领域的前沿问题，培养研究能力和创新精神。在"创"的环节中，学生将深度学习的成果转化为创新实践，解决实际问题，进一步提升学科素养和创新能力。整合式学习过程：模型通过将学习、思考、研究和创新结合起来，鼓励学生参与一个连续的认知发展过程，这有助于学生建立扎实的知识基础，并在此基础上培养分析和创新能力。

3. 利于高阶思维能力和创新能力的培养

该教学模型重视反思和批判性思维：通过专门的"思"阶段，模型强调了反思的重要性，这有助于学生形成自己的观点，提高批判性思维能力。模型的最终阶段专注于创新，这为学生提供了将理论知识应用于实际问题和创造新解决方案的机会。

4. 关注持续性评价，提升学习质量

模型中的持续性教学评价有助于及时调整教学方法和策略，确保教学效果和学生学习的质量。

案例：

结合高中语文课的案例，我们可以深入探讨如何应用"学—思—研—创"这一教学范式，以提升学生的语文素养和综合能力。

首先，在"学"的环节中，教师应引导学生自主学习，掌握语文基础知识。例如，在教授《红楼梦》时，教师可以提前布置预习任务，让学生自主阅读相关章节，了解故事背景和主要人物。课堂上，教师可以利用多媒体课件或思维导图等工具，帮助学生梳理知识脉络，形成系统的知识体系。同时，教师可以通过课堂讨论、提问等方式，激发学生的学习兴趣和主动性，引导他们积极参与学习活动。

其次，在"思"的环节中，教师应鼓励学生深入思考，培养他们的批判性思维。在《红楼梦》的教学中，教师可以提出一些有深度的问题，如"贾宝玉和林黛玉的爱情悲剧是如何形成的？""小说中的女性形象有哪些共同点和差异？"等，引导学生从不同角度分析问题，提出自己的见解和观点。教师可以通过小组讨论、角色扮演等方式，让学生在互动中碰撞思想，拓展思维空间。

再次，在"研"的环节中，强调学生的研究能力和创新精神。在《红楼梦》的教学中，教师可以组织学生进行专题研究，如"《红楼梦》中的诗词研究""小说中的人物形象比较研究"等。学生需要分组合作，通过查阅资料、分析文本、撰写研究报告等方式，完成研究任务。这一过程中，教师应提供必要的指导和支持，帮助学生解决研究中遇到的问题，培养他们的研究能力和创新精神。

最后，在"创"的环节中，要求学生将所学知识运用到实践中，进行创新实践。在《红楼梦》的教学中，教师可以鼓励学生进行文学创作，如续写小说、创作短剧等。学生可以根据自己的兴趣和特长，选择适合自己的创作形式，展示自己的创新成果。教师还可以通过举办朗诵比赛、戏剧表演等活动，为学生提供展示才华的平台，激发他们的创作热情。

综上所述，通过应用"学—思—研—创"教学范式，高中语文教师可以有效地提升学生的语文素养和综合能力。这一范式不仅有助于培养学生的自主学习能力和批判性思维，还能提升他们的研究能力和创新精神。因此，教师应积极探索和实践这一教学范式，为学生的全面发展提供有力支持。

（三）"学—思—研—创"与深度学习教学范式的关系

（1）"学"代表深度学习过程中的学生学习过程。该模型强调学生基于深度学习理念的学习活动，注重对知识的理解、迁移和应用，以及高阶思维能力的培养。这与深度学习范式中提倡的教学目标和学习方式一致，即学生的学习应从被动接受转变为主动探究，通过意义建构来深化理解。

（2）"思"代表深度学习过程中的反思与监控机制。在"学—思—研—创"模型中，教师和学生都需要对自己的学习过程进行反思，以监控学习进展和调整学习策略，确保学习的深度和有效性。这与深度学习范式中提到的提倡监控与反思的理念吻合。

（3）"研"代表研究，是"学—思—研—创"模型的核心部分。它要求学生不仅要学到知识，还要学会如何去研究问题，发展解决问题的能力。这符合深度学习范式中探索问题解决方法的教学途径和促进深度学习课堂教学的策略研究。

（4）"创"代表创新和实践，鼓励学生将所学知识应用于实践，通过项目式学习、跨学科综合等方式开展创新性活动。这与深度学习范式中的特色课程建设和课程资源开发、培养学生的创新精神和实践能力的目标紧密相关。

（四）"学—思—研—创"课堂教学模型的理论基础

（1）建构论（constructivism）：这个理论认为知识不是被动接受的，而是通过学生与环境的互动、经验的积累主动构建起来的。在"学—思—研—创"模型中，学生在"学"的阶段获得基础知识，在"思"的阶段进行反思和意义建构，在"研""创"的阶段进一步通过实践和探究来构建深层次的理解。

（2）深度学习（deep learning）：这一理念强调学生理解概念的本质及跨学科的联系，而不仅仅是记忆事实。模型中的"思""研"阶段促进深度学习的发生，鼓励学生深入思考和研究问题。

（3）布鲁姆的认知领域教育目标分类法（Bloom's taxonomy）：该理论提出了从简单到复杂的6个认知过程，分别为知识、理解、应用、分析、评价和创造。这6个层次可以映射到"学—思—研—创"模型的不同阶段，其中"学"对应知识的获取，"思"对应理解和应用，"研"对应分析和评价，"创"对应创造。

（4）社会互动理论：认为课堂互动是学生和教师、学生和学生之间社会行为的核心。课堂教学中的互动活动受到社会关系和社会环境的影响，强调了学习过程中个体之间的相互作用对认知发展的重要性。

这些理论共同构成了"学—思—研—创"教学模型的理论基础，指导教师在实践中设计有效的教学策略以促进学生的深度学习。

四、促进深度学习的课堂教学策略

（一）实施情境化教学

创设与学生生活紧密相关的学习情境，在历史课上，通过重现历史事件或利用多媒体资源展示，如电影片段、纪录片，增强学生对历史事件的理解和记忆；在物理课上，通过模拟实验，如使用计算机模拟卫星发射过程，使学生能够直观地理解物理定律和概念；在地理课上，可以围绕一个具体的科幻电影情节设计课程内容，通过视频资料和讨论，让学生探索该情节背后的地理知识。

（二）注重挑战性任务设计

设计以解决实际问题为导向的挑战性任务，鼓励学生通过合作的方式完成任务，深化对知识的理解、迁移和应用。

在语文教学中，教师设计与《乡土中国》《红楼梦》相关的互文性阅读任务，要求学生从不同角度解读文本，并撰写分析报告。

在数学课堂上，教师提出实际问题，如"如何估计北京市某品牌共享单车的总数?"，并指导学生运用样本编号和模拟技术进行数据分析。

在化学课堂上，教师设置实验任务，要求学生预测某种物质的性质，并通过实验验证其预测的准确性。

（三）促进反思性学习

鼓励学生在学习过程中进行自我反思，思考自己的学习方法、理解程度，以及如何将所学应用于实际问题解决。教师通过定期的学习日志、作品展示等形式来促进学生的反思活动。

（四）进行多元教学评价

采用包括自评、互评、师评在内的多种评价方式，不仅关注学生的学习结果，也重视学习过程和思维发展。评价方法多样化，以全面反映学生的学习情况。

在每个学科的评价设计中，除了传统的笔试和作业外，还包括学生的课堂表现、小组合作、项目完成情况等多维度评价。

对于每个学科的核心活动，教师指导学生进行自我评价和同伴评价，以促进学生的自主学习和批判性思维发展。

（五）营造支持深度学习的课堂文化

为了保证课堂教学范式的实施，师生正确的角色定位和支持探索、容错和创新的课堂文化非常重要。在指向深度学习的课堂教学中，师生角色定位应为教师作为引导者和促进者，而学生则转变为主动探索者和参与者。课堂文化应包含以下特质。

1. 尊重与包容

营造一个所有学生都能感到被尊重和包容的学习环境，鼓励学生表达自己的观点和想法。

2. 合作与交流

鼓励学生之间的合作学习和交流，通过小组讨论、同伴教学等方式，促进知识的共建和分享。

3. 探究与创新

培养学生的探究精神和创新能力，鼓励学生提出问题、自主寻找答案，并在解决问题的过程中应用所学知识。

以上这些策略旨在落实深度学习的教学目标，提升学生的学习品质和效果。通过实施这些策略，可以在教学中更好地整合理论与实践，促进学生的全面发展。

五、实施成效

（一）学生学习状态与学习效果明显改善

通过实施基于深度学习的课堂教学范式和教学模型，学生的学习状态与学习效果显著改善。

在不同学科的课堂中实施了深度学习教学策略，收集了初步的教学数据和学生反馈。通过对学生学习状态和效果的评估，我们发现学生在深度学习课堂中的参与度、思维活跃度、合作能力等方面都有了明显的提升。学生们不仅能够掌握知识，更能够形成批判性思维，提高解决问题的能力，以及增强终身学习的意识。这些成果充分证明了深度学习教学范式在促进学生全面发展方面的积极作用。

在学校的学情调研的数据也显示，实施深度学习教学策略后，各科积极参与课堂互动的学生比例也有了明显提升：2023年11月，高一积极和很积极参与语文课堂互动的学生分别为16.75%和78.5%，合计95.25%；积极和很积极参与数学课堂互动的学生分别为14.14%和77.49%，合计91.63%；积极和很积极参与英语课堂互动的学生分别为16.49%和77.49%，合计93.98%。这表明学生在深度学习课堂中更加积极主动，参与度更高。我们发现积极参与课堂讨论的学生在学期末的考试成绩普遍高于参与度较低的学生。

学生的学习态度对学习效果有着重要影响，学生应对学习困难的态度可以看出学生的学习态度。调研中，我校高一学生对"当遇到学习困难时，你会坚持尝试解决问题吗？"问题的回答中，78%以上的学生选择"会积极尝试解决"，接近20%的学生选择"视情况而定"，表明学生的学习态度比较积极主动。

（二）教师专业的成长与变化

通过对教师参加教研的状态和教师教学行为的调研，可以初步评估教师的专业发展情况，我们发现自深度学习教学改革项目实施以来，在教研组教研活动的深度、教师教学行为方面都有了明显的改进。

1. 教研活动的深度变化

在对所有高中教师的两次调研中（两次调研的时间分别是2022年11月和2024年5月），从教师对"我所在的教研组将深度学习教学改革项目作为校本教研重要内容"的回答中可以看出，选择"很符合"的教师占比，第二次调研数据比第一次提升了17个百分点，占比达到近97%。这一数据说明，深度学习教学改革项目已经成为我校各学科校本教研的重要内容。

在教师对"我所在的学科教研组平时的校本教研就具有深度"的回答中可以看出，选择"很符合"的教师占比，第二次调研数据也比第一次提升了14个百分点，认为本学科教研组平时教研具有深度的教师占比达到96%以上。

2. 教师教学观念和行为的变化

教师教学观念和行为也在发生积极变化，这个可以从学生的反馈和评价中得来，也可以从教师对自己的评估中看到变化。通过学校2020—2023年的评教评学数据，我们发现，学生对"教师教学方式灵活""教师的教学更加能激发学生的学习兴趣"方面的积极评价逐年提升（表1、表2）。

表1　2020—2023年高中学生对"教师教学方式灵活"的评价

年份	完全不符合	不太符合	比较符合	非常符合
2020—2021	0.85%	2.55%	27.66%	68.94%
2021—2022	0	5.22%	23.48%	71.30%
2022—2023	0	4.91%	22.39%	72.70%

表2　2020—2023年高中学生对"教师的教学更加能激发学生的学习兴趣"的评价

年份	完全不符合	不太符合	比较符合	非常符合
2020—2021	0.85%	10.21%	22.55%	66.38%
2021—2022	0	3.37%	20.25%	76.38%
2022—2023	0.31%	3.99%	17.79%	77.91%

在2024年5月高一学生语数外三科评教评学调研中，在评价"老师在教学中经常提出有深度的问题或设置有挑战性的任务促进我们深度学习和思考"这一问题时，分别有74.56%、92.11%和85.96%的学生选择了"很符合"；在评价"教师能联系社会或生活实际，实施情境教学"这一问题时，分别有76.32%、85.09%和87.72%的学生选择了"很符合"，说明我校教师在实施深度学习课堂教学范式后教学行为发生了积极的变化。

总之，通过课堂教学实践的积极探索，我们取得了显著的成效。这些成效不仅体现在学生学习成绩的提升上，更体现在学生高阶思维能力、学习兴趣和积极性，以及合作能力和沟通能力的提高上，还体现在教师专业能力的提升上。这些成果为我们进一步推广和应用深度学习教学理念提供了有力的支持，也为学校的教学改革提供了有益的借鉴和参考。在未来的教学实践中，我们将继续深化对深度学习的研究和实践，为学生的全面发展提供更加优质的教育服务。

语言学科

基于深度学习的经典文本互文性阅读探索

——以《乡土中国》《红楼梦》阅读为例

余丹

互文性（intertexuality）通常被用来指示两个或两个以上文本间发生的互文关系。"所谓互文性批评，就是放弃那种只关注作者与作品关系的传统批评方法，转向一种宽泛语境下的跨文本文化研究。这种研究强调多学科话语分析，偏重以符号系统的共时结构去取代文学史的进化模式"[①]，互文性理论在语文教学中有广泛的应用可能，《乡土中国》《红楼梦》即实例。此前，已有教师在教学中进行了尝试，但多为单向的、碎片的，以实例解释概念（以《红楼梦》印证《乡土中国》的某些概念），而对双向阐释、阐释过程中的思维培养、互文性阅读中的文本独立性问题没有进行更多的关注。本文尝试在这方面做一些探索。

一、《乡土中国》《红楼梦》互文性阅读的可行性

《乡土中国》《红楼梦》，一为学术著作，一为文学作品，创作年代不同，表达方式不同，表面看来，两者似乎缺乏互文性阅读的基础。但是，基于中国传统社会与"乡土"无法割裂的关系，《红楼梦》中的生活样态或许能为《乡土中国》提供某些佐证，而《乡土中国》对中国社会架构、文化习俗的分析又可以为《红楼梦》提供理解路径。从总体上讲，中国几千年的封建社会，即便是城市生活也很难和乡土脱离关系，这种无法脱离，不仅表现在经济依赖上，如《红楼梦》中的庄头乌进孝来宁国府缴纳钱物就是一例，还表现在思想理念、情感寄托上，如贾政在游览大观园时，看到稻香村就说"勾起归农之意"。凡此种种，都可为《乡土中国》《红楼梦》互文性阅读的基础。在《乡土中国》《红楼梦》的双向阐释中，在一定程度上能达成"深度学习强调信息整合"的要求："这种整合首先是多学科知识和多渠道信息的整合；此外，深度学习所强调的整合还包括新旧知识和信息的整合，它提倡将新信息与已知概念和原理联系起来，整合到原有的认知结构中，从而引起对新的知识信息的理解、长期保持及迁移应用。"[②]《乡土中国》《红楼梦》可以经由上述途径实现多学科知识、新知识和旧知识的融合，能够培养学生的深

---

① 陈永国. 互文性 [J]. 外国文学，2003（1）：75.

② 张浩，吴秀娟. 深度学习的内涵及认知理论基础探析 [J]. 中国电化教育，2012（10）：7.

度阅读理解能力。

二、《乡土中国》《红楼梦》互文性阅读的路径

结合学情，从学生的接受程度和逻辑思路上看，作为小说文本的《红楼梦》比学术文本《乡土中国》容易接受，因为从语言难度、小说要素的理解等方面来说，学生对《红楼梦》相对熟悉一些。由此，这种双向阅读首先就是从《红楼梦》中提取样例以助力对《乡土中国》的理解。

（一）以文学文本的实例助推对学术文本核心概念的理解

《乡土中国》1～7章有3个核心概念，围绕这些概念，结合《红楼梦》阅读，有助于学生获得初步的理论认知。

1. "文字下乡"

《乡土中国》1～3章论述了"乡土性"的特点，从空间、时间两个方面论述了文字无必要的原因。在作者费孝通先生看来，乡下人"不愚"，《红楼梦》中即有例证：刘姥姥虽为乡村老妪，但她能察言观色，应答自如，善编故事；宝玉及一众姑娘都喜欢听她讲的故事，在说到神佛的时候，连王夫人也听得入迷了。可见，乡下人的"愚"确实只是在自己不熟悉的领域，即便是刘姥姥的孙子板儿，虽然礼节生疏（礼治的外在表现），但也在自己熟悉的区域活跃自如（第40回，板儿看到探春的"葱绿双绣花卉草虫纱帐"，指认各种昆虫）。

有人认为，王熙凤这一形象印证了《乡土中国》里"不必文字下乡"的观点，赞同者可能认为，王熙凤不识字但有理家才能，"熟人社会"文字确实没有必要。不赞同者可能认为，从家族管理方面来讲，文书往来、账房结算等有专人负责，所以王熙凤无文化但仍能理家。即便如此，她仍清楚"文字"的重要性。探春理家，在凤姐看来"他又比我知书识字，更厉害一层了"（《红楼梦》第55回）。"一夜北风紧"的诗句也证明文字以口头形式在她那里起作用（《红楼梦》第50回）。

进一步，从社区状况方面分析：乡土无文字需要，但在贾府需要文字。无论是家族运转，还是文化交往，各类文书、诗社等，都涉及文字。文字不仅必要，还很重要。

从以上的解读过程我们可以看出，语文学科深度学习有一个很重要的特点，就是对文本的深入解读，如同有论者认为的："教师课前开展文本深度解读是确立合理教学内容的前提。没有深度的文本解读，仅仅依赖教参，教师不仅无法生成合理且有深度的教学内容，也无法在课堂上对学生进行深度追问和思维引领。概而言之，缺少深度文本解读的语文教学，不可能实现语文深度学习。"[①]

---

① 李敏，葛海丽. 语文深度学习：概念演进与未来走向 [J]. 当代教育与文化，2020（4）：40.

2. "差序格局"

"差序格局"是《乡土中国》的核心概念，其基本特点是：以"己"为中心、同心圆波纹、亲疏远近、伸缩自如。与之相对的是西方社会的团体格局：界限分明、人人平等。产生这两种不同格局的原因是：在中国，"差序"来源于"没有超越私人关系的道德观念"，而"团体"来源于"神前人人平等，神对人公平"的理念。

在《红楼梦》中，贾府呈现出典型的"差序格局"特点。

（1）单向父系：贾府五代，如今四世同堂（第2回）。

（2）由己及人的波纹式格局：宗族关系，由亲及疏（日常表现为年节办酒顺序、贾母生日宴请顺序等，第71回）。

（3）纵轴、横轴配置：直系纵轴，配偶横轴（四大家族联络有亲，很多是姻亲关系，有官宦，有皇商，这也使家族的政治、经济特权得以保障，第4回）。

（4）伸缩自如：贾府兴旺，亲戚故旧不绝于门；贾府败落，"食尽鸟投林"。

（5）亲疏变化：贾芸在贾府属于旁支，随着实际参与贾府家务，在"差序"中前进了一层。贾雨村，本属偶然连宗的陌生人，竟成了登堂入室的常客。

3. "男女有别"

《乡土中国》论及的"男女有别"理念，在中国传统社会可谓根深蒂固。《红楼梦》中就此也有多样化描述：

男主外、女主内的格局在贾府这样的大家族一样存在：大至宗族祭祀，小至日常宴饮，男女多为分开模式。外人出现，则更是遵循回避制度，多处有"藏之不迭"的描述。袭人与王夫人的对话也述及："如今二爷也大了，里头姑娘们也大了，况且林姑娘、宝姑娘又是两姨姑表姊妹，虽说是姊妹们，到底是男女之分，日夜一处起坐不方便……"（第34回）。凡此种种，都可见贾府这样的世家大族也遵循男女有别的传统。

（二）以学术文本的理念助力对文学文本的深度阐释

仅仅从《红楼梦》中寻找《乡土中国》的实证材料，不是我们互文性阅读的全部内容。从一定程度上说，《乡土中国》对于中国社会的深入分析，为我们探究《红楼梦》的挑战性任务提供了理论依据，这也契合深度学习的相关认识："所谓深度学习，就是指在教师引领下，学生围绕着具有挑战性的学习主题，全身心积极参与、体验成功、获得发展的有意义的学习过程。"[1]从这个意义上说，《乡土中国》为《红楼梦》提供了理解支撑。

例如，《红楼梦》中有这样的判词——"空对着，山中高士晶莹雪，终不忘，世外仙姝寂寞林"，结合《乡土中国》"男女有别""家族"等概念，分析造成这一感情悲剧的原因。我们可以从以下方面进行分析。

（1）性格上，宝玉未恪守"男女有别"的传统，"见了女儿便清爽，见了男子，便觉浊气逼人"（第2回），彼时彼地，简直是离经叛道。因为家人宠爱，他与黛玉"日则

---

[1] 郭华. 深度学习及其意义 [J]. 课程·教材·教法，2016（11）：27.

同行同坐，夜则同止同息"（第 5 回）。

（2）感情上，两人间具有"浮士德"式的感情，这种热烈不能适应当时家族的需要（第 5 回）。

（3）家族实力上，林黛玉父母俱亡，林家人丁单薄，于贾府而言，没有政治、经济等方面的利益交换。

（4）身体上，林黛玉的健康问题可能不能满足封建家族在生育等方面的要求。

由此，我们可以对宝黛悲剧进行社会学意义上的探索，他山之石可以攻玉，这样的分析对我们深入理解《红楼梦》是大有裨益的。

当然，我们进行互文性阅读的本意是为了助推文本间的相互理解，并非在两个文本间一味求同。所以，在互文性阅读的过程中，尊重学生的个性化理解、培养学生的辨析能力、关注文本的各自特色都是很有必要的。

三、尊重文本的独立性，关注对学生辨析能力、个性化思考能力的培养

深度学习的重要论点："'文本解读深度说'继承并发展了'思维深度说'，在坚守思维智力发展的目标立场外，也同时强调了审美情感的范畴，并从语文教学内容、课堂教学质量的视角较好地回应了学生思维品质提升的问题，进一步扩展了语文深度学习的实施路径。"[①] 可以说，这一论点在实际教学中是很有指导意义的。因为，如果忽视了文本自身的特性，我们的文本解读可能流于生拉硬拽的表面分析，而忽视文本自身的审美特性。

我们发现：《红楼梦》中的某些人物关系、家族架构可以用《乡土中国》的理论来阐释，但在另一些方面，两者又不尽相同。原因何在？经过探讨，我们能明了：《红楼梦》之贾府已经从乡土的基层形式进化为与外界有多种政治、商业、婚姻联系的社群，所以不能用《乡土中国》的所有概念进行分析。比如，熟人社会、不流动性已经不是贾府的必然特点，因此"文字下乡"中提到的观点已经不再适用。那么，《红楼梦》中为什么也有较多的世态人情能用《乡土中国》的理论来阐释呢？原因在于，贾府的复杂结构，虽已远远超出乡土的单一性，但是，贾府仍有来自原初社会形态的痕迹（耕读传家，秦可卿托梦，第 13 回），或者说，依然有乡土的"集体无意识"，这也属于中国传统文化内层的结构。经由这样的分析，学生的文本辨析能力会得到一定的提高。

类似的探讨还有很多，如《红楼梦》第 40 回有这样一段描述。刘姥姥看着李纨与凤姐儿对坐着吃饭，叹道："别的罢了，我只爱你们家这行事，怪道说'礼出大家'。"找出《红楼梦》中涉及"礼"的描写，与《乡土中国》的部分相对照，看看这些描写与"礼治秩序"有何异同。（提示：《红楼梦》中关于"礼"的描写很多，不论是元妃省亲、除夕祭祖等大场合，还是晨昏定省、带医瞧病等日常细节，都有"礼"在其中。）另外，

---

① 李敏，葛海丽. 语文深度学习：概念演进与未来走向 [J]. 当代教育与文化，2020（4）：40.

《乡土中国》论及的长老权力、教化权力在《红楼梦》中也有相同或相异的体现。

可见，关于《乡土中国》《红楼梦》的相互融通、彼此辨析之处还有很多。我们可以运用《乡土中国》的社会学概念分析《红楼梦》，但当我们欣赏《红楼梦》的审美意蕴时，我们还是要调动另一套话语体系，如借助审美情境、诗歌赏析方法、人物鉴赏方法等对其进行"美的欣赏"。

总之，互文性阅读方法是之前我们采用的"以诗解诗"方法的延续，即"以文解文"。"以文解文"，可以帮助我们达成对论著的深入理解。就阅读学术论著而言，我们经过提纲挈领式的分析，把它读"薄"了以后，还要反过来，把它读"厚"，这样才能较好地理解论著的重要观点和价值取向，了解其学术思想及学术价值。《乡土中国》作为费孝通先生最广为人知的著作，虽薄，但意蕴丰富。我们今天读这本书，通过与文学作品《红楼梦》建立联系，有了很多有趣的发现。《乡土中国》不仅让我们从学术层面了解本书的理论内涵、语言特点和论述逻辑，还能让我们与"社会"联通，学会承担青年的责任。无论是从纵向的时间层面，还是从横向的社会剖析层面，都值得我们深入探究下去。

试论深度学习背景下的"黄州苏轼"学习专题

尹伊

苏轼是中国古代最重要的文化名人之一。在初中学段，学生已经学习过《卜算子·黄州定慧院寓居作》《水调歌头》《江城子·密州出猎》《记承天寺夜游》等诗文，对苏轼的人生经历和代表诗文已经有了初步了解。进入高中学段，在必修上册，即将面临对《念奴娇·赤壁怀古》《赤壁赋》的学习。本文认为，以深度学习的理论做指导，基于对以上选入部编课本的苏轼诗文的深度分析与解读，高中必修上册适宜开展"黄州苏轼"学习专题。

一、撕掉标签：实现"人"的学习

生命的最后一年，已66岁的苏轼，在又一次逆转的政局变化中，从天涯海角被召北返。途经江西金山寺看到自己的画像，作《自题金山画像》一诗："心似已灰之木，身如不系之舟。问汝平生功业，黄州惠州儋州。"这豪论平生的24个字，成了多数学生心中对苏轼形象的最佳注解——无视仕宦得失，颇具士人风骨。从教材所编选的苏轼诗文而言，这是一个极佳的概括：《记承天寺夜游》《定风波》《赤壁赋》《念奴娇》等都是苏轼在黄州时期或其前后的作品[①]。刚从朝堂的血雨腥风中侥幸存活，在这么一个名为贬官实与软禁无异的艰难处境中，苏轼留下的是什么呢？"大江东去，浪淘尽，千古风流人物""谁怕，一蓑烟雨任平生""惟江上之清风，与山间之明月，耳得之而为声，目遇之而成色，取之无禁，用之不竭"……这确实是不计得失、超然物外的豪放而洒脱的诗，这也会是许多同学在解答苏轼诗词时脑海中无须思考的"标准答案"。

我们反复陈述黄州时期苏轼的豁达与乐观，这个"标准答案"的另一面，实际是在不断重复苏轼人生的艰难与坎坷。而这显然有悖于基本的历史事实。而从一举中第、年少成名到乌台诗案、贬居黄州；从飞速回朝、官居高位到自请外任、连遭被贬到远至天涯海角的儋州；甚至在生命的最后一年，苏轼又一次受命北返，最终病逝于越来越靠近

---

① 部编教材中学阶段所选的苏轼词作和文章包括以下篇目：《卜算子·黄州定慧院寓居作》《水调歌头》《江城子·密州出猎》《定风波》《记承天寺夜游》《念奴娇》《赤壁赋》《石钟山记》，其中《卜算子·黄州定慧院寓居作》《记承天寺夜游》《定风波》《念奴娇》《赤壁赋》都写于黄州，《水调歌头》《江城子·密州出猎》写于黄州任期之前的密州任上，《石钟山记》写于离开黄州的途中。

北方皇城的路途之中——裹挟在北宋翻涌的政治浪潮之中，苏轼的人生在连续不断地起起和落落。不同于始终失意、始终"边缘"的文化人，苏轼是一直处于瞩目而激荡的变化之中的。

要说坎坷与波折，黄州也远不是苏轼所经苦难的终点，即便说是低谷，那也仅仅是其中之一。相比较而言，海南时期的苏轼更艰难，也更豁达、更乐观，他把自己看作海南的孔子，"莫作天涯万里意，溪边自有舞雩风"①。

对于黄州时期的苏轼而言，以旷达形容当然没有问题。但若进一步追问：旷达又意味着什么？如何理解这种旷达？许多同学或许都将犹疑和沉默。深度学习是触动学生心灵的教学。深度学习之深首先体现在人的精神境界和人的心灵之中。"有了心灵的伴随，感知觉以及其他客观的心理活动才能为'这个人'的心理活动，学习也才成为'这个学生'的学习，'这个学生'才真正成为主体主动、积极地展开学习活动。"② 对于苏轼这位教材中的"老面孔"，如何撕掉学生思维中已存的固有标签，激发学生调动自己的真实经验和真切情感，将解读诗文的学习过程真正有效地开展起来，成为尤其艰巨而紧迫的问题。

二、文本互读：建立知识结构

在深度学习中，学生所学的知识不应是零散的、碎片式的、杂乱无章的信息，而应是有逻辑、有结构、有体系的知识；学生也不应孤立地学习知识，而应调动以往的阅读和生活经验，以融会贯通的方式对学习内容进行组织，从而加深对知识的理解，形成自己的知识结构。基于以上学习科学研究成果，在高中对苏轼的学习过程中，引导学生关联已学的苏轼文本，在不同文本之间建立起关联，在互读中加深对"旷达"这一"结果"的"过程性"理解。

贬居黄州对苏轼的打击是巨大的。设身处地地想想苏轼的处境：他刚从濒临死亡的刑牢中侥幸逃生，已45岁；而宋神宗正排除万难立新变法，他才33岁。苏轼不可能如后视的读者一般预知到神宗的早逝，对他而言，政治生命已然结束。变法风潮中的屡屡上书、地方任上的累累政绩都已成为梦幻般的过去。致命的打击将他逼出了朝政国局，也迫使他从儒家知识分子的大梦中醒来。依托与信念都已崩塌，这个不系之舟将漂荡向何处？《念奴娇》里始终交错着两种声音、两种情绪：面对壮阔之风景、忆起历史之激荡的豪迈阔大，念及历史之更迭与个人之渺小的失落与悲怆。这与《记承天寺夜游》一文中的"闲人"一词如出一辙，在洒脱后面藏着细细密密的矛盾与纠结。而《赤壁赋》中主客问答的过程、《定风波》中天气时雨时晴的经过，都呈现出同一种变化：从如怨

---

① 苏轼.被酒独行遍至子云威徽先觉四黎之舍三首 [M]// 苏轼.苏轼诗集.王文浩，辑注.北京：中华书局，1982：2322.

② 刘月霞，郭华.深度学习：走向核心素养（理论普及读本）[M].北京：教育科学出版社，2018：36.

如慕的乐声引发的愀然情绪中释然，继而客喜而笑、洗盏更酌；从沙湖道的风雨中徐行而出，终于迎来山头斜照；从已然破灭的儒家理想中被迫出走，却幸亦不幸地能够探索和找寻更广阔的人生与天地。

所以，相比较于一个一成不变的"旷达"的标准答案和附带着被不断重复的困苦挫折，黄州苏轼更重要的意义首先在于，那是一个儒家知识分子从致命的打击中、从过去的理想中痛苦地醒来，重新定义自我、寻求自我价值的一段真实的动态历程。就像《定风波》中那个偶然撞进风雨中的人一样，哪怕"雨具先去"，哪怕"同行狼狈"，他却只是"不觉"，只是一直在走、始终在"行"。而在诗文阅读中，真实地看到这样一种"过程"，理解这种"变化"的意义，显然能够一定程度上打破对"旷达"这样一个已经预知的结局和答案的迷思。随着苏轼"同行"——去迷惘、去痛苦、去摸索、去走出风雨的过程也是真正进入诗文的路径之一。

三、"二次倒转"："参与"历史过程

深度学习理论认为，学生的学习是一个"倒过来"的过程，即学生的学习不是从摸索、实践、试错开始，而是直接从认识开始，这被称作"第一次倒转"。所谓"二次倒转"是在前边基础上，充分考虑学生与知识的心理距离及学习感受，把第一次倒过来的过程再倒回去，帮助学生去"亲身"经历知识的发现与建构过程，促使学生思考和发现知识建构的社会背景，去"亲历"历史实践的进程。在"黄州苏轼"的专题教学中，即带领学生"回归"历史现场，还原北宋的文化氛围，尝试去理解苏轼为何、如何实现这种"旷达"。

（一）"回归"北宋理学背景

一味地重复和强调"旷达"，实际上是拒绝对苏轼及其诗文进行深度阐释和理解。而这样"贴标签"似的解读是有风险的：这样的苏轼，或者变成一个看似光亮却空空如也的道德模范—— 一个因为乐观所以伟大的人，或者就在完全异样的时代语境中变异为没心没肺、自我麻木的笑谈——啥啥都一样，还不就那样！很显然，这都不是苏轼，也不是其乐观旷达的真正魅力所在。那么苏轼这种乐观和豁达到底指向何处呢？

仍然来看课本中的《念奴娇》，这首词自古以来便被视为豪放派诗词的代表作品，这当然不仅仅指词作所描绘的内容有壮阔的自然风景，更指向情感和主题上的开阔与壮大。但是这首词实际上也是失意之作，这种"早生华发"的个人悲慨为何不同于晚唐五代的小词了呢？很明显，在流淌的时间长河之中，在古往今来的盛衰成败之下，个人的起伏与荣辱，私下的失意与悲慨，都带上了历史视野的阔达与通透。痛苦没有消失，但是痛苦有了历史经验的借鉴、有了理性思索的出口，痛苦便不再压抑、逼仄，而成了再次蜕变的土壤和追问终极的素材。

这种历史的眼光当然不是偶然，这既是苏轼家学和仕途政治的重要组成部分，更是

北宋浓厚的文化氛围的产物。而北宋文化氛围的浓厚，特别是哲学所带来的理性精神的发展素来为人所称道。甚至有历史学家认为，在培养人的理性精神方面，宋朝取得了类似于欧洲文艺复兴般的发展①。所以当时欧阳修、王安石、苏轼、苏辙更重要的身份可能是政治家、历史学家，甚至哲学家，之后才是文学家和诗人。因此，叶嘉莹说苏轼是以"余力"写词——"小词余力开新境，千古豪苏擅胜场"。

在《赤壁赋》中，苏轼便是借由历史的眼光进入了哲学的思索，进而解答了客"哀人生之须臾"的悲苦和疑惑。客所代表的是囿于事物表象的多数人的感想：关于人所直接感受到的外在世界的变化、时间的流逝、人生的短暂。而苏轼的回答却绕过了事物的区别，从事物的概念出发进行思索：什么是水和月？如果说过去流淌的和现在流淌的都是水，圆满的和残缺的都是月，那什么是变呢？改变对"变"的定义是不是就能重塑人生观？

所以苏轼的乐观和豁达并不是虚无缥缈的无视一切困苦、漠视一切真实的情感，更不是消极避世与自我麻木，恰恰相反，它是借助于历史的眼光和缜密的思索而达成的一种对物质和功利的超脱，或者更直接地说，它指向一种更独立、更超越、更终极的理性思索。

（二）"回归"苏轼整体创作

苏轼虽以诗文流传后世，但当时实是以议论，特别是政论而年少成名的。在礼部省试的科考场上，苏轼就已经写下了被欧阳修和梅尧臣大加赞赏的《刑赏忠厚之至论》；在回乡为母亲服丧再次返京后的"贤良科"考试中，又凭借系统地阐述对历史、现实的看法和施政建议的策、论五十篇，考入第三等——北宋科举史上最好成绩（第一、第二等皆虚设）。而这时的苏轼也才20岁出头。在随后到来的新法争论之中，苏轼更是屡屡上书和进言：《上神宗皇帝书》洋洋万言，系统否定了新法的内容和实施方式，直接促使新旧党争进入白热化阶段，力主新政的王安石甚至称疾居家近一个月；《再上皇帝书》《拟进士对御试策》等文章，即使在比其年长的欧阳修和王安石面前，也毫不逊色……最后政见论争演变为官场倾轧，苏轼不得不自请外任杭州通判，以一个失败者的姿态结束了人生第一个在朝任官，离开了政治旋涡的中心。

我们现在所能读到的苏轼的词作，最早便创作于杭州时期。而此时，苏轼已经将近40岁了。也就是说，政治失意之后，苏轼才以"余力"开始创作"小词"②。这是不能忽视的一种写作状态。这意味着，词人所表达的情感或内容会有意识地根据表达方式的不同而产生变化。《江城子·密州出猎》中借用典故塑造了一个充满爱国激情，渴望击退西夏军队、施展抱负的士大夫形象——"持节云中，何日遣冯唐""西北望、射天狼"。而与之相对的是，现实中的苏轼不仅完全不同于魏尚——因汉文帝不了解情况而被埋没

① 宫崎市定.东洋的近世[M]//刘俊文.日本学者研究中国史论著选译.北京：中华书局，1992.
② 王水照.苏轼选集[M].上海：上海古籍出版社，1984.

才华，他的被贬恰恰是因为宋神宗太了解他，了解其完全不同的政治立场。而且更有意思的是，历史上苏轼并不赞同当时宋神宗向西夏用兵 [①]。这一定程度上证明了诗词书写的浪漫化特征，它表达的或许只是可供参考的其中一面。

所以当我们尝试重新理解和阐释苏轼诗文中的 "旷达" 时，不妨另辟蹊径，跳出文学性表达来看诗词，站到 "超旷" 之外，借助一个更大的视角，来看看在以 "余力" 写 "小词" 之外，被苏轼当作更重要的人生理想的儒家经业致世的文章。被贬黄州，虽然已经非常谨慎与小心，但是苏轼仍然没有完全放弃自己的政治生命，他既与朝廷中的故交不断通信，也仍然著文谈边境、谈西南战事，流露出对政局的关心 [②]。因而可以说词作和文章中所流露出的洒脱和超旷，一方面，一定程度上带有文学性表达所特有的浪漫化、抒情化的文体特征，也是苏轼某一时一刻、某一个真实侧面的呈现；另一方面，这与那个自小胸怀仕途理想、在任期间兢兢业业、在词作之外有大量笔耕不辍的政论文字的苏轼也并不矛盾。相反，应该将这两个看似截然不同的方面整合起来进行理解：文学性表达中的 "旷达"，与其说是超旷，不如说是超越——借由历史的眼光和理性的思索超越眼前之风雨、心灵之得失及俗世所追寻、儒家之既定的人生道路，而达到真正对自我更执着的坚守并更义无反顾地践行，以及对人生和天地无穷无尽的美的追寻。

---

① 这一点苏辙在《赤壁怀古》中也有直接的表露：新破荆州得水军，鼓行夏口气如云。千艘已共长江嶮，百胜安知赤壁焚。觜距方强要一斗，君臣已定势三分。古来伐国须观衅，意突成功所未闻。

② 苏轼.代滕甫论西夏书，答李琮书 [M]// 苏轼，苏轼文集.孔凡礼，校点.北京：中华书局，1986：1052，1434.

课堂生长

——现代诗深度教学研究

王晓宇

深度学习即帮助学生通过知识学习、在知识学习中形成核心素养，在知识学习中成长和发展，成为教学的首要任务。《普通高中语文课程标准（2017年版2020年修订）》指出，语文课程要以语文核心素养为教学目标，体现课程的独特育人价值。18个学习任务群旨在以任务为驱动，增强学生的主体探究意识，落实核心素养目标。因此，深度学习并不只是为了促进学生高级认知和高阶思维，而是指向立德树人，指向发展核心素养，指向培养全面发展的人。深度学习是实现课程标准的有效途径，这一理论启示教学过程中要动心用情，将课程知识学习与人的价值观培养联系在一起。

一、价值分析：深度学习理念在教学中运用的必要性

深度学习理论认为，在学习过程中，学生掌握学科的核心知识，理解学习的过程，把握学科的本质及思想方法，形成积极的内在学习动机、高级的社会性情感、积极的态度、正确的价值观，成为既具独立性、批判性、创造性，又有合作精神、基础扎实的优秀的学习者，成为未来社会历史实践的主人。基于深度学习理论，我们在教学活动中要充分调动学生学习的积极性，让他们在丰富的学习活动中充分动起来，以达成我们的教学目标。

以现代诗的教学为例，现代诗这一文学体裁无论是对教师还是对学生来说，都是高中阶段比较困难的一部分内容。对教师来说，现代诗流派众多，语言形式新颖，较难驾驭；对学生来说，文学积淀有限，现代诗较为晦涩难懂。然而，从生命浸润的角度来看，诗歌对学生的一生都有至关重要的影响。朱光潜先生认为"诗比别类文学更严谨、更纯粹、更精微，一切纯文学都有诗的特质"。现代诗歌以其高度凝练的语言、高雅清新的意境、鲜明有致的节奏、意蕴丰满的情感，打动一代又一代读者的心。没有诗，我们谈何"诗意地栖居"，只是生存而已。我认为，在语文教学中，语文老师不只是要教会学生生存，更要教会他们生活。诗，一言以蔽之，是浓缩的情感。诗歌教学，就是将这种浓缩的语言化开。让学生能够用自己的语言来表达诗人的情感。与诗人产生共鸣，通过想象来获得情感体验。所以，在现代诗歌教学中，我们要架起感受、感悟和情怀的桥梁。

二、课堂展开：整合知识，创设情境，参与获得

深度学习突破了单一知识点和单一文本的局限性，要对单元学习内容进行整体安排，围绕语文核心素养与学习任务群要求，通过明确主题、重组教材，开展连续课时的单元教学[①]。在此基础上，诗歌学习还要与实际生活相联系，通过情境创设与任务驱动增强学生的情感体验与知识迁移意识，促进对概念（核心知识）的理解和运用。比如，我们可以将初高中的现代诗阅读进行整合，设计学生主动参与其中的学诗教学活动。

（一）任务驱动，引导学生主动 "经历" 知识发现

以《我爱这土地》为例，在教学过程中，首先设置一个学习情境，"语文组打算借助某平台录制一个《艾青诗选》有声读物，便于同学们在下学期充分利用碎片时间 '重听' 名著。有声读物需要一张封面图片。苏轼评价王维的诗为 '诗中有画'，其实，不仅王维的诗歌如此，许多优秀的诗歌，都是用凝练的语言为我们描绘一幅幅生动鲜活的画面，艾青的《我爱这土地》亦如此。向同学们征集一幅《我爱这土地》的插画，作为有声读物的封面图片。"在这个情境之下，将现代诗的学习内容融入，可以激发学生的学习兴趣，化学知识于无形。

在此过程中，要引导学生对"打击着""悲愤的""激怒的""温柔的"等修饰语加以关注，正是由于这些修饰词的加入，作者在描写"土地""河流""风""黎明"这些意象时达到了酣畅淋漓的地步。

狂风呼啸着，暴雨滂沱，世间万物都在遭受暴风雨的摧残，土地也是一片狼藉、满目疮痍；

河流在大地上奔腾着、汹涌着，水花愤怒地翻滚澎湃着；

狂风呼啸而来卷起泥土和沙粒，愤怒地掠过大地；

太阳缓缓地在树林的尽头升起，温柔地笼罩着饱经沧桑的大地，带来了光明。

学生通过还原4个意象所呈现的画面，可以更直观地感受到诗人所描绘的这片土地正在遭受着灾难与痛苦。这片土地直接触发了诗人的情绪，从土地出发，诗人将目光推向暴风雨所引起的河流的翻滚与狂风的呼啸，以及暴风雨之后黎明的到来。

在设计封面图的过程中，同学们可以学习解读现代诗的一般方法，找到现代诗的意象，通过感知意象的组合与排列次序，感受诗人情感的浓烈或激昂。在这样的学习活动设计中，从教材及学生实际出发，教师通过精心设计符合学生年龄特点及心理特点的、满足学生多层次需求的、不同规模的、形式多样的、节奏多变的教学活动，让每位学生在能力所及范围内饶有兴致地、目的明确地参与到课堂教学中来，主动去"经历"知识发现、发展，并最大限度地获得体验。

---

① 吕映. 概念性理解：语文大单元教学的根本追寻 [J]. 语文建设，2022（12）：17–21.

（二）搭建支架，引导学生参与课堂活动，把握知识的本质

无疑，诗歌的世界在天堂和春天之上，而我们要想引领孩子们走向那种美好的境地，必须建构起完美的诗歌教学平台，真正还给学生一个开放的、主动的、自由的诗意空间。因而在教读几篇诗歌之后（如《沁园春·雪》《我爱这土地》《乡愁》），学生已经对现代诗歌基本文本特征有了初步认识，能够掌握通过意象解读诗情、通过语言感受诗情等重要的诗歌阅读方法。接下来就可以以不同形式让学生们自学，引导学生通过主动活动去感受诗歌之美。

例如，利用学案和自学的方式研读《我看》这首诗歌。这首诗歌所表达的思乡和爱国之情都是学生容易理解和接受的主题，但是诗歌本身带有哲学意味的对生命活力的渴望和赞美，情感内涵本身有难度。此外，陌生化的语言、婉转的表达，也增加了理解情感内涵的难度。在教学过程中，我安排了以下步骤。

1. 找准意象，了解内容；想象画面，感受意境

《我看》中第1、第2节写所看之景（意象），并借此描绘出春景图（画面），营造出充满活力的诗境，这些都是已学内容，学生可以借助已有知识完成。例如，"傍晚的春风吹拂，葱郁的青草如波浪一般起伏，似乎遥远的湖水也荡起了绿潮。飞鸟在天空平展翅膀，自由自在地飞向远空深处，夕阳染红的流云映照着红色的大地，好美的一幅春日夕阳图！"在这一幕幕美丽的画面和意境中，引领学生感受穆旦笔下"自然之春"的特点：不仅仅蓬勃向上，也悠游从容。

2. 课堂讨论：感悟"生命之春"——体会诗人的思想情感

在这一环节中，要解决本节课的重难点——"我想"的部分，引导学生体会诗歌的深层含义，领会诗人的生命感悟。这就需要为学生提供一个抓手——人称代词。学生通过关注人称代词，明确具体指代；梳理互动关系，读懂心路历程；从而建立"春—我—人"的关系，进而理解"自然—生命"的意义。

3. 联系诗人的写作背景，深入理解诗人情感

"1937年卢沟桥事变后，中华民族陷入民族危急时刻。北平国立北京大学、国立清华大学和天津私立南开大学合并，在长沙建临时大学。一学期后，学校迁昆明，始称国立联合大学。17岁就考入清华大学的青年诗人穆旦便是其中的一员。由于战事危急，20岁的穆旦与几百位师友不远千里，奔赴西南联大。这首诗是穆旦徒步来到云南之后创作的第一首诗。"这也可以帮助我们理解诗歌情感。对学生而言，借由几行文字的介绍"回到历史现场"是有难度的，所以可以向学生们推荐影视资料《无问西东》的片段或图片，引导学生深入体会生命之春的活力。

在学生自主探究的过程中，学生逐渐从课内走向课外，能够自主研究诗歌内容，学会借助各种资料理解诗歌背景，读懂诗歌内容，已经从浅层学习逐渐走向自我探究的深度学习。

（三）整合资源，带领学生在"迁移与应用"中体验综合教育价值

诗歌教学不应该只完成"这一篇"，从教的层面来看，要引导学生强化情感体验与思维提升，在阅读、鉴赏、合作、探究中完成相关任务，将课内学习到的方法迁移到课外，不断提升文学素养。

在学生学习了《沁园春·雪》《沁园春·长沙》之后，我们设计并推进了毛泽东诗词专题鉴赏。可参考角度：毛泽东诗词中的小我大我；毛泽东诗词里的秋天——豪情万丈，气势磅礴；毛泽东诗词中柔肠百转的另一种情怀；毛泽东诗词中的春夏秋冬；《七律·长征》，是诗人毛泽东最长的一首诗。专题鉴赏可以分为以下几步。

1. 搜集毛泽东代表诗歌

具体步骤如下：首先，鉴赏诗歌应在反复朗读的基础上，注重分析意象，同时品味语言，发挥想象，感受充溢于作品的真情。学生可以以多种形式进行诗歌朗诵，在班级内展示。其次，教师提供代表作及诗歌赏析内容，让学生从写作背景、意象、意境、情感、写作手法等角度进行圈点批注，也可有感而发。

2. 研读诗歌，开展比较研讨展示会

在活动开始之前，可以设置一个情境。例如，班级接到"为你读诗"这个公众号的委托，来制作现代诗专题的系列公众号。请你调动学习现代诗歌的经验，以公众号为载体，展示现代诗歌的独特魅力。以活动作为载体，呈现现代诗的学习成果，分享对现代诗歌的个人理解与思考。活动可以分为以下 4 个系列进行。

系列一：经典品读——"感知经典诗歌的魅力"

跟着老师的脚步，同学们已经深入体会了毛泽东诗歌名篇的独特魅力。请你做一个诗歌评论家，将你感受到的每一篇诗歌的独到之处制作成公众号，分享给更多喜爱现代诗歌的人。

学生结合选择性必修下册现代诗歌，可以精读代表性作家作品，把握其精神内涵与艺术价值。至少选读 10 位现当代代表性作家的诗歌、散文、小说、戏剧方面的作品，大体了解现当代文学的发展概貌。

系列二：读法分享——"解读现代诗歌的钥匙"

阅读诗歌是有一定方法的，以后当你面对一首陌生的诗歌，你有哪些方法可以使用呢？

根据现代诗歌的学习，用思维导图的形式总结解读现代诗歌可以使用的策略，介绍给对现代诗歌感兴趣的同学。

系列三：创作初试——"走进诗歌创作的世界"

想要更进一步体会现代诗歌的奥妙，尝试创作不失为一种好方法。请你首先制作诗歌写作的知识卡片，通过续写、仿写、创写 3 种形式，尝试写作诗歌，并将知识卡片的内容运用到创作之中。

在此过程中，提示学生关注当代诗歌创作动态，选读新近发表的有影响的作品及相

关评论。阅读作品应写出内容提要和阅读感受。对于选择的作品，从不同角度撰写作品评论，发表自己的见解。

系列四：诵读展示——"聆听诗人情感的交响"

无声的文字化为有声的诉说，可以更加贴近诗人情感的脉搏。你可以朗读毛泽东诗歌中的经典名篇，也可以朗读你心目中的其他佳作，还可以朗读你的原创诗歌，用多种形式录制朗诵音频或制作视频，呈现在公众号中。

学生在学习过程中的情感体验不断增强，既能感知作者的独特情思，也能体会民族审美的共性风格，更能与作者产生共情，实现精神成长。无论是情境还是人物，都围绕学生的情感体验与理性审美设置，不仅侧重知识的获得，也关注学生的成才成人。

总之，"深度教学"的课堂应当是有生命的、多元的、活性的，在课堂中，学生能够主动去"经历"知识发现、发展，通过主动"经历"去把握知识的本质，并在"迁移与应用"中体验综合教育价值。语文教学"走向深度"，应当充分尊重学生独特的体验、感悟和理解，应当有充分的时间与空间让学生在读中思、读中悟，让学生在阅读中自主发现与自主看见，抵达阅读的深处，当学生真正感悟和理解学习内容后，学生的阅读能力便自然生成。在核心素养背景下，我们应当重新审视课堂教学现状，要透视课堂教学"迷局"，给语文课堂一个正确的打开方式，让课堂教学自然地发生，让核心素养真实地落地。

初中名著整本书阅读深度教学策略

姚艺艺

在向着第二个百年奋斗目标迈进之际，新修订的义务教育语文课程标准颁布并实施，从有理想、有本领、有担当3个方面，明确了义务教育阶段培养时代新人的具体要求，并且将之细化为语文课程应着力培养的核心素养。于是，在新的要求和挑战之下，如何在语文教学中实现学科核心素养的落地，如何帮助学生搭建学校学习和社会生活之间的"桥梁"，成为当前教学改革中亟待思考的问题。而深度学习作为近年新兴的重要学习理论，恰恰与新课程标准相呼应，有利于贯彻落实新课程标准的相关理念，助推核心素养的落实。

一、深度学习的含义

深度学习的概念最早由美国的 Ference Marton 和 Roger Saljo 提出，在《学习的本质区别：结果和过程》一文中，二人提出并描述了"深度学习"和"浅层学习"的概念。之后经过国内外对深度学习理论的研究，虽然没有明确界定概念，但在基本特征上已经达成共识：强调知识的联系与建构，师生的共同参与，批判、反思等高阶思维能力的培养。因此，深度学习可以被认为是一种在教师的组织下基于理解的学习，学习者以高阶思维的发展和实际问题的解决为目标，以整合的知识为内容，积极主动地、批判地学习新的知识和思想，并将它们融入原有的知识结构，且能将已有的知识迁移到一种新的情景中的学习。[①]

在深度学习的过程中，学生通过建立知识体系，整合学习经验，培养发展高阶思维，最终达到对知识的迁移运用，实现核心素养发展的目标。国外深度学习大多集中在课外活动中，国内教学环境强调以课堂为主阵地、课内外联合学习。因此，如何通过开展各种学习活动，实现课堂上的深度学习，并指导教师的教学设计自然成为国内研究者关注的重点。

二、语文学科核心素养、名著整本书阅读与深度学习

义务教育语文课程培养的核心素养，是学生在积极的语文实践活动中积累、建构并

---

① 安富海.促进深度学习的课堂教学策略研究 [J]. 课程·教材·教法，2014（11）：58.

在真实的语言运用情境中表现出来的，是文化自信和语言运用、思维能力、审美创造的综合体现。义务教育语文课程的理念以促进学生核心素养发展为目的，要求在遵循学生身心发展规律的基础上，整合学习内容、情境、方法、资源等，建构语文学习任务群，强调教学过程的情境性和实践性，重视评价的导向作用。从上述说明可以看出，新版课程标准和核心素养更加注重从提升学生"做题能力"到"做事能力"的转变。而这一系列倾向和要求，与上述深度学习理论关注的体系化、整体化、高阶化不谋而合，因此深度学习是促进学习方式变革的必由之路，也是落实核心素养的重要途径。

《北京市中小学语文学科教学改进意见》第十一条指出，初中扩大学生阅读视野，提升学生的思维品质。提倡整体阅读、主题阅读、比较阅读。课程标准的学段要求中也明确提出，7～9年级每学年要阅读两三部名著，探索个性化的阅读方法，分享阅读感受，开展专题探究，建构阅读整本书的经验。而过去的名著阅读在教学过程中通常是碎片化、模式化、单一化和浅层化的，学生只需要了解全书内容脉络，在此基础上把握人物形象，理解作品主题思想即可，掌握了这些，应对中考是有余的，因此教学过程中不免出现教师"满堂灌"的现象，即教师将自己对作品的理解讲给学生，学生在整个过程中处于被动接受的地位，也难以基于自己对文本的理解，生发出自己的独特感悟，对自己的生活和人生产生有益启示，遑论发展学生迁移、批判、反思等高阶思维。

因此，整本书阅读作为新版课程标准提出的拓展型学习任务群之一，同样承担了名著阅读从零散走向整合、从浅表走向深度、从书本走向生活世界的课程内容结构化任务。根据新课程标准中对名著阅读的要求，初中生在阅读的过程中要能够达到"深度理解""审美体验""联系建构""迁移应用"的目的，要求以学生自主阅读活动为主，通过设计、组织多样的语文实践活动，并设计贯穿始终的阅读评价标准，引导学生进行自我反思和改进。这些要求与深度学习强调学习者主动参与、体验，并从中培养高阶思维是一致的。综上，在深度学习的视域下设计名著整本书阅读活动，无疑是发展语文核心素养的利器。

三、深度学习视域下的名著整本书阅读策略

上述种种分析反映出阅读教学改革的必要性，也折射出初中生对于阅读教学的更高需求。深度学习注重整合各类资源，注重对学生自主性的培养，注重学习情境的创设，注重学生思维的连贯和发展，为教师设计整本书阅读活动指明了方向。

（一）立足学情，把握"最近发展区"

深度学习的理论之一建构主义理论认为，学生以前的经验储备，在面临新的问题时往往会发挥重要作用，也就是说，学生存在"前理解"，能够从自我背景知识和已有经验出发，对新的知识进行理解建构。因此，在设计阅读活动之前，教师要首先了解学生已有的生活经验和阅读经验，不能抛开学习的主体而"悬浮"地进行教学设计，这也是

教学上常说的立足学情。

除此之外，心理学家维果斯基提出的"最近发展区"也是学情分析的重要概念。最近发展区是指学生现有的实际水平与学生潜在的发展水平之间的差异。通过把握最近发展区，教师能够掌握学生认知和能力能够达到的程度，也就是学生的潜能所在，以此为基础设计发展性或拓展性阅读活动，以及阅读过程的评价标准。这样能让学生联系已有知识和经验，在自己的能力发展范围内，建立新旧知识之间的联系，并以此作为新知识的生长点，逐渐培养自主性，并且对阅读后知识、能力的提升有比较直观的感受。

以七年级下册名著《骆驼祥子》为例，教师需要提前掌握学生对现代长篇小说的阅读积累和阅读兴趣、对小说文体和阅读方法的了解及对老舍这个作家及其作品的涉猎程度等，在以上学情分析的基础上，确定对学生阅读指导的起始点和整本书阅读的核心问题，从而制定整本书阅读的目标，帮助学生实现从阅读方法到阅读能力方面的进阶。

（二）创设情境，设计实施多样化活动

1. 创设真实、有意义的情境

根据情境认知理论，学习的最终目的是将学习者置于知识产生的特定环境中，通过参与具体的实践活动，获取知识，解决问题。在具体情境中，学生更容易产生真实的体验感，由此激发参与的热情，而教师的角色就是为学生创设这样真实、有趣的情境，并设计连续的、环环相扣的问题，学生在任务的引导下，攀登阶梯式层层上升，能力和思维也将在潜移默化中螺旋式上升。杜威也表示："概念、技能和信念需要在情境中才能体现出它们的意义并显得有用。要使学生的学习能够有价值、有意义，那么教师必须为学生创设特定的学习情境。"[①]

语文课程标准中提到，创设学习情境，教师应利用各种学习资源和实践机会，激发学生探究问题、解决问题的兴趣和热情。前面提到的从培养核心素养出发提升学生的"做事能力"也需要预先设定生活实践或学习探索情境中的任务。一本名著内容驳杂，其经典之处和价值意义不亚于一个课程单元，大单元主题式教学往往会创设单元活动情境，具体到课文或专题另有具体课堂活动情境；名著阅读也可以如此，由一个整体活动情境统领整本书阅读过程，不同专题或活动各设探究学习重点的小情境。例如，《骆驼祥子》的整本书阅读情境则可以由老舍的一篇文章《我怎样写〈骆驼祥子〉?》生发而来：校报"文苑"专栏由本班承办，由于当下在读的名著是《骆驼祥子》，因此这次专栏的主题定为"我怎样看《骆驼祥子》"，欢迎同学们积极表达自己的看法，踊跃投稿。以此为背景和情境激发学生参与的热情，并将最后的优秀成果进行刊载。在此整体情境下，教师再设计具体阅读活动。

2. 设计多样化任务

在 2022 年新版语文课程标准中，整本书阅读属于拓展型学习任务群，旨在引导学

---

① 郝京华. 脆弱知识综合征就在我们身边 [J]. 中国教育报，2009（10）：3.

生在语文实践活动中，根据阅读目的和兴趣选择合适的图书，制订阅读计划，综合运用多种方法阅读整本书，并积累阅读经验，养成良好的阅读习惯，提高整体认知能力，丰富精神世界。深度学习也主张将课堂和学习还给学生，让学生在兴趣的引导下进行自主阅读，并选择兴趣点和具体切入点进行探究。例如，在阅读《骆驼祥子》时，可以让学生根据自己的时间和阅读速度，自主制订阅读进程记录表，并依据自己的阅读计划，在规定时间内完成整本书初读。但是，学生自主阅读并不代表教师完全放手，而是应该在旁及时给予指导和帮助。例如，指导学生根据不同的体裁和题材或阅读目的选择不同的阅读方法，如何选择和综合运用精读、跳读、圈点批注等多种读书方法，借助思维导图或表格等其他形式梳理作品内容等。应当注意的是，教师要关注学生的阅读进程，在学生的初步阅读成果中发现学生的兴趣点和疑难点，以此作为后续阅读活动设计的依据。

深度学习强调深度理解，对于名著阅读来说，也要求向文字的更深处探寻，因此扎实的文本体验活动必不可少，这也是产生更高层情感体验的基础。在设计文本体验活动时，应该将个人任务和小组任务相结合，既发挥学生个人的主观能动性，培养学生独立思考的能力，展示自己的阅读理解和体验，又在小组沟通交流的时候使不同想法相互碰撞，帮助学生打开视野，若能产生新的火花则是意外之喜。例如，在初读《骆驼祥子》之后，通过拟写章节标题和绘制"祥子人生经历图"的形式，让学生进一步回顾并熟悉文本内容，为接下来的深入专题探究做铺垫。拟写章节标题时需要教师给予一定指导，可以充分发挥小组合作学习的优势，联系课内教材所学文章，自主探究标题的作用，为后续撰写章节标题总结方法，灵活迁移，学以致用，这也是对学生在语言建构和思维发展素养方面的着力和培养。

语文学科作为工具性和人文性并存的学科，基于文本的理性思考和分析能够让学生获取对作品的基本认知，但其中包含的作者的情感、思想则需要学生去亲自感受和体验，而教师需要创设相应的情境，设计学习任务群，让学生在情境氛围渲染下，借助对文字的感受，走入作者的所思所想，用心灵感受甚至共情。例如，在探究祥子悲剧原因时，可以设计祥子的"生命之树"和祥子的"朋友圈"两个学习任务群：学生通过绘制祥子的"生命之树"，为祥子添上他的"活力源泉"和"堕落之根"，学生可以发现祥子这棵树从生机勃勃到萎靡不振，这样巨大的变化并不是一朝之间发生的，其自身带有的农民局限性早就为他的悲剧埋下了种子；通过归类祥子的"朋友圈"，用最熟悉的现代社交形式，让学生直观感受到不管是他所处的社会大环境，还是身边的小社会，都是黑暗腐败、动荡混乱、自私自利的，而仅有的几个"好人"却难逃悲惨的命运，由此学生可以比较深刻地感受到黑暗社会的压迫，同情祥子的命运，进而产生向上、求善的精神追求。

对于小说主题方面的拓展则能更好地帮助一部分优秀的学生实现批判性思维的发展。对于文学作品的理解千人千面，学生在有了基本的认识之后不能拘泥于已有的学界共识，更应该基于自身对作品的研读，发现新的问题生长点，产生新的思考。因此，教师此时需要给学生提供"向上爬"的支架，并且引导学生将自己的想法和理解形成条理清晰、逻辑缜密的文字。例如，老舍对《骆驼祥子》的出版版本曾有过多次修改，尤其是对结尾的修改，你如何看待？关于人力车夫，民国以来，多位作家都曾写过这一形象，在不同的作品中他们的形象有何异同？你能否据此列一份"民国人力车夫图鉴"？这些问题的设置旨在引导学生走向纵深思考。

（三）持续反馈，建构多元化评价体系

在语文课程标准中将评价方式分为过程性评价和终结性评价，终结性评价一般指的是我们常说的各类考试，在之前的教学过程中，教师更多地以考试来作为评价标准，不免有所偏颇；深度学习更强调学习过程中持续、及时、多样的评价方式，建构系统的评价体系。在深度学习的视域下，学生是学习的主体，教师需要通过学生参与学习活动、解决实际问题时的及时反馈，来窥见学生思维和能力的发展变化。核心素养中学生的"做事能力"提升如何能够得到量化和体现？这离不开对学生做事的成效、完成任务的质量的甄别和评价。及时、持续、多样的评价方式既是对学生学习成果的检验，也能为以后的活动设计提供学情借鉴，进而逐步完善并提升深度学习视域下的名著整本书阅读活动质量。

在整本书阅读过程中，持续、多样的评价更是必不可少。教师在设计阅读任务群的时候，就要把评价方式考虑进去，其中包括对具体阅读任务的评价及阅读阶段式评价、整体性评价等，可以设计层次化的评价方案。例如，课堂评价可以表现为具体任务评价量表，明确评价标准，从不同角度对学生的课堂参与度进行评价，也可以是对本堂课收获的评价，典型表现为对作业的设计。通过扎实的文本体验和审美体验活动，学生训练了梳理、归纳、分析、理解的能力，作业设计则可以将思维训练点放在表达交流上，前面的学习任务群已经让学生有了丰富的知识能力"输入"，作业就是帮助"输出"学生的知识成果。可以设计多样的作业，如写诗、撰写人物小传、改编课本剧剧本、设计宣传海报等，学生可以通过对语言文字的运用，实现语言建构活动，进而从对名著初步的、浅层的理解走向深度思考和审美鉴赏领域，从而培养整本书阅读的思维品质。

四、教学效果及感悟

当让阅读真正落地、让活动围绕学生的策略实施后，学生的表现及成长变化往往令人惊喜。拟写标题的学习任务让学生自发写出了章回体回目，绘制祥子人生经历图的学习任务让学生创新地画出了简笔连环画，为老舍故居设计文创周边的学习任务让学生绘制了形神兼备的明信片，"结尾之争"的讨论连上了鲁迅的"看客"群体……阅读成果不仅收获了多样的形式，更实现了对文本的深度研究和对学生精神的浸润。

深度学习是面向未来教育，促使学生主动学习、学会学习的一种学习方式，对学生的核心素养提升具有重要参考意义，也是教学改革的必由之路。名著整本书阅读作为课程标准中拓展型学习任务群的重要一项，其理念与深度学习不谋而合，教师也应坚持终身学习，主动将新理念、新方法、新技术应用到名著教学中，遵循学生的身心发展规律，做学生成长发展的"助推剂"。

大概念教学理念下初三小说阅读教学思考

帅静

初中教材所选的小说，难度螺旋式上升。初三小说阅读难度最大。小说与学生现实生活距离增大，对学生是陌生情境。小说作为叙事文学，很多叙事技巧的学习运用都承载于初三的经典小说中。对小说技巧使用与表达效果的理解需要真诚阅读和对比思辨，难度不小。初三小说主题难，要深刻理解主题，必须充分认识社会环境，这就需要结合政治、历史等相关知识。认知这些知识，再利用这些知识参与小说分析理解就更复杂。

小说单元组文是按难度相似、主题接近或风格展现等进行的，如果老师只是单篇教学的随文分析，那么学生面对的是一篇篇零散文本、一个个零散形象、一个个零散手法，不能建构成对小说的文体阅读经验。在小说学习中，学生学到的往往是老师讲解后的惰性知识、"专家结论"。学生的理解止于贴标签，答题流于套路化，不能形成小说阅读素养，不能形成"专家能力"。

因此，对于初三小说教学，需要大概念教学理念，多方位辅助，促进学生小说阅读素养的真正提升。

一、给足学生理解新知识的前情知识，营造沉浸式理解的氛围

初三小说《故乡》《我的叔叔于勒》《孤独之旅》《范进中举》《孔乙己》《变色龙》等，所展现的生活对学生而言很陌生，学生的学习不能仅仅得到来自老师的解读结论（大概念教学所谓的"专家结论"）。如何才能帮助学生更真实地学习，切身感知小说中的人与情，从而建构起自己对这些人性、人情的自我认知呢？

解读小说前要给学生创设大情境，创设一个解读当时人、事的现场，给足背景资料，给足生活在那个"故事年代"所需要的生活经验，让学生在一个相对集中的小时间段和空间里，尽量还原并沉浸到小说的"真实情境"中。真正处于"故事"中的人，抽离了上帝视角，能更客观、更本能地理解当时的事件，理解故事中人物的所感所为。这样的分析评价才是基于"自我考量"后的真实理解，读者也更能理解人性的丰富和复杂。人性的丰富和复杂不正是生活的真实状况吗？经过"自我考量"后的理解，在进行生活迁移的时候也会更容易出现"高通路迁移"。小说对人的教化也更自然而然、潜移默化地发生。

二、文本细读，走进生活中体悟，培养核心素养

文本细读是语文学习的核心素养。在小说教学现状中，由于小说篇幅长，尤其是初三的小说，学生们往往粗线条了解故事情节，从故事情节大致分析出人物的主要形象，并不太注重对文本的细读。从情节描写到分析人物形象的思维链条，其实不太需要细读文本就能大致完成。老师上课让学生分析几处描写，考试时给出一些描写，让学生分析所表现出的人物形象，这些往往不需要深入文本就可以说得八九不离十。但是这并不代表学生对人物的性格在心里有了生动的、切实的感悟理解。比如，某个动作描写表现出了思念，学生答出了思念，是不是一定代表他深深感受到了这份思念的程度或其他内容呢？绝对不是！所以，教学标准要高于考试标准。教学要让学生全程投入"文本生活"，感知"文本生活"的全貌，从小说中人的发展出发，综合事件脉络全面体会。在沉浸细读中学生调动自己所有的情感体验，寻找滑动心弦的悸动，凝思小说细节与自我灵魂对话引起的波动，形成深刻领悟。教师不能为省时省事，简单粗暴地生生抽离出要教学的文本片段。学生学习新知识的内容不单单是老师们眼中的教学内容。如果非教师眼中的教学点有助于学生的体悟，就应该拿出来细细品味；字里行间的匠心，虽无关小说的技巧，但如果有助于体悟也应该琢磨……这不是浪费时间，是素养的积淀过程。细读品味过的小说中的人事经验才能成为学生"类人生阅历"，使他们更好地解读自己。如果不用心体会孔乙己可怜中的可恨，学生怎会将其迁移到现实生活，警醒自己不要成为不务实的懒汉？如果不用心体会范进的疯癫状态被嘲讽，怎会有人在教室的笑声中思考疯癫中人之常情的心酸？怎会对自己类似思想行为进行反思？

三、教师素读文本，唤醒自身经验，辅助学生理解

学生初读课文，是无辅助的素读，只靠自身经验和知识储备。他们可能遇到各种理解障碍。此刻教师不能简单地把"不理解"当作"不知道"，简单地告诉结论，更好的做法是辅助他们理解。辅助理解，就是教师提供相关辅助资料，让学生通过这些资料，补充他们的知识库，从而自己理解，自己得出结论。前文已经谈了给学生资料从而助读理解。那么，给什么？怎么给呢？大概念教学倡导"真实性"。教师作为一个读者，无功利地审美阅读，是真实的初读，是最接近学生初读状态的。教师作为教者，学习教参之后再去解读，并不同于前者，不全是自己真解读，又怎知学生的原始阅读会遇到怎样的情形？所以教师首先要当纯粹的读者，先抛开所有资料，真实素读文本，感受原始理解过程。然后以此为经验基础（这都已经是较高水平的经验基础了），"放下身段"，梳理学生初读文本可能会遇到的障碍，记录在案。这些问题是学生学习的真问题，高效的课堂就要基于学生的学习提出真实问题供课堂上研讨，进而思考教师应该补充什么样的材料帮助解决理解障碍。什么样的材料适合作为大背景进行介绍？什么样的资料适合作为局部问题的助读材料？这些材料应该以怎样的顺序呈现在学习过程中，以免学生先入

为主，影响真实认知？教学多年之后，我们还可以根据以往学生的理解障碍，提前准备相关材料。学生的问题就是大概念教学的真实问题，是使教学具有真实意义、有利于高通路迁移的关键点。比如，教《变色龙》时，什么时候给沙皇统治时代背景资料、什么时候给警察国家机器与沙皇关系资料、什么时候给当时商人地位资料等，都值得教师依据学情好好琢磨。

四、从认知结构化视角设计小说大单元教学基本问题

大概念教学倡导大单元教学，用"望远镜""放大镜"来设计目标。初三全面复习，要系统地展现初中语文学习的"地图"，清晰地呈现各个知识点之间的关联，更好地建构学生的语文核心素养。

初三进行小说单元教学，我们要"望远"，上升到"叙事文学"概念，和叙事散文、戏剧（九年级下）进行关联。我们用"放大镜"来看，从叙事技巧出发，梳理出各种叙事技巧，然后整合匹配不同形式技巧的文章，进行微单元设计教学。比如，学习环境描写作用，匹配《故乡》《舍我其谁》《远村有芳邻》；学习对比和衬托，匹配《故乡》《制琴记》；学习讽刺艺术，匹配《范进中举》《田纳西的新闻界》；学习叙事视角，匹配《故乡》《我的叔叔于勒》《雪莲花开》；学习叙事顺序，匹配《我的叔叔于勒》《故乡》《蓝帽子》。

初三进行这样的"拼图式建构"是具有可行性和优势的。学生学过或读过的小说文本很多。每一个叙事技巧的讲解、变式运用需要很多文本，初三具有文本积累基础；学习叙事技巧，需要更好的逻辑分析能力，学生的逻辑分析能力到初三明显增强。同时他们的感知体验更多，感知能力更强。感知力和理解力双提升，是这类"拼图式建构学习"的重要基础。

对于小说叙事技巧基本问题的"拼图式建构学习"，首先，需要学习典型文本，分析透彻：运用的典型叙事技巧是什么（有感知、有理性），细读典型情节，体会分析这个技巧的表达效果，梳理出这个叙事技巧常有的作用。其次，需要进行同技巧的群文阅读。学生在群文中找到这个技巧，并结合具体内容分析这个技巧实际的表达效果。所选群文要有层次，有典型的，有变式的，文本难度应该有差异，技巧运用的隐显应该有差异，技巧效果可以更丰富。通过层进式学习，补充更正了学生对知识点原始理解的不足与偏差。比如，自然环境描写有烘托气氛的作用，有推动情节发展的作用。教学过程就应该让学生透彻理解。什么样的环境描写能够烘托气氛、衬托心理活动？以《故乡》《舍我其谁》为例，要在具体文本中分析哪些环境描写烘托了气氛，衬托了心理活动，以及中间的逻辑关系和心理过程是怎样的。什么样的环境描写能够推动情节发展？以《远村有芳邻》为例，要分析出哪处环境描写推动了哪一个情节的发展，中间的逻辑因果关系是什么。在不同小说中能够结合具体内容理解环境描写的作用，这才形成了素养。遇到环境描写，学生就不会不加细读分析就说套话。

附：2022 年海淀区九年级期末试题小说阅读《茉莉的耳朵》第 22 题，考查环境描写作用分析。选项 C 前半句分析是关于环境描写的，但是在这篇小说中此处环境描写并没有推动写信回信情节的发展。

（3）阅读小说，选出理解和分析不正确的一项：C

A. 茉莉原来从不绾起头发，到后来绾起头发，对着镜子认真看自己，触摸那一小坨肉，这一对比表现了茉莉开始接受自己身体的不同而变得自信了。

B. 邮递员叔叔在小说中虽然出场不多，但起到了伏笔暗示的作用，暗示"耳朵"能与茉莉通信，是和父亲、邮递员这些关心茉莉的人有关。

C. 小说中几次写到海风，从"咸腥"到"咸香"，再到"柔和"，主要是为了推动写信、回信的情节发展，同时衬托出主人公的不同心情。

D. 小说结尾唯美而深邃，茉莉在睡梦中从大海边飞到了额尔古纳的夜空，变成了一颗独特、好看的星星，诗意而含蓄，深化了小说的主题。

最后，在单元学习评价环节，设计能反馈学生的真实理解并运用这些技巧的评价内容。比如，针对某一个叙事技巧，让学生自选一篇典型的文段分析展示。通过学生找的文段，反馈出学生理解这个技巧的情况，通过他的分析展示，评价他是否能很好地结合文本理解这个技巧的表达效果。再如，给一篇手法技巧丰富的文章，请学生素读，并让他们从叙事技巧、人物形象、主题理解、创意题设计等角度出题。从设计的问题反馈出学生对文本和这个知识点的落实情况。又如，如果考虑到与戏剧单元打通，可以设计小说改剧本、演课本剧等评价形式。小说改剧本，不仅要求对小说有深刻的理解，能够找到适合改编的点，进行合理的挖掘和再创作，也要求学生能够熟悉戏剧文学的特点，难度更大一些。

初三教学是初中教学的收束口。就小说阅读来说，课标要求的知识点应该在初三教学中得到较为全面系统的呈现，学科综合素养在加深难度的小说理解中得到提升。教师不能再满足于单篇教读，亦不能为追求大单元形式，篇篇粗浅教学。教师要在大概念教学理念下，基于学生学习过程，整合课内外知识、跨学科知识，寻求教学内容的关联性拓展，形成教学资源的核心与辐射，创设真情境、多通路的学习场，帮助学生完成从知识学习到能力提升的飞跃。

思辨性阅读推动名著深度阅读

——以《西游记》为例

王欢

整本书的阅读教学已经在课堂如火如荼地开展，但在实际操作中存在着诸多问题。比如，有一节七年级上册《西游记》的导读课，小组内围绕着"取经人物"热闹交流，气氛热烈，展示五花八门，有表演的，有朗读的，有评论的，看法与见解却呆板乏味。这样粗暴的零碎分析，截断了学生自主感悟与思辨的思维。面对课堂实际中的诸多问题，本文以《西游记》为例，以思辨读写的方式，探索名著深度阅读。

一、确定母题，设置思辨议题

（一）确定成长母题

母题是文学作品中较小的单位，指的是文学作品中反复出现的人类基本行为、精神现象或关于周围世界的概念。母题是对情节的简单归纳，具有客观性。母题也是主题赖以生长的基础，一部作品往往有诸多母题。

《西游记》文浅而理深，不同身份的读者会有不同的感悟，明代的谢肇淛认为："《西游记》曼衍虚诞，而其纵横变化，以猿为心之神，以猪为意之驰……盖亦求放心之喻。非浪作也。"这也就是求收心之说。清代的张书绅认为："《西游记》一书，古人命为证道书，原是证圣贤儒者之道，至谓证仙佛之道，则误矣。何也？"这就是儒家之道之说①。到了近代，鲁迅先生提出了"游戏说"，还有人生哲理说、生活约束说等。

人们爱读《西游记》，因为它天马行空，构建了一个属于中国的奇幻世界，书写了一场跌宕起伏、扣人心弦的历险记。人们爱读《西游记》，更是因为它展现了一个来自天南地北的取经团队的成长心路。14个春秋冬夏，九九八十一场灾难，斩妖除魔无数，出生入死无数，才修成正果，取得真经。在遥远而漫长的取经途中，每个人都在打磨自己，修炼心境。

给学生导读《西游记》，我们要基于学生立场，以学生视角去思考母题。悟空、三藏、八戒、沙僧，都在困境中行动，在斗争中突破自我。唐僧带领3位徒弟一路取经修行，也是"悟"道成长的过程。初中生正值风华意气之时，处于人生三观形成的十字路

---

① 田雪珂.《西游记》主题三说[J].青年文学家，2020（24）：45-46，49.

口，以"成长"为母题，既切合"悟空""悟能""悟净"求正果悟成长的主题，也让学生在阅读经典中认识自我，辩证对待磨难，以便更好地成长。

（二）设置思辨议题

议题的设置必须在"母题"的统领下才能有凝聚性，议题的设置必须有思辨的特性才能引导学生深度阅读。围绕着"成长"的母题，在实际操作中，我们设置了 8 个思辨性的议题。

议题一：否定与超越。以悟空的经历为线，围绕着悟空不同阶段的称呼，如"石猴""美猴王""孙悟空""弼马温""齐天大圣""孙行者""斗战胜佛"，来开展教学与推进。每个称呼都是一次否定与超越，都是一次自我的修炼与成长。以称呼为点，连点成线，引导学生批判性思考与超越。

议题二：欲望与戒律。先以猪八戒的相貌出身选点切入，初识八戒，明确八戒相貌丑陋的前因后果。然后以八戒取经路上的各种欲望选点突破，又识八戒，思考八戒的含义。最后以八戒在取经路上体现的闪光点选点感悟，再识八戒，深入分析八戒成长及受读者喜爱的原因，明确成长就是一场漫长的修行！

议题三：迷失与寻找。以唐僧的幼年经历为线，寻找自我之路，引导学生思辨成长路上的迷惘。以唐僧的取经经历为线，寻找成师之路。唐三藏曾经 3 次赶走悟空，悟空 3 次回归。每一次的回归既是悟空的成长，也是唐僧的成长。唐僧引导孙悟空向善，也在赶走与重纳的过程中成了一个更好的师傅。以唐僧前世经历为线，寻找成佛之路，唐僧的取经之路其实也是自我的成佛之路。

议题四：自我与他人。这是成长的条件。取经团队成员间的矛盾、成员与外界妖魔的矛盾、团队成员自我的矛盾，都是成长的因素。引导学生分析、理解个体与团体的关系，明白团队合作才能更好地成长。

议题五：选择与结果。这是成长的代价。以《西游记》中神魔间的转化为话题，引导学生理解：没有天生的佛与魔，佛可以成魔，魔也可以成佛，全在内心的选择。

议题六：阻碍与动力。这是成长的因素。引导学生对《西游记》中妖魔进行分类比较与思考，妖魔一方面是取经路上的障碍，另一方面是成长路上的动力，从而引导学生思辨成长的因素。

议题七：有形与无形。这是成长的标准。以《西游记》六贼无踪、无底船、无字书、消失的金箍为内容思辨，成长是从被约束到适应约束、突破约束的过程，最终的无约束就是成长与成熟的标志，从而引导学生思辨成长的标准。

议题八：历险与皈依。这是成长的途径，以《西游记》悟空成长的模式，与西方英雄成长模式求同比异，引导学生思考成长的途径及中西方文化的差异。

二、思辨读写，推动深度阅读

（一）原生态阅读

原生态阅读，不是随意地浅层次地在文本表面任意滑行，而是有目的地最大限度地占有阅读的第一信息，尽可能地激发学生的阅读兴趣，养成科学阅读的习惯，从而为批判性阅读奠基。

1.划分阅读层次

科学地划分阅读层次对推进名著原生态阅读意义重大，这也是推进名著思辨阅读的前提。根据《西游记》一百回的结构特点，我们把《西游记》分为两大部分。第一部分为第1～12回，主要内容为悟空单打独斗谋出路。其中第1～7回主要内容为美猴王的出身、学艺与遭遇的困境。仙石崩裂，石猴降世，水帘洞称王，为求长生，三星洞学艺成悟空，追逐名利，大闹天宫后被压五行山，遭遇了困境。第8～12回主要内容为唐三藏的出身与遭遇的困境。父陈光蕊金榜题名，携妻温娇往江州上任，遭水贼所害。母亲为保孩子性命，将其放于木盆中，他顺江而下，被金山寺一长老救起，取小名江流儿。江流儿成人后，选择复仇报本，为报唐王恩义，被观音点化后立誓西行取经，普度众生。第二部分为第13～100回，内容为组团取经悟正果。其中第13～30回主要内容为团队组建及团队的内部矛盾。玄奘西行，五行山下解行者，鹰愁涧里收龙马，高老庄内收八戒，流沙河里添悟净。行者滥杀六贼，三藏无法管束，为让悟空收心，骗戴紧箍；五庄观师徒猜疑，悟空三打白骨精，团队内讧，八戒陷诟，唐僧恼恨，悟空被逐。第31～100回主要内容为团队成员与外部妖魔的矛盾。团队与妖魔斗争，智斗红孩儿、车迟国显法、勇斗鲤鱼精、三借芭蕉扇、收服白鹿怪、降伏玉兔精、消灭豹子精等都体现了团队的智慧，虽困难重重，但各司其职，尽己之长。悟空逐渐摒弃冲动，周游于天宫、西天、地府、龙宫等处，积极行动，解决问题。

2.设置阅读任务群

原生态阅读任务的设置要有梯度性、聚焦性及趣味性。以第1～12回悟空单打独斗谋出路部分为例，笔者设置了4个阅读任务群。

任务一：不可小觑的称呼。同学们读完第1～7回，能否列出悟空在这些章节的称呼并说说这些称呼的来历。

任务二："奇人"大串联。第9～12回目录中涉及诸多人物，有袁守诚、老龙王、二将军、唐太宗、萧瑀、玄奘、观音，请把这些人物串连成一个故事讲述出来。

任务三：试写简历。请同学们为取经前的唐僧填写一份简历。

任务四：第三只眼看西行。假如你是一位记者，请为《大唐日报》写一版头条，报道唐僧西行取经前的新闻。

（二）批判性阅读

批判性阅读是一种在理智上主动参与和作者的内在对话的阅读模式。大多数人在阅读时常常缺乏批判的态度，不仅对别人的所讲所写有所忽视，而且常常有所歪曲。具有批判性阅读能力的人则意识到，阅读就其本质而言是去理解一种与自己不同的立场，即作者的立场[①]。

批判性阅读强调独立的阅读姿态、反思质疑的眼光、思考论证的过程。批判性阅读不仅要求学生积极地去发现文本阅读中的关键词、隐含的观点哲理等，还要求其加以思考与评判。围绕着"成长"母题的 8 个议题，我们开展了批判性阅读教学的设计，以便在课堂内有效地推进。以"否定与超越"议题为例，其主要设计环节与说明如下。

1. 环节一：制作微书，梳理情节

（1）寻称呼：寻找《西游记》中对悟空不同的称呼，并解说这些称呼的来历。

（2）制微书：围绕称呼的变化，给图 1 中的 6 幅小图配上简明生动的文字。

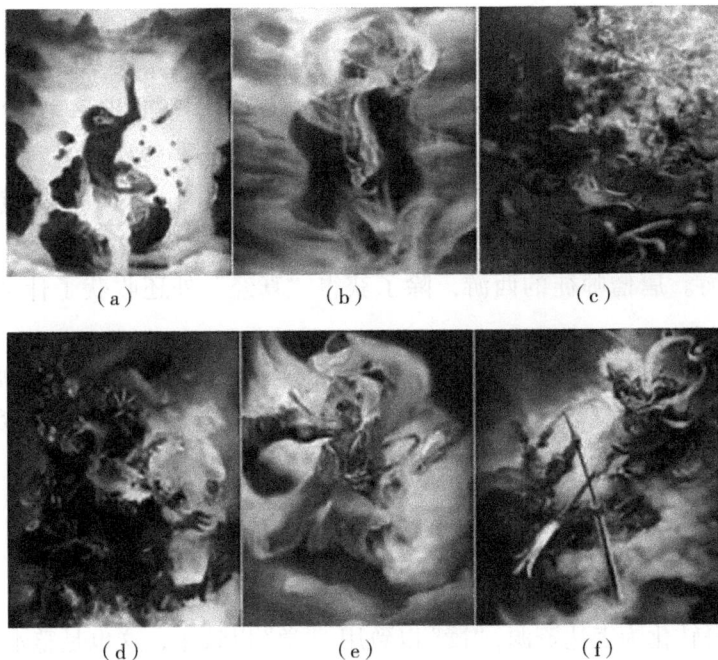

（a）　　　　　　（b）　　　　　　（c）

（d）　　　　　　（e）　　　　　　（f）

图 1　《西游记》选图

【设计说明】本环节从制作微书引入，拉近师生间的距离，直入主题。选取的 6 幅图片是《西游记》前半部分的浓缩，前后贯连，让学生根据图片配文字，既梳理了故事情节，也锻炼了学生锤炼语言的能力，以此来控制节奏，引导学生进入学习《西游记》的情境。

---

① 彭漪涟. 逻辑学大辞典 [M]. 上海：上海辞书出版社，2004.

2. 环节二：搭建跳板，品读发现

（品读第6回"观音赴会问原因，小圣施威降大圣"。）

（1）说"变"：说说悟空与二郎神各自展示了哪些变化。

（2）品"变"：品读悟空的7次变化，说说你的发现。

（3）思"变"：品读悟空的第6次、第7次变化。

思考1：假如你是悟空，当尾巴不好收拾时，你会如何处理？你觉得吴承恩为什么特意让悟空的尾巴不好收拾？

思考2：你如何看待悟空变成二郎神的行为？

【设计说明】本环节以"小圣施威降大圣"为跳板，以"变"为抓手，以品读与发现为方法贯穿，说、品、思3个层次递进，引导学生品读语言、整合信息，在阅读中思索，在阅读中发现，为深度阅读搭建跳板。

3. 环节三：整合探究，深度阅读

（1）悟称号。

思考1：悟空的称号从"石猴"到"美猴王"，从"悟空"到"弼马温""齐天大圣""行者"，最后成为"斗战胜佛"，说说悟空是如何一步步成长与蜕变的？

思考2：悟空成佛后获封"斗战胜佛"，结合目录中的"心猿"，思考"斗战胜佛"称号背后的含义。

（2）悟西游。唐僧师徒的西游，除了获得"真经"外还收获了什么？请谈谈你的感悟。

【设计说明】阅读即发现。本环节，从取经前延伸到了取经后，以"悟"字为抓手，既以悟"读"为方法，又以悟"心"为内容，带动学生进行对整本书阅读的深入思辨与个性化解读。

三、转化运用，读出自我

将阅读所得转化为表达资源，"读"以致用，"学"以致用，这也是整本书阅读的亮色。阅读、思考与运用，本来就是不可分割的。在阅读、思考后，跳出文本，得到生命的体悟与人生的理解，这应该是整本书阅读的核心价值，学生也就会得到真正的成长。

（一）规范检测

在规范检测部分，我们首先以填空、单选题的形式编制题目，以测验学生对基础内容的掌握程度，然后以问答与论述的形式，测验学生对文本内容的深入理解。问答题设置如表1所示。

表 1　问答题设置

作品内容	细读精思	
1　行者认得他是妖精，更不理论，举棒照头便打。那怪见棍子起时，依然抖擞，又出化了元神，脱真儿去了，把个假尸首又打死在山路之下。唐僧一见，惊下马来，睡在路旁，更无二话，只是把"紧箍儿咒"颠倒足足念了二十遍。 （第 27 回"尸魔三戏唐三藏 圣僧恨逐美猴王"）	探究 1：唐僧为何要念咒？ 答：＿＿＿＿＿＿＿ ＿＿＿＿＿＿＿＿＿	探究 3：在《西游记》后半部分，唐僧念紧箍咒的次数越来越少，到最后孙悟空头上的金箍自动消失，这是为什么？ 答：＿＿＿＿＿＿＿ ＿＿＿＿＿＿＿＿＿
2　沙僧在半空道："二位住了手，我同你到师父面前辨个真假去。"这大圣放了手，那行者也放了手……三藏见了，就念"紧箍儿咒"。 （第 58 回"二心搅乱大乾坤 一体难修真寂灭"）	探究 2：唐僧为何要念咒？ 答：＿＿＿＿＿＿＿ ＿＿＿＿＿＿＿＿＿	

这样的问题，既考察了学生对名著经典情节的原生态阅读，又跳出文本，思辨思考，得出个性化的阅读体验，达到阅读中发现与感悟的目的。同时设置中考链接题，让学生对近几年涉及《西游记》的考题做细致的分析与梳理，达到成绩与素养的双提高。

（二）转化性运用

转化性运用让整本书阅读之路更实在、更扎实、更有效。最后在运用部分，我们以思辨写作的方式，开展创新阅读、创新思考，让阅读迈向深度，让阅读更具个性化，让思考变得更澄澈，让思维得以生长。在转化性运用中我们选取了以下几个问题。

（1）如果你的好朋友在成长过程中因为遇到挫折而一蹶不振，你打算把《西游记》这本书送给他（她），你将在扉页上写什么。

（2）金箍困扰了悟空整个取经路，成佛时自动消失。请你从"成长与约束"这个角度对悟空进行一场采访。

（3）在取经路上，八戒也在不断成长，最终修成正果。请根据你的理解帮八戒写写"成长之戒"。

（4）悟空取经之路也是修心之路，从狂心、定心、正心到修心、归心，见证了他一路的成长与变化。你觉得你在成长路上要修炼一颗怎样的心，请用思维导图的形式做出说明。

这些问题，关注阅读深度，侧重阅读感悟，聚焦阅读思维，指向个性化阅读的目标。思辨读写的最终目的是学生根据自身实际，成为阅读内容的选择者、构建者，而知识的再构建需要进行知识的迁移、比较、分析与判断。只有让学生扎根名著，深度阅读，才有可能进行批判性思考，读出自我，从而走上思维成长之路。

高中语文古今书信阅读项目化学习策略

——以书信故事展览为主题

方一湾

《普通高中语文课程标准（2017 年版 2020 年修订）》强调，"坚持立德树人，增强文化自信，充分发挥语文课程的育人功能"是语文课程的基本理念。中国古典文学作品作为中国文化精神、历史人文情怀的重要载体，是重要的语文教学素材。近年来，随着中央电视台《书简阅中国》、黑龙江卫视《见字如面》等电视节目的传播，人们逐渐关注到了书信这一文体，部编版高中语文教材也选录了《答司马谏议书》《与妻书》这样脍炙人口的古代书信作品。

受此启发，我们吸收优秀的媒体资源，结合教材设计了"古今书信品读"这一项目化学习课程。本课程的核心项目为策划、举办"古今书信故事展览"，希望学生能够通过广泛阅读古今书信作品，丰富古代汉语阅读经验，体悟汉语之美，同时通过书信走入古人交际情境，了解真实的历史，加深对传统文化的理解与认同，从中汲取面对现实世界的精神力量。同时，学生也可以在策划展览的过程中提升团队协作能力与解决实际问题的能力。

一、项目背景与意义

（一）激发兴趣，解决文言教学难点

由于缺乏系统性的古代汉语知识，加之在日常生活中鲜少使用，学生在学习文言文时容易缺乏兴趣和应用场合，学习自驱力低是传统文言文教学面临的重大难题。因此，选择合适的文本并辅之以趣味性、实用性的教学活动能够一定程度上消解学生的畏难心理。

无论是古人还是现代人，书信都诞生于真实的人际交往中：或是臣子对君主表达拳拳忠心，或是亲朋好友间的叮咛嘱咐，或是前辈对晚辈的殷殷期待与鼓励……我们读到的书信背后是一个个生动的故事，感受到的是人与人之间真切的情感。在阅读书信的过程中，学生可以触碰一个个不加伪饰的灵魂，从不同的层面了解各个时期的真实历史。在教学过程中，教师也能够以"文"带"言"，鼓励学生利用工具书明确字词的含义，通过互联网查阅具体背景知识，从而读懂这封书信背后的故事。有些书信背后的故事"接地气"，情感表达贴近学生生活，也能够激发学生的阅读兴趣。

（二）融会贯通，关涉多个学习任务群

书信类文体与其他文体最大的差别在于其兼具实用性、审美性与思辨性，能够很好地服务于课程标准所提出的"工具性与人文性的统一"的要求。本课程在文本的选择上兼顾古代与现当代的优秀书信作品。学生在阅读古代书信时，一方面，能够逐步提升自己的文言理解能力，探究祖国语言文字规律（"语言积累、梳理与探究"学习任务群）；另一方面，能够积累传统文化常识，逐步掌握书信文体特质，从而了解书信的写作方式及基本要求（"实用性阅读与交流"学习任务群）。而阅读中国近代的红色家书，又可以融合历史学科方面的知识，因为书信的写作情境更加贴近真实生活，学生可以深切体会英雄先烈的崇高情怀，从而树立正确的世界观、人生观和价值观（"中国革命传统作品研习"学习任务群）。

二、多元任务驱动

根据学生过往的学习经验及学习基础，笔者结合教材、谭正璧的《文言尺牍入门》及相关媒体资源，确定了以下教学篇目与学习活动（表1）。

表1 教学篇目与学习活动

课程主题	所选篇目及备注	学习活动
前言：书信的前世今生	刘叶秋《略谈古代书信的格式》（非书信文本）	了解古代书信的写作格式及相关文学常识
历史上已知的第一封书信	《黑夫与惊的家书》	（1）阅读书信文本，还原历史故事 （2）了解古代战争相关文史知识
"海内存知己"：书信中的友情	嵇康《与山巨源绝交书》；白居易《与元微之书》	（1）阅读书信文本 （2）了解竹林七贤的故事 （3）补充阅读白居易与元稹的往来酬赠诗歌
"家书抵万金"：书信中的亲情与家训	唐太宗《诫皇属》；朱柏庐《朱子家训》	（1）阅读书信文本 （2）概括两封书信内容侧重点的不同
"两情若是久长时"：书信中的爱情	秦嘉《重报妻书》；徐淑《答夫秦嘉书》；司马相如《报卓文君书》；卓文君《诀别书》	（1）阅读书信文本 （2）结合历史，运用批判性思维看待司马相如与卓文君的故事 （3）补充阅读中国古代女性诗词作品
学生自主交流	不限	学生以小组为单位合作搜集图文资料，制作PPT（课件），分享一篇课程以外的书信，厘清文本内涵，讲解文史知识，讲述背后故事
"不平而鸣"：书信中的自白	司马迁《报任安书》；李白《与韩荆州书》	（1）阅读书信文本 （2）自主整理司马迁、李白年谱

续表

课程主题	所选篇目及备注	学习活动
"吾辈当自强"：书信中的青年精神与家国情怀	林觉民《与妻书》；王尔琢《儿已以身许国》；史砚芬《史砚芬与弟弟妹妹书》	（1）阅读书信文本 （2）配乐诵读书信
不一样的通信：书信中的思想交锋	司马光《与王介甫书》；王安石《答司马谏议书》；胡适、陈独秀通信（载于《新青年》第二卷第二号）	（1）阅读书信文本 （2）指出两组书信谈论的焦点问题，梳理双方的观点与论证思路
"穿越"时空的书信：写给过去/未来的你	刘慈欣给女儿的书信；陈难《一封致美惠子女士的信》	（1）阅读书信文本 （2）选定跨时空对象写作一封书信
分组策划展览	所有选课学生一同商讨确定展览主题，各组分别负责展览的一个部分，明确组员分工，将想法付诸实践	

（一）诵读古代书信，积累语言知识

在课程的前半段，师生的主要学习任务是了解书信的基本写作格式与要求，并且通过对古代书信的阅读积累历史知识及字词，为撰写回信打下坚实基础。除了研读纸质书信之外，学生也可以通过配乐朗读的方式，尽可能调动更多的感官参与到书信的学习中，同时能够更好地领会人物在写作书信时的心情，提升共情能力。在条件允许的情况下，也可以组织学生参观相关历史博物馆与革命基地，通过虚拟现实等多媒体技术手段及真实的文物展览让学生身临其境地感受故事情境。

（二）跨越时空回信，传承优秀文化

在阅读完教师及各小组分享汇报的书信作品之后，学生可选择课程中提到的一位或多位历史人物（包含其他同学分享的书信所提及的人物）作为写作对象进行跨时空的回信。在这一过程中，学生需要深入了解书信背后的故事，与历史人物产生共鸣。例如，学生如果想要从山涛的角度给嵇康回信，则必须了解嵇康写作《与山巨源绝交书》的背景、嵇康与山涛的交往历程，以及嵇康和山涛的个人性格与经历等。在写作的过程中，学生需要运用课程中学到的书信写作常识及格式要求，并将自己的真情实感与个性理解融入其间。

（三）策划布置展览，还原历史现场

这是本次项目式学习的最终成果展示，展览分为两个区域，一部分是教师及学生精心挑选的历代书信作品，另一部分则是学生们的回信，由此达到跨越时空对话的效果。起初，学生需要查阅资料，观摩其他展览，了解策展的明确步骤；接着，需要写作策划书，确定展览主题，对"展品"进行分类。在此过程中，学生需要与其他同学协同合作，确定需要准备的工具，并且联系学校的可用场地等。学生能够将自己的想法真实落地，并且解决实际操作中可能出现的问题，也能将我们的项目成果展示给更多的人，让书信背后的故事走进更多人的内心。

三、多元项目评价

（一）个人书信写作评价标准（由教师填写，表2）

表2 个人书信写作评价标准

类别	优秀	良好	合格	不合格
内容	内容围绕主题展开，中心突出且有条理；符合书信格式及写作要求；符合"给某一人物回信"这一具体情境与任务要求且有新意	主要内容较为明确，中心较为突出；较为符合书信格式及写作要求；较为符合"给某一人物回信"这一具体情境与任务要求	主要内容基本明确，基本符合书信格式及写作要求；基本符合"给某一人物回信"这一具体情境与任务要求	书信主题不明确，内容逻辑混乱；基本不符合书信格式及写作要求；脱离"给某一人物回信"这一具体任务要求
语言	语言流畅、有文采（有句式变化，能够合理运用修辞手法）；语言风格符合书信文体特征，贴合写作对象	语言较为流畅，做到文从字顺；语言风格符合书信文体特征，与写作对象较为贴合	语言表达基本正确，偶有语病；语言风格符合书信文体特征，与写作对象基本贴合	语言欠通顺，语病较多；语言风格不符合书信文体特征，与写作对象基本不贴合
主题	思想健康，情感真挚；深刻体现家国情怀或作者的深刻观点，有自己对于历史事件或宏大话题的见解	思想健康，情感真挚；能够展现一定的家国情怀或作者的独立思考	思想健康，情感较为真挚；所谈论的主题能够体现课程所学，但文章泛泛而谈，缺乏思考或认识肤浅	立意或选材不当，内容脱离课程所学

（二）小组汇报书信故事评价标准（由师生共同填写，表3）

表3　小组汇报书信故事评价标准

汇报组别：	汇报主题：		
汇报人：	汇报时间：		
评分项目	评分指标	满分	得分
内容材料整合	书信内容有趣生动，有启发意义	5分	
	能够提炼书信背后的故事及人物精神品质	5分	
	内容完整，准备翔实	5分	
最终汇报展现	课件排版合理，界面美观，重点突出	5分	
	合理使用多媒体资源（如图片、音频、视频）	5分	
	汇报者表情自然，亲切大方，表达清晰，语言简洁，无口头禅，肢体语言运用适当	5分	
小组合作分工（师评及组内互评）	小组商讨共同确定主题及书信内容	5分	
	在资料搜集、最终汇报的过程中能够做到明确分工	5分	
汇报效果	听众参与度高，注意力集中，情绪饱满	5分	
总分			

听完汇报后我想对这位同学说的话：

（三）书信故事展评价问卷（由观展人填写）

1. 您的年龄是？

A.12岁及以下　　　B.13～18岁　　　C.19～25岁　　　D.25岁以上

2. 您的性别是？

A. 男　　　　　　　B. 女

3. 您参观本次"品读书信故事，还原历史现场"书信展览的时间为？

A.15分钟及以下　　B.16～30分钟　　C.30分钟以上

4. 您对哪个展区的印象更加深刻？请简要说明理由。

_____

5. 您的本次参观感受与期望相比？

A. 超过预期　　　B. 与期望基本相同　C. 低于期望值

6. 您觉得本次参观最大的收获是什么？

A. 开阔视野，增加文化知识

B. 对自己工作有所帮助

C. 放松了心情，缓解了压力

D. 增强了民族自豪感，培养了爱国情怀

E.发掘了学生更大的潜力

通过以上不同角度、不同主体、量化细分的项目评价方式，可以综合检验学生是否达成学习目标，同时为学生对项目内容的不断完善精进提供方向，积累更多解决实际问题的经验。

学生在教材、书本、电视节目及课堂中看到或听到过许多宏大的历史叙事，但鲜少关注、了解人与人之间的"小历史"。书信这一私密性、针对性强的文体为学生了解历史及今天的中国提供了一个更加"接地气"的窗口。通过阅读先秦至今的书信名篇，我们能够还原古人的"朋友圈"与社会图景，真切地体会到人与人之间的情感，探究书信中的思想精神内涵，把握时代脉搏。

通过跨时空书信写作、书信故事展览这样一个项目式的学习过程，学生的口头与书面表达能力都得到了提升，在阅读书信的同时增长了知识与见闻，对中国的历史及历史人物有了另一个角度的认识，将中华民族的伟大精神与家国情怀融入自己的精神世界。而书信故事的公开展览也可以让学生更有学习与成长的动力，在回顾自己的项目的历程中反思，真切认识到所学知识都能可视化，有助于提高学生的文言文学习积极性。

项目式学习在初中语文学科教学中的运用

郝越

随着新课程改革的推进，新的教学理念及教学方法也逐渐走进大众视野，其中项目式学习因为能够让学生通过开展调研、探究，致力于用创新的方法解决实际问题，从而在情境及体验中习得新知识，进而帮助提升学生自主学习能力及学科素养而广受关注。本文结合初中阶段语文课堂的教学实践，对项目式学习的特点、开展的关键步骤及相关策略进行梳理及研究。

一、项目式学习在初中语文课堂教学实践中的特点

项目式学习是一种以学生为中心设计执行项目的教学和学习方法，旨在一定时间内，学生选择、计划、提出一个项目构思，通过多种方法达到解决项目问题的目的。因此相较于传统的语文课堂教学，这种模式可以提供更丰富的教学资源，有利于激发学生的学习兴趣，为学生提供了实践的机会，同时在项目式学习中会经常用到合作、探究、自主学习的模式，这也有助于培养学生的综合能力，而项目式学习在语文课堂教学实践中也会呈现出一些语文的学科特点。

（一）项目设计更注重人文性

项目式学习有效实施的前提是选择合适恰当的研究项目，科学的设计有助于指明学习方向，也能帮助学生在众多学习任务群中达成学习目标。而在语文课堂中，项目的设计往往更强调对"人"的关注，这当然和语文的学科本质、特点息息相关，也符合新课程标准的相关要求。因此，语文课堂教学的项目设计一般都围绕文学作品的形象、语言、赏析等，哪怕是强调严谨科学的说明文阅读，也都绕不开对写作背景的把握及对作者情感的体验。因此，我们在对语文课堂进行项目式学习设计的时候既要把握项目式的科学流程，又不能忽视学科本身的人文属性。

（二）项目实施更具有多样性

在通常情况下，项目式学习一般包含"提出问题""规划方案""解决问题""评价和反思"等关键环节，但与其他科目能快速关注到实验对象、数据，甚至是公式原理相区别，语文学科的项目式学习往往在"提出问题"阶段就会有多种角度、多个层面，同

时感悟与体验也和个人经历及阅读积累息息相关。例如，有学生在读了《愚公移山》后认为愚公是不懂变通认死理的人，认为《桃花源记》中的桃源人与世隔绝并不快乐等，这些加入了过多个人感受而忽视文本自身表达的观点，我们在进行项目设计时一定要加以预设，并做好充分的准备，既要鼓励学生在项目中畅所欲言，敢于表达不同观点，也要及时补入关键信息，帮助学生在进一步的研讨中走进作品，甚至要根据学生的初步表现及感知及时调整后续的项目实施方式和手段。

（三）项目汇报更落实读与写

与传统的教育教学相比较，项目式学习这一方法本身具有较强的创新性，在学习过程中学生是主体，更强调体验，尽管在语文课堂教学中会创设各种情境帮助学生沉浸式地走进项目式学习，但在最后的汇报阶段落实的往往是读与写的能力。例如，在自然科技散文单元的项目式学习中，我们最后的汇报阶段是为动物配音，学生的参与热情也非常高，网上截取编辑视频片段，声情并茂地为动物配画外音，看似是对多媒体技术的展示，其实落实的是写作能力，学生只有先阅读他人的介绍说明性的文章，模仿其写作手法，再根据所选片段进行创作，才能有最后的精彩呈现。

二、项目式学习在初中语文课堂教学实践中的关键步骤

前文已经说到项目式学习一般包含"提出问题""规划方案""解决问题""评价和反思"4个关键环节，但具体到语文课堂教学的实践中，流程也会有其自身的学科特点。

（一）围绕目标制订可行计划

在正式开始项目式学习之前，我们可以先通过背景介绍、问卷调查等方式了解学生，让学生对作品有初步认识并激发其研究学习的兴趣，同时我们也要根据学生的反馈及时调整情境创设，帮助学生明确项目式学习中每一阶段的目标。因为语文学科自身的特性，我们要允许学生有不一样的声音，也要围绕目标设计出适合学生思考的有效问题，让学生真正地带着问题去思考，去制订计划解决问题。例如，在"感受古人智慧胸襟"这一项目式学习中，在设计《愚公移山》这一课文学习时，对于预习中的"愚公是怎样的人"这一问题，不少学生持"不够变通"这样的观点，因此，笔者在后面的学习过程加入了对文章中其他人物分析的环节，通过学生小组合作完成人物形象对照表，最后发现作者在创作时是有着明确的情感倾向的，不能仅仅凭借今天流行的观点脱离文本分析去评价古代的作品或人物，这样从学习目标出发并根据学情及时调整学习过程的设计才能真正解决学生思维上的问题。

（二）实施中运用多样化手段

项目式学习是一种引导学生语文核心素养形成与提升的有效学习方式，其突出的特

点就是教师以项目式学习为依托，在任务解决中突出学生的主体地位，训练、拓展学生的思维，进而提升综合素养。所以在语文课堂实践中，教师也要避免"喂"给学生答案，而是要努力搭建平台，通过多样化手段，让学生在项目中自主探究、团结合作解决理解上的误区，进而加强对文本的解读，提升语文综合素养。比如，在"赏自然美景，品古人思想"项目式学习中，我们要探究"桃花源的特点"这一任务，有学生提出了"桃源人与世隔绝并不快乐"的观点，这时不能着急去扭转学生的看法，直接把文章的主旨让学生记下来，而是让小组代表再次补充展示"知人论世"部分的内容，才能真正帮助学生理解作者笔下的桃花源所指，不能全然用今天的眼光去看待、去评价。让学生在任务中质疑，在交流中思考，在实施过程中运用多种手段实现学习目标，才能真正帮助学生提升。

（三）汇报成果实行多元评价

汇报成果往往是学生最期待的环节，因为项目成果通常能反映出学生在之前的学习过程及活动中所收获的知识及技能，或者直接的"产品"展示，也是检测学生在项目式学习中完成情况的重要参考。但在语文课堂教学实践中，由于学科自身特点，学生往往在项目设计阶段就具有多元化的思考，这种特点也会一直贯穿到汇报成果阶段。因此在汇报成果阶段，为了更好地激发学生思考，增强其学习探究能力，我们也需要及时补上多元化的点评。以教育中常用的三维目标为例，语文课堂上知识要比技能更容易获取，过程与方法需要有一定深入的提炼，而情感态度与价值观则是每一个切实参与课堂的学生都可以获得的，我们也可以在此基础上进一步将评价维度多元化，如倾听与分享、质疑与批判、多媒体的应用等，都可以将其纳入对汇报成果的点评，进而帮助学生实现综合性的提升。

三、项目式学习在初中语文课堂教学实践中的策略

项目式学习从实践的过程来说就是通过设计、规划等工作，完成相应的学习任务群，最终通过汇报成果来评判目标达成情况及学科核心素养的提升。为此，笔者将结合自身的语文课堂教学实践，从项目式学习课程设计的角度来梳理总结项目式学习实施的具体策略。

（一）情境设计贴近生活

项目式学习在很大程度上就是"学习就是依靠发现"这一理论的实践。教师作为项目式学习的设计者，要根据教学内容、课程标准要求及学情分析，对项目式学习的主题进行确认，并根据学习目标，设计相应的具有情景化的、开放性的问题，进而对学生的学习起到驱动作用。而好的情境设计不仅要紧扣学习目标，更要贴合实际生活，结合当下热点，从而更好地激发学生的好奇心和学习兴趣。在语文课堂教学实践中，很多新手

教师在刚接触项目式学习时容易被"项目"牵着走，精心设计了不同形式的任务，让学生眼花缭乱，结果课堂上很多时间花在了解释任务、规则上，而一旦在情境设计上贴合学生的实际生活，不仅能最快地调动学生的学习兴趣，也有助于学生尽快进入情境，理解课堂上思考的问题，完成课堂任务，进而达成学习目标，也就可以从一开始避免陷入"任务"的泥沼。

（二）学习目标对接成果

项目式学习以"学生""活动""经验"三者为中心，采用实践活动的形式，对学生的综合能力进行培养和提升。在项目式学习进行的过程中，学生也应以项目式学习的学习目标为基础，对项目作品及汇报成果进行设计。因此，在项目式学习的落实过程中，教师除了要为学生提供协助指导来保证项目式学习的顺利开展，在汇报成果时收集各项反馈，形成多元评价，还要注意汇报成果的要求一定要和学习目标相关联，在设计成果汇报环节的时候要以学习目标为指向。有学习目标对接成果汇报的意识，我们教师才能在学生一味沉浸于汇报形式的新颖或对展示内容有分歧时，能够及时点醒学生，要围绕学习目标展开活动。我们在设计项目成果汇报时逆向反推，看看所提要求是否紧密围绕学习目标，避免自己陷入"形式主义"而忽视项目式学习的精髓。

（三）项目实施利用跨学科资源

语文学科的项目式学习往往伴随着群文阅读或多样阅读任务的驱动，而中学生学习热情高，对学习的需求也呈现多样化的特点。因此，语文学科在设计项目式学习的时候可以利用一些综合性项目，融合跨学科的设计，让学生用一段时间来完成综合型的资料阅读，甚至可以在后期通过开展实验、提交实验报告、汇报学习成果等形式促进学生对于多学科知识的综合理解。例如，在进行"严谨求实，探索自然"事理说明文阅读项目式学习设计时，我们一方面可以借助课文解读补充其他经典的事理说明文或科普阅读，另一方面可以引领学生观察生活中的自然现象，设计实验解读现象成因，再让学生用语言文字描述自己设计实验的过程，能力高的孩子甚至可以以此为基础完成事理说明文的写作。这样的项目式学习不仅涵盖了语文的阅读、写作能力的训练，更是利用了跨学科资料，涵盖了实验设计、成果展示等多个方面，能够有效地培养学生的科学思维与跨学科学习探究能力，对于综合素养的提升大有助益。

综上所述，在项目式学习日趋深入课堂教学的今天，我们根据自身的学科教学实践去思考项目式学习的特点，梳理适合课堂节奏的流程，关注项目式学习的策略研究，将为提升课堂效率、提高教学质量、培养学生综合素养带来重要影响。以上仅为笔者根据自身教学经验进行的粗浅梳理，相信在今后的课堂实践中，大家会对项目式学习有进一步的思考与探索。

基于课程知识研究的《红楼梦》阅读复习课程尝试

王丹

一、《红楼梦》专题阅读复习背景

近年来，"整本书阅读"以学习任务群的形式被纳入课程体系，走进高中语文教材，是一个对语文教学改革有深远意义的创新。部编版高中语文教材必修上册设计了学术著作《乡土中国》的整本书阅读，必修下册设计了《红楼梦》的整本书阅读，二者互补，旨在共同完成课程标准规定的"在指定范围内"阅读一部长篇小说、一部学术著作的任务。同时，随着《红楼梦》《论语》成为高考试题中的"必备选项"，对于《红楼梦》一书的阅读愈加引发了广泛关注与研究。

选择题、填空题、简答题、文学类文本阅读题、作文材料等，《红楼梦》以多种多样的形式呈现在高中语文试卷中，成了高三阶段语文复习课程的重要组成部分。与"中国古典小说的最高峰""封建社会的百科全书""开谈不说《红楼梦》，读尽诗书也枉然"等载誉颇高的评价相比，学生对于本书的阅读与理解情况却是略显"骨感"的。"篇幅太长""内容太多""争议太大""地位太高"等真实评价，让我们在教学与复习过程中存在着较多的实际问题。

二、《红楼梦》专题阅读复习落实

不同于高中初始年级对《红楼梦》有较为充分的阅读时间、精力，高三阶段较多学生对《红楼梦》专题的复习依托于大量的题目。时间是有限的，但题目是大量的、变化的，如何高效地读懂题目背后的知识考查点，并将自己的已有知识进行迁移转化，是我们必须要面对、尝试解决的问题。笔者认真研读了教材中所设计的六个学习任务群，主要是扣住了小说，特别是长篇章回体小说的体式特点展开的，人物、环境、情节、主题等不同角度在 6 个任务群中各有侧重，彼此交错。而"小说体式特征"这一课程知识，学生初中阶段已有所学，高一、高二阶段也学习过《祝福》《林教头风雪山神庙》《装在套子里的人》等经典小说，对这一课程知识的了解是有基础的，在中短篇小说课程知识的基础上，展开对长篇小说的复习，形成自主、深度复习的"课程知识小体系"，既有知识的"温故"，亦有"知新"。

三、课程示例：芳园大观——《红楼梦》专题复习

（一）学习目标

（1）结合月考试题，初步探析课程标准导向的考查方向。

（2）小组合作，回归教材，明确以人物为切入点的自主复习的具体方法。

（二）学习活动

1. 学习活动一：大观之雪

结合典型题目，初步探析课程标准导向的考查角度。

题目复现：

宋人知雪，以雪构建了大宋独特的雪文化；雪芹喜雪，以雪为《红楼梦》锦上添花。《红楼梦》书中，曹公或以雪营造气氛，推动情节发展；或直书雪中雅事，烘托人物形象；或以雪入诗，展示丰富寓意……请选择以上一个角度，概述与雪有关的内容，并加以分析（图1）。

学生活动：

（1）请根据本题题干，圈画出"雪"的3个（至少）作用。

（2）如果将题目中的雪换成"花"/"色彩"，题目是否成立？

（3）思考题目考查的内在知识点。

活动结论：

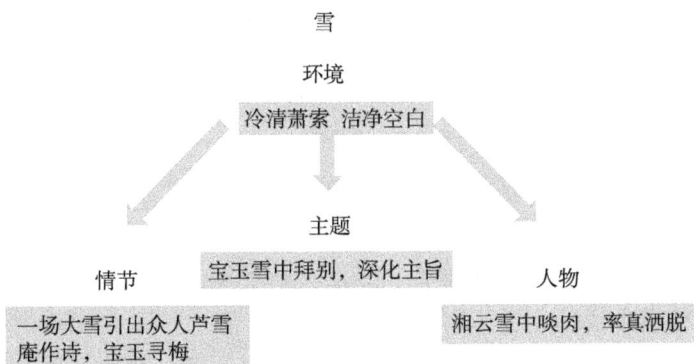

图1 "雪"意象作用

环节设计意图：

温故，明确《红楼梦》是以小说这一文体特点为基础的考查，落实课程标准要求：根据诗歌、散文、小说、剧本等不同的艺术表现形式，从语言、构思、形象、意蕴、情感等多个角度欣赏作品，获得审美体验，认识作品的美学价值，发现作者独特的艺术创造。

2. 学习活动二：大观之文

小组合作，回归教材，结合题目重读必修下册《红楼梦》6个学习任务，构建深度复习的课程知识体系（图2）。

学生活动：

（1）复习高三阶段已经完成的题目，交流讨论本组题目涉及小说的知识点，根据其侧重点，完成6个学习任务的题目分类整理。

（2）结合现有知识，讨论并丰富长篇小说阅读的知识点体系和阅读方法。

交流成果：

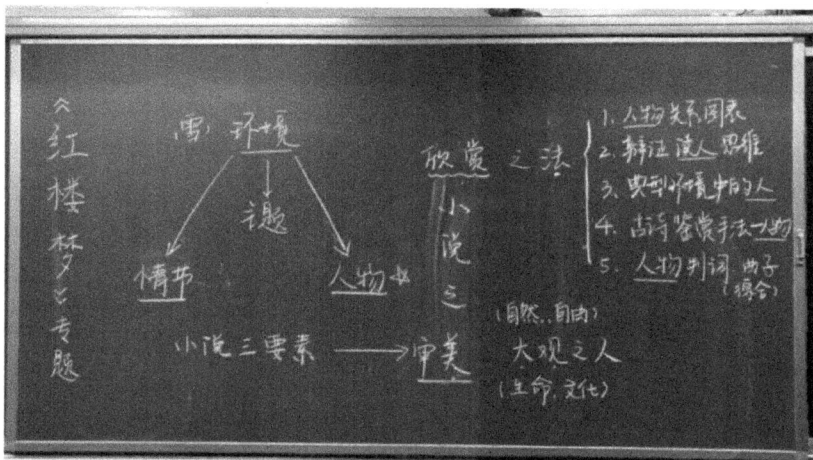

图2　《红楼梦》专题板书

题目分类见后。

环节设计意图：

回归教材，复习6个学习任务，并归类整理相应题目，强化知识理解。落实课程标准，在指定范围内选择一部长篇小说，通读全书，整体把握其思想内容和艺术特点。梳理小说的感人场景乃至整体的艺术架构，理清人物关系，感受、欣赏人物形象，探究人物的精神世界，体会小说的主旨，研究小说的艺术价值。

知新，在归类整理的基础上逐渐形成自主、深度阅读长篇章回体小说的知识体系，探索可操性强的复习方法，形成和积累自己阅读整本书的经验。

3. 学习活动三：大观之人

结合"大观"一词，借助前后文读懂相关文本，把握文本丰富的内涵和精髓，丰富自己的精神世界。

题目复现：

贾政心中自是喜欢，却瞅宝玉道："此处如何？"众人见问，都忙悄悄推宝玉，教他说好。

宝玉不听人言，便应声道："不及'有凤来仪'多矣……此处置一田庄，分明见得人力穿凿扭捏而成。远无邻村，近不负郭，背山山无脉，临水水无源，高无隐寺之塔，下无通市之桥，峭然孤出，似非＿＿＿＿大观＿＿＿＿。先处（有凤来仪）有自然之理，得自然之气，虽种竹引泉，亦不伤于穿凿。"

学生活动：

（1）结合前后文，讨论"大观"之内涵。

（2）写一段感悟性或抒情性文字，结合课上所学《红楼梦》知识，选择其中的一个人物，写出你对人物、生命的进一步理解。

分享成果：

以下为学生文段1。

潇湘馆，凤尾森森，龙吟细细，黛玉，这是你的世界。

古有娥皇女英泪洒斑竹，成就一段佳话，今有黛玉竹边泪尽焚稿，辞情别意含恨仙去。因为看到了你的结局，这一片竹林竟显得格外凄凉。如今，我似乎明白了，你为何会独爱潇湘馆的"那几竿竹子"，因为你，就是一竿翠竹。竹修长纤细，你弱柳扶风；竹清秀质朴，你清高孤傲；竹不屈不挠，你叛逆勇敢。或许只有栖身于这一片竹林当中，你才不会感到孤独。

走过曲折的回廊，便是一处玲珑的池塘。竹叶掩映，溪水潺潺。在这玲珑精致的住处，藏着一颗玲珑精致的心。你喜文好墨，诗书记录了你的花季年华；你炽热果敢，倾尽一颗莹润无杂的心；你思念故乡，在这江南风情的建筑中，似乎找到了片刻的安宁。

可你的心，又何曾有过片刻安宁？

以下为学生文段2。

蘅芜苑是你在大观园里的居所。今日里我也有幸来到你的世界，走进你的绣房，走入你的内心世界。原著描写院中异香扑鼻，奇草仙藤，愈冷愈苍翠，牵藤引蔓，累垂可爱。奇草仙藤蜿蜒盘折，努力向上生长，仿佛象征了你"好风凭借力，送我上青云"的人生理想信条。

蘅芜苑外在毫无意趣，里面却是奇石异草遍布，正是证实了你外在藏愚守拙，端庄贤淑，随分从时，温和娴雅，看似没有个性，失了自我，但却通今博古有内涵有才华有知识的性格特点。由于你素来不喜装饰，使得房中如雪洞一般，既不像其他贵族的闺阁女子的绣房里，摆设豪奢华美；也不像其他姐妹们的屋子中笔墨纸砚，琴棋书画皆齐全，而这怎又不是你那颗备受封建礼教荼毒的心灵凄苦与空洞的表现？

眼观今日之蘅芜苑，或是因为地处偏僻，或是因为你如今屡被世人诟病，更显得破败荒废凄凉。不由让人感叹——红楼一梦，又有谁解其中味？

环节设计意图：

提升审美鉴赏水平及文段写作能力，落实课程标准；联系个人经验，深入理解作品；享受读书的愉悦，从作品中汲取营养，丰富自己的精神世界，逐步形成正确的世界观、人生观和价值观。

四、《红楼梦》专题阅读复习反思

课程标准对整本书提出了"读懂文本"的要求，但《红楼梦》思想内容博大精深，文化内涵丰厚深邃，创作过程复杂，给高中学生"读懂"带来了不小的困难。"读懂"在某种程度上需要深度学习的方法和思考。高中阶段现有的《红楼梦》题目考查形式灵活，内容多样，前后关联的题目呈现出思维的层次和梯度，对学生来说是不小的考验，因此扎实掌握相关的课程知识，能够借助不同的语境和题目材料，不断"回扣"并丰富自身阅读小说的知识体系，进而延伸思维的深度和广度，才能有效地实现深度学习。

本次专题复习中依托课程标准与教材，以对"课程知识"的分析与再次理解为切入点展开设计，给学生提供了一种相对容易入手的自主复习角度，同时结合阅读、写作、答题等语文知识的运用，在一定程度上帮助学生完成相应的复习。但是，需要注意的是，在分析材料的过程中，学生需要有一定量的题目积累，才能形成较为有效的深度分析与思考，当然也应当避免"唯题目论"，学生的收获更在于掌握整本书阅读的有效方法、深度思维及基于此的精神成长。

促进深度学习的高中英语课堂实践策略

詹逸雄

一、高中英语深度学习与学科核心素养之间的关系

随着全球化的不断深入，学生们在未来将会面临更多跨文化交流。高中阶段的英语课程不仅应帮助学生打好语言基础，使学生掌握基础的英语知识和技能，更应着重培养学生的跨文化交流能力，为学生们用英语作为媒介学习其他学科知识、汲取全球各国优秀文化、培养多元文化意识，在未来更好地适应全球化的世界奠定坚实的基础。同时，高中阶段的英语课程还应有助于学生深化对中华民族文化的理解，增强爱国情怀，树立文化自信，形成正确的世界观、人生观、价值观。中国共产党第十八次全国代表大会提出，"把立德树人作为教育的根本任务"。《普通高中英语课程标准（2017 年版 2020 年修订）》把党的教育方针具体化为发展学生的核心素养。英语学科的核心素养包括语言能力、文化意识、思维品质和学习能力。新课程标准的提出为教师们明确了方向：英语学科的教学不应该只是培养语言知识和语言技能，也是对学生思维品质、价值取向和学习能力的培养。

为了进一步深化基础教育课程改革的进程，提升教学成效，并切实推动学生核心素养的全面发展，自 2014 年 9 月起，教育部基础教育课程教材发展中心便着手启动了"深度学习"项目的研发工作。深度学习，作为一种在教师精心引导下，学生主动投入、积极构建知识体系的学习模式，着重强调学生的教育性成长与进步[1]。在英语教学中促进深度学习，意味着摒弃传统的表层机械学习、死记硬背及被动接受知识的模式，转而倡导在教师悉心指导下，学生主动参与、积极构建知识体系、深入理解知识内涵并实现自主发展的新型学习过程[2]。在课前准备阶段，教师应细致入微地进行学情分析，充分考虑学生的知识基础和兴趣所在；而在实际教学过程中，则需注重课程内容的结构化与情境化设计，密切关注学生结构化知识的形成，以及沟通合作、自主发展等关键能力的提升，同时着力培养学生的多元思维与批判性思维能力，切实践行英语学习活动观，从而确保深度学习的真正实现[3]。这样的深度学习不仅能调动学生学习的主动性，激发学生

---

① 刘月霞，郭华. 深度学习：走向核心素养（理论普及读本）[M]. 北京：教育科学出版社，2018.

② 张华. 论核心素养的内涵 [J]. 全球教育展望，2016，45（4）：10–24.

③ 王军起，章策文. 以写促读的探究式课堂：主题语境下的深度学习 [J]. 基础教育课程，2019（14）：44–49.

的学习动机和兴趣，提高学生的语言能力，更能发展学生的思维能力、学习能力，强化学生的文化意识。深度学习能够切实促进学科核心素养的形成和发展，最终促成学科育人目标的达成。

综上所述，深度学习与英语学科核心素养两者的关系为：深度学习是落实学科核心素养、最终实现"立德树人"根本任务的重要途径。

二、促进深度学习的高中英语课堂实践

设计有效的教学活动是实现学生深度学习的重要途径。教师在设计教学活动时，要以英语学科核心素养的培养为指导方针，积极思考，摸索有效的教与学的方式。促使学生改变一直以来可能存在的被动学习或被动应答的习惯，帮助学生转变为积极主动探索知识、运用创新性方法解决问题的高效学习者。

本文将以北师大 2019 版必修第三册第八单元第三课 "'White Bikes' on the Road" 的课例为例，具体探讨促进深度学习的教学实践。本课为说明文，按时间顺序介绍了世界上第一个共享单车项目——阿姆斯特丹白单车的起因和发展、遇到的问题、解决问题的方法，以及解决问题后的回归。之后，文章进一步讲述了白单车对世界其他国家和地区的影响。本课的教学目标和活动设计遵循从学习理解、应用实践到迁移创新的规律，逐层递进制定教学目标，设计教学活动，并将文本和实践充分对接，设计了较为真实的情景——从共享单车使用者、共享单车公司管理层、政府管理者 3 个角度去思考，分析我国共享单车目前存在的问题，并提出可能的解决方案，进一步推广绿色出行。本课的活动设计具有一定的综合性和实践性，有助于激发学生的兴趣，培养学生的多元思维、批判性思维及运用所学解决实际问题的能力。通过课程的学习，预期学生能够树立环保意识，较为全面、深入地了解目前存在的环境问题及应对措施，最终联系到自身，意识到需要每个人通过实际行动推广和践行绿色生活。

（一）读前活动：创设情境，导入文本主题

课前，教师让学生观看一段老师骑着共享单车的视频，吸引学生的注意，并提出如下问题："We can see shared bikes all around Beijing. Do you know where the idea of 'shared bikes' was born ?"通过引入授课老师自己骑车的视频，创设真实情境，激发学生的兴趣，同时激发学生头脑中已有的关于共享单车的回忆。接下来，请学生阅读文章标题 "'White Bikes' on the Road"，预测文章的内容，给学生提供了充分的思考空间，激发了学生探究的兴趣，为后续的深度阅读做好了铺垫。读前活动从预测内容自然过渡到对文本中心话题的讨论，让学生对文本主题有所感知。

（二）读中活动：搭建框架，培养阅读技能

培养学生在阅读过程中获取主要信息和观点、理解语篇要义、把握语篇结构的能力

是阅读教学的重要目标。同时，教师在设计教学活动时，应根据文本的特点，把英语语言能力训练与思维品质、文化意识、学习能力培养有机结合起来，有利于阅读教学的深度开展和有效产出。

1. 快速阅读，匹配各段段落大意，分析结构，把握脉络

本环节让学生快速阅读，着重获取并匹配各段段落大意，旨在培养学生快速阅读和归纳语篇主旨大意的能力。不同体裁的文章，其结构也不同，教师应引导学生讨论课文的体裁和结构特点，把握文章的主题脉络，建立段落之间的意义联系，从而开展语篇阅读整体教学。

2. 导图助学，搭建框架

教师在学生快速阅读并获取各段大意后，让学生再次阅读文章，提取并归纳文中的关键细节，绘制思维导图。思维导图（mind mapping）是英国心理学家及教育学家东尼·博赞（Tony Buzan）在 20 世纪 70 年代发明的一种图形思维工具。思维导图把学生对文章的理解、与文本互动的过程清晰直观地呈现出来，可以让学生在建构语篇意义和把握文章脉络的过程中不断修正自己的理解[1]。思维导图的形式能够让学生更直观地梳理并记忆文章内容，这不仅有助于学生深入理解语篇、把握关键信息，而且能够有效提高学生的专注力和记忆力。同时，思维导图还有助于培养学生的发散思维，启发学生的联想能力和创造能力。学生还可借助思维导图，有条理地做语言输出，实现对文本语言的内化和应用，实现深度学习。

在本环节，教师请每位学生先独立绘制思维导图，之后在小组内部分享，并据此完善自己的导图，将自主学习和合作学习有机结合起来。之后，请学生根据改进过后的思维导图，对文章进行复述。基于思维导图复述课文的教学活动是对课文内容的进一步理解和回顾，从感知注意到学习理解，再到应用实践，层层递进，给学生充分的复现与训练机会。复述任务深化了学生对文本内容的整体把握，加深了学生对文本内容的理解和内化，培养了学生的阅读技能，训练了学生的表达能力，提高了学生的思维能力，使其养成良好的阅读习惯，最终实现学习能力的提高。

3. 深入思考作者意图

读懂一篇文章，除了理解整篇文章的表层含义外，还要理解作者的情感态度和写作意图。文章最后一句话为："Where will bike-sharing go in China？ You decide." 教师引导学生思考本句中的 "you" 是在指谁，引导学生思考得出 you 是指我们每一个人，从而使学生树立主人翁意识，通过这篇文章意识到绿色出行的意义，意识到环境保护人人有责，作为祖国的未来，我们要从每个人做起，从一件件小事做起。

（三）读后活动：创设真实情境，培养批判性思维、多元思维

深度学习的一个重要特征就是强调在教学活动中创设真实的情景，模拟社会实践，

① TONY B，BARRY B. The mind map book[M].London：BBC Books，1993.

将所学知识转化为综合实践能力。在英语阅读教学过程中，教师要注重对学生认知和理解能力的培养，引导学生结合自身实际和社会现实，多角度地、理性客观地分析社会现状，培养学生综合运用所学知识解决生活中实际问题的能力。在解决问题的过程中，学生会再次梳理文本、整合语言知识和文化知识，进一步深化对文本的理解。读后环节的课堂活动是对阅读内容的巩固和升华，让学生根据自己的已有知识和生活感悟对阅读文本进行建构，是创造新的文本内容的源泉。

本环节在学生理解文本的基础上，设计开放性的活动，让学生一边结合自己的生活实际，一边拓展思路，展开想象。本节课中，课文的最后一段简单列举了中国共享单车市场面临的优势和问题。教师利用阅读内容，结合学生的已有认知与经验，联系现实生活，适时掀起头脑风暴，培养学生的创新思维、发散性思维、批判思维、多元思维。教师设计如下：引导学生从共享单车使用者、共享单车公司管理层、政府管理者三方的角度，分析我国共享单车的现状，并从多角度提出可能的解决方案。此活动具有一定的综合性和实践性。学生在此过程中，会从多元的角度批判性地思考中国共享单车的现状及未来，这既是学生对所学知识的活学活用，又激发了学生的思维能力，更是对学生情感的再次教育，进一步树立环境保护人人有责的主人翁意识，促进了学生对主题意义的反思，有利于真正实现深度学习，使学生在语言能力、文化意识、思维品质和学习能力几个方面均得到发展和提高。

（四）课后作业：实现对课文文本和课上内容的内化、拓展、迁移

作业完成方式：四人组成小组，采取角色扮演的方式录制视频。一号学生扮演绿色出行电视节目主持人，主要任务为介绍共享单车的起源，即阿姆斯特丹共享单车发展史，以及向 3 位嘉宾提问并与其互动。3 位嘉宾分别为中国共享单车用户代表、共享单车公司老板、城市规划者，让他们分别从个人用户、公司、政府的角度发表对共享单车的看法，包括我国共享单车的优势、问题和做些什么可以使得我国共享单车发展得更好。该作业旨在通过独立准备、自主探究、小组合作的方式，使学生在准备和完成任务的过程中，既有独立思考的过程，也有同伴之间的相互学习、相互促进、相互评价，最终实现对课文文本和课上内容的内化、拓展、迁移。

以上阅读教学设计体现了认知的层次渐进性，推动了学生的深度学习，让教与学的过程更具有深度和完整性。深度学习强调不能让学生只是获得一些零散、呆板、只能停留在大脑浅层的知识，而是让学生通过自主学习、合作学习、探究学习等多种学习方式，积极主动、灵活地运用知识去理解世界、解决实际生活中的问题，并在此过程中逐步形成正确的世界观、人生观和价值观，获得健全的人格，成为新时代社会主义接班人。培养核心素养以培养全面发展的人为最终目标。深度学习的核心理念与核心素养的目标高度契合，深度学习是发展英语学科核心素养的重要途径。在高中英语教学中，教师要以培养英语学科素养为目标，以深度学习的相关概念为理论依据，设计有效的教学活动，真正促进学生的全面发展，贯彻落实"立德树人"的根本任务。

行深度学习之舟，探无涯学海之美

——以《猫》为例探索散文阅读深度教学

李业慧

"沉舟侧畔千帆过，病树前头万木春。"教学如行舟，少不了不断推陈出新。教师教学研究与实践中要敢于超越他人与自我，不断发现、创造新的方法，不断体会领悟，不断达到新的境界，如哥伦布发现新大陆一般。通过深度学习，则可在教学之旅中探究发现教与学"新大陆"。而深度学习正具有联想与结构[①]、活动与体验、本质与变式、迁移与应用、价值与评价等特征，因此学习者在理解学习的基础上能够批判性地学习新的知识和思想[②]，并将新的知识和思想融入已有的认知结构，或者将众多思想进行联系，并将已有的知识迁移到新的情境中，作为决策和解决问题的依据。本文笔者针对七年级学生阅历有限、阅读散文把握主旨肤浅的问题，将深度学习理念用于状物抒情散文阅读教学，带领学生探究文本主旨的方法，实践中着重运用活动与体验、本质与变式、迁移与应用、规则与评价等方式方法，行深度学习之舟，探无涯学海之美。

一、确定学习目标，掌握探究的主要方向

科学合理的教学目标，如同舟的黄金罗盘，罗盘在手，才能明确师生"行舟"之目的地，才能让"深度学习"之舟循着方向全速前进。

比如，笔者在对语文部编版七年级上册第四单元郑振铎的散文《猫》进行深度教学设计之前，潜心研读《语文课程标准》《海淀区学业标准》等文件，并根据学情，确定了本课学习目标：①厘清猫的不同命运、作者的情感变化；②挖掘猫的命运引发的深思；③理解"借物抒怀"手法，将其运用于散文阅读与写作中。从中可以看到，学习目标指引学生学思结合、情理结合，知识性与人文性双元发展，体现了深度学习的两个必要前提之一——学科育人价值，让课程不仅有知识营养，更有人文的灵魂——立德树人的根本。

① 龚建新.深度学习的内涵、特征与策略[J].语文教学通讯·初中，2016（6）：38-41.

② 刘月霞，郭华.深度学习：走向核心素养（理论普及读本）[M].北京：教育科学出版社，2018.

二、设置活动任务，激发情境体验，驱动学习

设计情境感强的学习任务，以学生为活动主体，推动整个教学过程，以最大程度激发学生最深刻的内心体验。

笔者在《猫》设计活动中（表1），设计任务驱动，对应学习目标、学科核心素养，将抽象、枯燥的"知识内容"转化成具体、有趣的"学习任务"，学生落实起来会相对更有激情，也更容易。课前，情境导入，亮出任务驱动：从科学小视频转换到人文探究：首先播放《解密猫》科学研究视频片段，提出"解密猫的行为特点"的话题，激发学生的兴趣点，从而引出本课的内容——解密郑振铎先生的散文《猫》，开启"揭秘命运之旅"，并提示学生看黑板上的浓缩目标词，即"猫各有命""谁是凶手""我和猫的关系""我心中的特殊印记"，这些系列化、富有挑战性的任务，是深度学习的前提，也是进行整体学习的线索，是激发学生兴趣的原动力。

表1　任务驱动与目标对应

任务	目标	任务内容	设计意图
任务一：猫各有命	目标1	梳理文中各猫命运的相关情节与作者的情感变化	整体感知，厘清文脉，提升获取信息能力与语言建构能力
任务二：谁是凶手	目标2	思考几只猫失亡悲剧的原因，思考"智子疑邻"，分析背后的原因，深度思考两个故事反馈的人性共同点	联想迁移，形成解释，提升抽象逻辑思维能力，能说出从作品中获得的对自然、社会、人生的有益启示
任务三：我和猫的关系	目标3	理解作者借猫表达的情思	能力素养：鉴赏评价，理解借物抒怀的手法，理解"物"与"我"的关系，提升文学审美鉴赏能力
任务四：解密我心中的特殊印记	目标2、3	检验迁移运用能力，作为读者，书写、交流我心中的特殊印记带给我的情思	实践运用，质疑探究，运用借物抒怀手法创作，表达对生活、社会的情感与思考，提高审美鉴赏与创造能力

三、明晰量化评价，搭建支架

清晰而科学的量化评价表，有助于学生自觉发展核心素养和正确的价值观，给学生搭建知识技能体系的支架，助力学生攀爬。

比如，状物抒怀散文《猫》教学设计中，笔者依据本课4个主要任务设计了评价量表（表2）。

表 2　课堂任务评价量表

任务环节	评价内容	评价指标	等级	学生自评	小组互评	教师评价
任务一：猫各有命	信息提取紧扣文本，清晰概括出每只猫的命运	整体感知、获取信息	优秀：能全面、简练地概括文章的主要内容 良好：能基本概括文章的主要内容 一般：概括与原文相差较大，信息不全或不准确			
	概括每只猫的特点及"我"的思想感情、态度变化	整体感知、获取信息	优秀：能全面、精准概括每一只猫的特点及"我"的情感态度 良好：基本能够概括每一只猫的特点及"我"的情感态度 一般：概括与原文相差较大，信息不全或不准确			
任务二：谁是凶手	思考几只猫失亡悲剧的原因	获取信息	优秀：能通译链接文本的主要意思并精准概括 良好：能大体读懂链接材料、基本概括文本大意 一般：理解文本有障碍，概括信息有困难			
	思考链接材料"智子疑邻"，分析背后的原因，关联课文《猫》，关联名著和生活经验，深度思考两个故事反馈的人性共同点，你认为凶手还有哪些人？你有怎样的启发？	质疑探究、形成解释	优秀：能关联课文与材料，从作品、生活积累中获得对自然、社会、人生有创意的、有深度的启示 良好：能基本关联课文与材料，能说出自己的理解 一般：不能完全建立课文与材料的关系，不太理解课文与材料内容，无法生成自己的启发			
任务三：我和猫的关系	理解作者借猫表达的情思	质疑探究，鉴赏评价	优秀：能正确理解文章使用的借物抒怀手法，能深度理解作者借猫表达的情感与思考 良好：能基本理解借物抒怀手法，基本理解作者借猫表达的情感与思考 一般：不能完全理解借物抒怀手法，不能完全理解"猫"背后作者的情感与思考			
任务四：解密我心中的特殊印记	作为读者，运用借物抒怀手法，书写、交流我心中的特殊印记带给我的情思	迁移运用、表达能力	优秀：能恰当运用借物抒怀手法，恰当运用叙述、描写、议论、抒情等多种表达方式，完整叙事，写出人、物的特征，抒发真挚情感或深刻哲理 良好：基本能够运用借物抒怀手法，能基本叙述清楚完整的事件，能使用两种以上的表达方式，借物表达基本的主旨 一般：不能恰当使用借物抒怀手法，叙事与生发的情理不能完全对应，或情理不够感人			

状物抒情散文教学中，第一步是顺藤摸瓜，厘清文脉——学会厘清文脉，概括主要情节。以《猫》这篇散文为例，在通读课文的基础上，笔者设计的前段任务是厘清思路，

理解、分析主要内容，体味和推敲重要词句在语言环境中的意义和作用；整体阅读，梳理文脉，把握情节、猫的不同特点、作者的情感变化；整体把握，为后文批文入里做铺垫。为了尊重学生个体差异，笔者设计以小组为单位，可以用表格或漫画思维导图形式展示预习成果，两种展现形式均有。重点体现3只猫的不同命运、作者的情感变化。明确要求学生在预习过程中，圈画批注猫的动作、神态以及"我"的心理描写变化。此环节使用任务一量化评价表，要求学生规范、精准地概括与清晰地表达个性。

四、联想迁移，发散思维，深度聚焦主旨

在温故中知新，在联想中迁移，在发散思维中聚焦抽象逻辑思维，让学生深入理解文本主旨。

"好的教育必须唤起儿童的思维。"想要激发思维，重要的就是激发学生的联想、迁移能力，使学生将感性的生活体验运用于理性的知识系统。《猫》作为优质散文，具有"人事情理一线天"、内蕴丰富的特点，对事件背后的理性思考与情感共鸣，特别是作者的自我批判式的人文主义精神是重点，也是难点。紧承前面环节，继续任务驱动：探究或失或亡的三只猫背后的"凶手"？如果换作前两只猫遇到"芙蓉鸟事件"，结局可能会怎样？从而启发学生深度思考：作者想借猫抒发哪些感情或哲理？中段任务则需要深度讨论，这是学习的重难点，需要思维碰撞，寻猫爪印记，探究猫命运背后的情理之秘，从而对文章的多重主旨有深度思考。学生们仿佛是小侦探，追本溯源，激烈讨论。教师可以提示学生结合学习过的课文、名著、生活经历等来思考。笔者及时补充文言故事片段《智子疑邻》，在理性的非连文本中，帮着学生建立思维连接，助力续航，追逐真理的目的地。本环节中学生们争先恐后，各抒己见，分别找出以下导致猫悲剧命运的"罪魁祸首"：天灾、人祸——夺人所爱、冷漠自私、各扫门前雪；根据好恶亲疏主观臆断——人性的弱点——伤害他人或其他生命。还得出一个有深度的启迪：在同一件事上，作者对待喜爱和不喜爱的猫的态度不同，根本上导致了第三只猫的悲剧。人常常会因为亲疏远近、个人情感喜好而做出臆断，这种偏执可能会带来无法弥补的伤害。可见，需批文入里，深入思考，由小到大，由物到人，由表到里，由果到因，由情到理，提升学生的高阶逻辑思维能力；由一到多，从理解一篇课文文本到理解文本言外之意，再到关联生活、名著阅读积累等，有助于培养学生深入解读文本的能力、思维的深度发展力——辩证深入思考事件背后的本质的思维能力，提升其语文核心素养中的思维能力，并培养学生关怀弱小、怜悯生命的人文情怀，充分体现了深度学习中要落实学科核心素养的目标，如语言建构、辩证高阶思维、丰富的美好情感、健全的人格等。此环节使用任务二评价量表来指引学生深度发散个性思维、规范作答。

为了辅助学生进一步理解"物我合一"的理论，笔者引用王国维的"有我之境，以我观物，故物皆着我之色彩"，并提问——作者借猫独特的命运表达了哪些不同情感、思考，旨在借助王国维的经典文论语句，帮助学生理解写作中"物"与"我"关系，再

通过厘清"我"和"猫"的关系，间接理解写作主体、写作客体之间的关联，理解"色彩"即作者的生活经历给写作之物刻上的情感烙印，是对自然之物的艺术再加工，自然过渡到"借物抒怀"这种常用的重要艺术手法，让学生感受其艺术魅力。这样可以帮助同学们在阅读时透过文章看本质，深入作者内心，倾听心灵之声。眼前是文本，写作对象是媒介，连接着眼前的现实生活与背后深沉独特的精神世界。而"借物抒怀"则是桥梁，紧密连接着作者与写作对象，学生能深刻感悟借物抒怀手法，更好地读懂文章、认识所处的烟火人生与大千世界。

五、变式拓展，检验运用，把握核心技能

适时放慢节奏，多留一些当堂思考与运用的时间，让学生及时进行变式运用练习，可以更好地检验核心技能成果，更好地了解学情进展。就如行舟中，到了关键水域，需要适时抛船锚，感知水域深浅，精准调整行舟方向、速度、进程等，在深度学习之旅中，了解学生学习到了怎样的深度，深浅如何，下一步如何走。课上、课下的持续性评价与检验环节，也是必不可少的。从阅读与写作关系来看，定是在深度阅读后形成自我反思、启迪或情感共鸣；抑或是从写作手法"借物抒怀"中获得理解后进行写作运用，这是难点，更是检验。本课堂教学活动最后一个环节为解密我心中的特殊印记——留心生活，巧用"借物抒怀"。笔者设计最后一个活动问题：是否有一样东西在你的心中留下深刻印记？简要记叙它与你的故事，并用议论或抒情表达你寄托于其中的情感、思想。8分钟写作200字左右，即思考、口述自己心中的"印记"之物，分享自己的经历，体现借物抒怀手法。

此环节使用任务四评价量表，可以成为学生写作活动的"支架"，引导学生从文本走出，再回到生活中，运用"借物抒怀"，鼓励学生深入反观生活，获得更多有意义的感悟与启迪。联系生活，品位生活中的哲理或情感，激发学生热爱生活、珍惜生活的热情。总之，在课内现场分享或课下分享中，学生在字里行间中体会到了泪水与欢笑、情与理的交织、知识与人文的融合。从知识层面到人文情怀熏陶，从语言建构运用到思维发展提升再到审美鉴赏创造，让阅读体验与写作输出立体化、深度化、广泛化，让教学有了丰富的人情味，学生则在潜移默化中获得这些学科素养，如这趟行舟之旅中探寻到的宝藏。可见，在此次深度学习之行中，师生一起努力，循你我雪泥"猫"爪，解记叙文状物抒怀之奥秘，收获了美好、立体、深度的主旨体验。

深度学习，充分运用活动带动体验，抓住阅读教学本质，在变式中促进能力提升，在迁移中提升应用能力，用规则与评价一步步引导学生乘风破浪，深探学海。相信教师只要脑中有理论之纲，脚下有力量，胸中有情怀丘壑，目中有理想之光，乘"深度学习"之舟，师生同行共济，定能"直挂云帆济沧海"，共探学海之美！

项目式学习在高中英语阅读精读课中的实施

田也

项目式学习是教师指导学生围绕一个项目进行自主学习、合作、探究的教学模式。美国巴克教育研究所把项目式学习定义为："一套系统的教学方法，是对复杂、真实问题的探究过程，也是精心设计项目作品、规划和实施项目任务的过程，学生可以在过程中掌握所需的知识和技能。"

一、项目式学习的特征

项目式学习的基本特征：项目是课程的中心。项目式学习强调以学习者为中心，教师扮演的是引导者的角色。项目围绕的问题具有现实性。学生由问题驱动出发，解决真实情境中的问题，学生在问题的解决中培养高阶思维和实践应用能力。项目式学习鼓励学生分小组合作，自主提出问题、规划讨论、解决问题并评价反思，老师、学生和项目相关人员都是"学习共同体"。项目的设置需要有挑战性，学生为了解难题必须运用跨学科知识，调取多种认知工具和信息资源，将所学知识与经验相互作用，互相评价，在过程中发挥学习主体性。

二、项目式学习对高中英语教学的价值和意义

《普通高中英语课程标准（2017 年版 2020 年修订）》明确指出，英语教师要立足于培养学生的英语核心素养，体现英语学习活动观，鼓励开展探究式学习，锻炼学生自主学习和合作沟通能力。因此，英语课堂不仅要夯实语言教学，也要培养学生适应终身发展和社会发展的必备能力和品质，以自主、合作、探究的学习方式，促进能力向素养的转化，为学生终身学习打好基础。

相比于传统的高中英语课堂学习，项目式学习融入高中英语课堂，能够帮助学生在语言习得和高阶思维培养上有所提升。项目式学习的组织形式能够服务高中英语的培养目标。传统教学以知识逻辑结构进行组织，而项目教学有助于把信息组织成易于理解、引发学习兴趣的形式，并有利于实现学科知识与现实生活的联结；通过解决知识学习和思维实践割裂的问题，学习体验也变得更为生动，在互动互助的活力课堂中，教师能够充分调动学生的语言学习热情，为其培养实践精神和批判性思维、塑造积极的价值观和

学习品格。

项目式学习倡导以课程标准为核心，项目课题形式独立，可整合于单元教学。在高中英语中，设立人与自我、人与社会、人与自然三大主题，下设体育运动、学习、文学、音乐、环境保护等很多单元，每个单元中都选取了相关阅读和听力作为语言输入，并以写作和口头表达作为输出的目标。所以，教师可以依托单元主题背景下的文本，进行一系列的项目式英语学习活动，将语言习得与项目活动结合，达成学习目标。通过活动实施进行评价，以促进学生的发展。

英语教学应该以主题意义为引领，依托语篇，创设综合性、实践性的学习活动。语言技能不应该单独使用，在语言活动中，教师要考虑学生的认知水平和已有经验，选择有意义且贴近学生生活的主题，创设真实的语境，使得学生能够在语言实践活动中结合自己的生活经验，在发展语言技能的同时，培养学生分析问题、解决问题、批判和创新的能力。

三、项目式学习课例的主题单元案例

（一）主题意义下单元内容分析

本单元的主题为"Conflict and Compromise"，课文内容依次是个人层面、社区层面，最后延展至国家层面。

在个人层面的设计中，Topic Talk 呈现了两段对话。第一段有关购物投诉；第二段有关沉迷手机的学生的内心冲突（1课时）。

Viewing Workshop 试听课，呈现了一对母女就外出晚归问题产生矛盾、讨论矛盾、解决矛盾的内容（1课时）。

Reading Club 两篇议论文，呈现了人与人观点的冲突（1课时）。

Lesson 1 是关于邻里矛盾的新闻报道。第一则讲述了鼓手被邻居投诉的事件；第二则讲述了八旬老人 James Mckay 与楼上邻居 Smith 发生肢体冲突（2课时）。

Lesson 2 听力课是讲如何正确解决生活中遇到的矛盾，让学生了解处理冲突的正确方式（2课时）。

Lesson 3 阅读课，由3个战争回忆录节选组成。讲述了美莱村大屠杀、德军的圣诞休战，以及一个失去双腿的战士拒绝接受上级物质奖励的故事（2课时）。

Writing Workshop 写作课，让学生了解观点型议论文的结构、论据的表达和相应写作手法；让学生客观看待人们对同一事物所发表的不同观点，并用理性的方式表达自己的看法（2课时）。

（二）单元核心素养目标

1. 语言能力

（1）语言知识：掌握并运用参与冲突和解决冲突相关的词汇及表达，运用所学语言

表达自己在生活中遇到的冲突及处理方法。

（2）语言技能：能够听懂、获取并整理与冲突、解决冲突相关的信息及观点；通过阅读提炼文中关于冲突原因及解决冲突的信息；通过分析议论文的结构及观点，学会有逻辑地、理性地表达个人观点。

2. 文化意识

培养学生正确对待冲突、理性分析矛盾、积极沟通、有效解决矛盾冲突的能力。

3. 思维品质

（1）通过听力和阅读活动，培养学生提取信息、分析和概括信息的能力。

（2）通过对文本的分析，引发学生对解决冲突和矛盾方法的思考，形成积极乐观、与人为善的生活态度。

（3）通过分析存在争议的社会问题，增强学生的批判性、创新性思维及理性思考的能力。

4. 学习能力

（1）在自主学习中，锻炼学生独立思考、解决问题的能力。

（2）通过任务式、探究式学习，提高学生学习的主动性。

（3）利用小组活动，培养学生合作学习能力。

（三）课例研究呈现

将高中英语的教学活动项目化，有助于核心素养的提高。在具体实施中，笔者将基于文本和学情制定项目目标，组织实施项目活动，以下就"Living in a Community"社区生活为课例，进行分析呈现。

1. 学情分析

授课班级学生来自我校科技创新实验班。学生学习态度端正，基本能够获取阅读文本的主要信息和细节信息，能够说出每篇文章的主旨大意，能够理解文中的词汇和句子含义，为本节课的开展奠定了基础。

对于"社区生活矛盾冲突"这个主题，基于自身生活经历，学生对其有一定了解，但未真正涉及矛盾，多数学生未参与解决矛盾。班内同学的英语水平虽有差异，但都能够按照老师要求完成课堂任务，也热爱参与英语课堂。因此，笔者会营造宽松和谐的学习气氛，使学生在小组合作学习的过程中不断提高自信心和主动性，创造机会提高其沟通及合作解决问题的能力。

2. 教学目标

本课结束时，学生将能够做到以下几点。

（1）Read and tell the conflict in two newspaper reports including its causes, results and attitudes of the person involved.

阅读并讲述两份报纸报道中的冲突，包括其原因、结果和相关人员的态度。

（2）Discuss and evaluate the resolution in the two reports.

讨论并评估两份报告中的解决方案。

（3）Relate to daily life experiences and put forward solutions for harmonious neighborhood relations.

联系日常生活经验，为新情境中的潜在矛盾提出和谐邻里关系的解决方案。

（四）教学流程

1. 环节一：巧妙导入课题

教师带领学生齐读本节课的学习目标，目的旨在让每位学生清楚地了解学习目标。接下来，教师需要对本节课的主题"社区生活的矛盾冲突"题目进行导入。为了让英语课堂更加吸引学生，调动起学生的兴趣，教师针对英文《老友记》的一个片段设计一系列问题，让学生尝试观看影片并回答以下问题。

（1）Where does the conflict take place？

（2）What is the relationship between people in conflict？

（3）What caused their conflict？

如此一来，学生自然而然能够清楚本课要探究的话题，明晰教师的用意，进入本节课的话题学习。

2. 环节二：唤醒学生的已知信息

教师将文本中的两篇新闻报道的图片和标题呈现在大屏上，让学生根据几个问题，先来预测文本内容。

（1）What happened to the drummer？ What conflict could he have caused？

（2）What is the relationship between the boy and Grandpa？ Why was Grandpa arrested？ What does this have to do with the boy？

学生基于已给的视觉信息，通过讨论，能够预设出文本的内容，成功唤醒学生关于社区邻里生活的背景知识，同时激发学生对课文的阅读兴趣。在学生给出的预测答案中，可以看出学生的想法天马行空、五花八门，打开了学生的思维，使学生联系了生活实际。

3. 项目式学习探究

活动一：新闻预测

教师要求学生以学习小组为单位，设计 information gap，一共分为 6 个小组。其中，小组 1～3 拿到 A 篇新闻报道 News Report A（Drummer Hits the Road），而小组 4～6 则拿到 B 篇新闻报道 News Report B（Grandpa arrested after One Shower too many）。在 3 分钟的快速阅读中，学生需要独立阅读并尽可能地组织关键信息，为接下来的新闻报道讲解做准备。

活动二：新闻汇报

小组 1～3 分别上台来为小组 4～6 的同学做 A 篇新闻报道的汇报，小组 4～6 分别上台来为小组 1～3 的同学做 B 篇新闻报道的汇报，以此来实现信息共享。在这一过程中，教师为学生提供以下问题作为提示，为报道提供"支架"。信息共享后，学生还要呼应活动一的预测，来检验预测的准确性。

· Who were involved？

· When did it happen？

· What caused the conflict？

· How did each side respond？

· Was the conflict resolved？ How？

活动三：报道态度探究

接下来，教师分别为两篇新闻报道设计了两道与作者态度相关的问题。教师要求小组 1～3 起初拿到 A 篇的学生去回答 B 篇的题目，反之相同。这样做旨在让两方学生最终都能阅读到两篇新闻报道，共同去探究每篇中涉及邻里矛盾冲突时作者的态度和解决方法。通过回答问题，班级可以首先将细节阅读处理完毕，准确找到文中的态度。

进而，教师继续追加提问：Do you think the conflicts were well-resolved in the two reports？ How do you know？ 通过小组合作探究，学生需要将自己假设为报道中的主人公，列出文中的解决方式，并探究两篇报道里解决冲突的最优方式。在该活动中，学生需要运用所学语言进行短语归纳，有助于培养学生的批判性思维能力。让学生将自己置身于案例中，给予学生情景化任务，能更好地培养学生的项目研究学习能力。

活动四：实际问题研究

本节课教师在学案的最后呈现了一个实际生活场景和图片，该情景的设计思路来源于学生的校园生活。学生需要为学校想出一个合理的解决方案，在学校的管乐团训练与邻里街坊的作息之间找到平衡，协调潜在的矛盾隐患。学生需要设计出一份英文方案和小报，能够解决实际生活问题，并进行英语汇报。教师为各小组设计了评价模板，学生在组内交流并在全班分享如何解决问题，并在班级内评价。本环节旨在检验学生的学习效果，即语言习得效果和联系实际解决问题的能力，真正做到将课本所学迁移到日常生活中来，帮助学生获得成就感。

（五）教学效果与反思

首先，基于学情，解决学生的真问题。通过设计学案，引导学生设计方案，解决校园中学生们身边的社区问题。在锻炼语言表达能力的过程中，又培养了学生迁移问题的能力，方法、策略、思维方式、价值观都可以迁移。

其次，把课堂真正还给了学生。本课例的课时学习，几乎是全程让学生来分享自己的思路和观点，在学生之间出现观点不同时进行思辨，所有的学生都是老师。学生展示出了自己的认知是什么样子，明白了以后教给他人，在参与展示和辩论的过程中，增加学生的思辨能力。也可以看出，学生在平时的教学中已经养成了讨论的习惯。

最后，在实践过程中，我们意识到，要想顺利地完成活动并让学生进行展示，就要在课前和活动前的环节，为学生打好语言基础，由词汇到短语，再到句子，循序渐进落实知识点，做好语言方面的铺垫和帮助。

四、项目式学习研究的几点思考

（一）提升学生深度学习能力

项目式学习使学生的语言学习过程自然发生。项目开展时，语言学习无处不在，以问题为驱动，激起学生的认知兴趣，其内在动机得到激发。在活动中，学生要进行小组合作分析，要查网上资料，绘制思维导图，完成活动方案的设计，将研究成果转化为口头汇报展示。通过一系列活动串联，学生的语言能力得到综合提升。同时，项目式学习关注学生的实践和创新，让学生在探究中形成一定的学习结果，引导学生将所学的语言迁移到新的情境中，为未来的生活做好准备，还提升了学生的思维品质。学生解决问题的过程中，习得、存储的知识反复经过思维加工，被内化下来，深度学习自然而然就发生了。

在小组协同学习的过程中，学生参与到有现实意义且具有挑战性的学习任务中，调动了不同语言能力的学生各展所长，语言能力较低的学生也可以轻松参与到活动中来，形成积极的学习态度，促进学习能力发展，合作精神得到培养。

（二）提升教师教学能力

项目式学习向教师对整体教学的宏观把握和细微观察提出了很高的要求。在课前，为了设计出更多高质量的教学活动以提供学生探究，教师要丰富自己的知识储备，提升跨学科知识素养，精心设计多元评价方式。在课堂中，教师要清晰陈列出活动任务和要求，并在各小组活动时来回走动观察，跟踪每组学生的研究进度。在学生遇到困难时，教师要引导学生找到解决方法。这一过程潜移默化地提升了英语教师自身的教学能力、领悟教材文本的能力和组织管理能力。

本课例的研究只是项目式学习在高中英语阅读课中的一个小小实践和尝试。在新课程标准的背景下，在发展学生语言技能的同时，培养学生分析问题、解决问题、创新的能力和批判性思维。项目式学习属于深度学习的一种，能够推动深度学习的发生，能让学生和教师形成学习共同体，激发学生学习动机的同时，激发教师的教研热情。好的项目式学习活动能够帮助学生构建扎实的知识基础，充分调动学生的主体性，在提升英语语言能力的同时，培养学生的高阶思维探究和思考能力，帮助学生获得自信心和成就感，将高中英语课程的语言工具性和人文性进行有机结合。

项目式学习下的课堂教学案例与反思

朱杭

项目式学习（project-based learning）是 21 世纪的学习策略之一，它帮助学生围绕任务（问题 / 主题），依据评价标准，以小组的方式进行自主、合作、探究性学习；是以学生为中心，以学科概念和原理为基础，学生通过参与真实的活动项目，对复杂、真实问题进行探究，收集信息、调查、研究、协作，最终形成产品或解决方法，从而建构知识的学习活动，学生能在现实生活中将知识学以致用。

项目式学习是一种基于现实世界和真实环境的探究性学习方式。当我们提出教育要走向生活的时候，项目式学习便自然而然进入我们的视野。项目式学习作为我校课程改革的有机组成部分，是学校教育的基本途径。

随着新课程改革的不断推进，在课堂教学中确立起与新课程适应的、体现教育精神的教育理念，坚定不移地推进教学方式和学生学习方式的转变，是时代赋予当代教师的历史使命。

带着目标去学，才能够更好地把课堂的主动权交给学生，让学生了解要学什么，学生根据学习任务，就可以探索出需要的知识点。

例如，本节课的学习目标是 "① To be able to read and write the new words and sentences about school rules；② To be able to ask and talk about rules. Please pay attention to 'have to'；③ To be able to make a dialogue to talk about the library rules"。

那么，对于目标的解析为：

目标 1：学习生词。本节课共有 5 个生词和 1 个词组，通过本节对话的听力训练，检测学习生词情况。

目标 2：学生做 pair-work，找到本节课所需要 "支撑输出" 的问句及答语，在组内探索新知——"have to"。

目标 3：通过小组活动，学生以编写图书馆规则为背景，练习关于规则的问句与回答。

当我们把 "走向生活" 作为每节课授课的基本要求时才发现，走向生活的教育需要强调项目式学习，并发现项目式学习是 "核心素养" 落地的一条基本路径。

从这些课堂体会中，笔者觉得最有代表性的就是以下 3 点。

一、在课堂教学中开展自主学习

首先，要研究学生是否有一定的相关知识。

例如，本节课是对本单元语法现象的梳理和巩固性训练，是对本单元所学语言结构的归纳总结。目的在于让学生有意识地关注本单元所学祈使句和相关情态动词的句型结构特征，进而模仿套用。本节课的情景设置，是为了激发其运用语言的欲望，进而巩固所学的目标语言结构。本节课的特别关注内容为情态动词 have to 的句型结构，包括肯定及否定陈述、一般疑问结构及肯定和否定回答。

其次，学生应掌握解决问题的方法。

自主学习主要是学生自己学习，而自己学习就要有一定的科学合理的学习方法。这就要求在本课的教学中引导学生掌握科学、合理、有效的方法。

例如，本节课的英语语言不合时宜地或生硬地使用祈使句，即使不被视为没有礼貌或缺乏教养，也会被认为不够友善。因此，在本节课教学中，笔者也把语言的运用得体性放在重要位置。

最后，学生要与教师和其他同学共同探讨新方法，交流学习体会和学习材料，互相帮助。

例如，本节课是一节英语语法课。传统的英语语法教学让学生感到枯燥乏味，甚至抗拒。所以，本节课笔者大胆尝试，给学生例句，让学生自主探求。让学生结合小组互助形式，先给出自己的想法，再集体讨论，共同研究出本节课的主要语法点 "have to" 及其与 "must" 的区别。

二、组织有效的小组合作学习

如何组织有效的小组合作学习？这是许多老师正在思考的问题。在这里简要介绍就此所进行的一些尝试。

一是先建立一些基本的小组合作规则。讨论前，小组成员先独立思考，把想法写下来，再分别说出自己的想法，其他人倾听，然后讨论，形成集体的意见。

例如，本节课活动，老师只需要给学生们制定规则："① Role play the conversation；② Find the sentences about how to ask and talk about the rules；③ Summarize the structures and finish the mind map"。学生们按照规则，一步步进行探索。

二是建立激励机制。采用积分制，可分为小组积分和个人积分。这极大地调动了学生的积极性，效果显著。

三是在小组讨论的时候，教师不是等待，不是观望，也不是干自己的事情，而是要深入到小组讨论中去，了解学生合作的效果、讨论的焦点、认知的进程等，从而灵活地调整下一个教学环节。通过实践，合作学习的效果将大大提高。

例如，本节课中的 Exploring 环节，就是一个小组活动，教师只给出相应的例句，需要学生在小组内讨论观察到的语法点。经过小组研究讨论，学生们探索出结果：① have to 有人称和数的变化，需要使用助动词；② "have to" 强调客观需要，"must" 强调说话人的主观看法，语气比较强烈；③ "don't have to" 表示 "不必"，"mustn't" 表示 "不准，禁止"；④ After reading，find other two ways to ask the rules by using "have to"。

三、构建及时有效的课堂评价体系

课堂评价是项目式学习最关注的地方，及时有效地给予学生相应的点评，能够更好地起到为学生铺路的作用。主要的评价方式为师生评价和生生评价。

本节课以生生评价为主，因为本节课属于语法课，需要更多的学生进行关注与探究；同时，在生生评价后教师再给予更多的总结与提升，重点更鲜明，学生关注度也可以得到提高。

语料库统计表明，现代英语语言运用中情态动词的口语使用频率明显高于其书面语使用频率，大部分情态动词的口语使用频率是书面语使用频率的一倍甚至更多。虽然情态动词在各种语域均常见，但其口语性表现得更为突出，这是情态动词的运用特征之一。情态动词的另一个运用特征表现为每个情态动词的功能多、意义多，给外语学习者带来一定的困难。

关于语言的得体性，就 "规章制度" 话题而言，英语表现出较强的语体差异——书面语及口语、正式与非正式场合中语言的使用是不完全相同的。具体来说，书面语及命令式的正式口语中，人们多用祈使句，而大多数口语交流中，人们则会有意回避祈使句结构，较多地使用相应的情态动词。这一点，英语与汉语的语言文化有所差异。

特别关注本节课需要改进的地方。

首先，对于思维导图部分，可以更放开，大胆让学生去探索总结出思维导图，不铺设模式，这样能够更好地发掘学生角度的思维。

其次，输入部分更丰富，给予学生更多的输入材料，让学生广泛地去探究、去研学。

最后，分组输出任务更丰富，让学生进行多个点讨论，同时作业部分可以进行拓展。

总而言之，基于项目的学习是一种创造性地解决实际问题的学习方式，它能从多个层面促进人的全面发展。项目式学习的核心要素是以学生为中心，就是让学习回归自然，让学习自然发生，让学习回归其本来应有的样子。实践中，新课程理念与我们的传统教学观发生着激烈的碰撞。

因此，开展一种学科内的与跨学科的、研究性的、基于项目的学习是非常有必要的。在信息化时代，信息技术、人工智能的发展，信息获取的快捷性和学习资源的极大丰富，为基于项目的学习提供了一个良好的支持平台。

深度学习背景下的高三 Best title 专题课

李言超

《普通高中英语课程标准（2017 年版 2020 年修订）》中写道：英语学科的核心素养主要包括语言能力、文化意识、思维品质和学习能力。为了深化基础教育课程改革，提升教学效果，落实学生核心素养的发展，教育部基础教育课程教材发展中心自 2014 年 9 月起，开始研发"深度学习"项目。深度学习是指在教师主导下，学生主动参与、积极建构的学习过程，强调学生的教育性发展。促进深度学习的英语教学，不再是表层的机械学习、死记硬背和被动接受，而是在教师指导下，学生主动参与、积极构建、深入理解和自主发展的过程。课前，教师要做好学情分析，以学生的知识背景和兴趣爱好为基础；在教学中，注意课程内容的结构化、情境化，关注学生结构化知识的形成，沟通合作、自主发展等能力的发展，以及多元思维、批判性思维的养成，真正实现深度学习。

深度学习能够切实促进学科核心素养的形成和发展。作为教育工作者，应该如何通过教学促进学生深度学习呢？本文将围绕深度学习的目标设定、实施、评价 3 个维度展开讨论。

一、以促进深度学习为目标

教师在设计教学活动时，应以英语学科核心素养的培养为指导方针，积极思考、摸索有效的教与学的方式。帮助学生改变一直以来可能存在的被动接受的学习习惯，成为主动求索新知、拥有批判性思维和质疑精神、能够解决实际问题的深度学习者。

本文将以高三阅读教学专题为例，具体探讨促进深度学习的教学设计。首先，教师应设定清晰的教学目标，并以此为导向设计教学活动，并展开过程性评价。高三的学生刚刚完成对于他们而言非常重要的一模考试，通过考试，学生既检验了自己前一阶段的复习成果，也发现了存在的一些问题。例如，学生在考试过程中，对于主旨题中的 Best title 题总是不能很好地把握，有时即使读懂了文章，也无法选出正确的答案。因此，本课设置了 3 个教学目标：通过分析文章和选项总结解 Best title 题的方法、运用技巧去实践、增强学生解此类题的信心。通过本课，希望能够帮助学生实现知识的迁移和运用，从根本上解决对 Best title 题的困惑。

二、有效实施深度学习活动

有效的学习活动应充分调动学生的积极性和主动性，解决学生最急需解决的问题。利用学习、考试中的真实情境，让学生在解决真实问题的过程中，能够形成解题框架、通过对典型题目问题和技巧的总结，实现对这一类题的突破，同时全面提高学生的英语学科素养。本课的教学材料选用的都是学生在之前考试当中做过的含有 Best title 题的文本，其中有一些题学生错误率较高，有一些题特点较为鲜明、有代表性，便于归纳总结。虽然本课最后目标是希望通过方法的总结，帮助学生更好地去解 Best title 这类题，但是为了避免学生对技巧生搬硬套，在引导学生的过程中，让学生依托文本、巧用策略来突破这一类题型。

（一）外显学生固有的解题策略

为了更好地让学生了解自己的问题及解题突破口，在引导学生总结归纳解题技巧之前，先让他们自由发言，说说自己是如何解 Best title 题的。到了高三下学期，学生们已经形成了基本的解题思路和有自身特点的解题策略，他们都知道解这类题首先要关注文章的体裁。由于本节课只针对学生问题较大的 C 篇、D 篇的 Best title 题进行分析，因此，老师马上追问同学们：C 篇、D 篇的体裁一般是什么？学生会回答：说明文或议论文。那么，教师在学生探讨技巧的时候就要引导其真正做到在体裁的基础上去关注、总结技巧。此外，学生也知道解题时要关注首尾段，但是不能只关注首尾段，还要关注语篇。通过学生固有解题策略的外显，可以看出学生们的大体解题思路没有问题，但是在实际应用中，Best title 题却依旧做得不好，这是因为在做题的过程中，学生过于关注个别语句，只见树木不见森林，不能很好地整体把握文章，更重要的是，容易陷入选项的陷阱，缺乏分析选项的意识，即缺乏陷阱意识。因此，本节课重点是在语篇的基础上，对选项进行分析、概括总结。

（二）讨论作业、总结归纳

为了培养学生分析选项的能力，以及更好地让学生从做过的错题中发现问题，从而解决这一类问题，上课前一天，我们把之前做过的比较典型的 Best title 题进行了整合，并布置成作业下发给学生，让学生又做了一遍。本节课，在文本分析的基础上，教师引导学生进一步去识别这几篇阅读中 Best title 题的选项特征来帮其更好地去选最佳答案。教师让学生通过小组讨论，总结出不同文章 Best title 题的选项特征及解题时需要关注的地方，并进行小组陈述。通过总结，我们发现，做过的题依旧会错，同样的错误仍然会重复。在这样的背景下，小组间展开了激烈的讨论，大家在语篇分析的基础上，重点关注了选项的设置和特征，并对选项不同的类型进行了总结，结论如下。

1. Type I：选项中含有名词短语较多

What can be a suitable title for the text ?

A. Night Milk and Sleep

B. Fat Sugar and Health

C. An Experiment on Mice

D. Milk Drinking and Health

特点：正确答案中含有的名词性词语在文章中多次复现，且文章内容主要围绕该名词，即题目含有文章关键词或信息。

2. Type II：选项中的题目具有文学色彩

Which would be the best title for the passage？

A. From Fire to Ice

B. Glacier Whispers

C. Nature is Warning

D. Secret of Ice Avalanches

特点：正确的题目往往含有文学色彩，若文章的关键词没有直接出现，题目中也会间接包含文章的关键词。文章第一段为："When a chunk of ice fell from a collapsing glacier on the Swiss Alps' Mount Eiger in 2017, part of the long deep sound it produced was too low for human ears to detect. But these vibrations held a key to calculating the ice avalanche's critical characteristics"。其中，a chunk of ice 和 too low for human ears to detect 都与 Glacier Whispers 对应，加之后面的文章也在主要围绕此来展开，因此选择富有文学色彩的 Glacier Whispers 最为恰当。

3. Type III：选项中含有动词和名词（关注动词和名词之间的逻辑关系）

Which of the following is the best title for the text？

A. Looking to AI to End Experimental Study

B. In Silico Medicine Saved Millions of Lives

C. Exploring the Future of Algorithm in Medicine

D. Virtual Patients Could Revolutionize Medicine

课上 PPT 对比：

学生通过模拟试题中 34 题 B 选项中的 Insilico medicine saved millions of lives，总结出要关注动词的时态，而 C 选项中的 algorithm 算法只是形成 in silico medicine 的一个媒介，文章并不是要探索它的未来。因此，要引导学生在解含有这类特点的 Best title 题时，关注动词与名词之间的关系、动词的时态，以及名词是否是主要说明对象。紧接着，让学生对比浙江 2021 年高考 C 篇 Best title 题的选项，不做题，让学生分析需要关注什么特征，学生得出要关注相似格式下相同位置上的名词的比对和解析。

4. Type IV：选项是含有疑问词的疑问句（特殊疑问句 vs 一般疑问句）

Which would be the best title for this passage？

A. What is exactly intelligence？

B. Why is modern AI advanced？

C. Where is human intelligence going？

D. How do humans tackle the challenge of Al？

通过讨论，学生总结出不仅要关注每段首句，每段尾句也不容忽视。同时，问题选项的形式不同，对应的文章体裁则有可能不同。过程中，教师引导学生关注疑问词，疑问词不同，有可能文章的走向不同。通过引导，学生得出：在特殊疑问句中，How 引导的疑问句做题目主要是表达如何做，强调方式，多为阐释、说明类文章；What 引导的疑问句做题目主要强调是什么，多为说明类文章；Why 引导的疑问句做题目主要强调为什么，强调对于原因的解释，可能是说明或议论类文章。

What is the best title of the passage？

A. Why IPads Encourage People to Read？

B. Should Public Libraries be Shut Down？

C. Will IPads Take the Place of Public Libraries？

D. How Are IPads And Public Libraries Different？

B、C 是学生易混淆的选项，教师引导学生通过倒推法，想一想 Should 和 Will 各自做题目，这篇文章分别要怎么写？体裁是否会有变化？

通过教师的引导和学生的讨论，学生总结出 Should 引导的疑问句做题目多指向观点类文章，与文本本身属性——议论文相契合，而 Will 引导的疑问句做题目多强调对问题的探索和讨论，指向说明类文章，与文本类型冲突。

（三）实践操练

通过讨论和教师的引导，学生总结出了 Best title 题的类型。随后，进行实操演练，将所总结的技巧应用于新的情境中，起到固化、迁移的作用。操练中，教师要引导学生有意识地去运用本节课所总结的技巧，这样才能不断提升解该题型的能力。实操部分选用的是 2020 年海淀二模 C 篇中的 Best title 题，按照前面总结的思路，让学生关注语篇的同时，要分析选项。下面是对该文本的结构分析。

通过对文章语篇的整体把握，学生了解了文章的主要内容和作者的意图。随后再结合语篇分析题目。C 选项虽然出现了文章中高频应用的 navigating 这个词，但它并不是文章表达的意思。而 A 选项有一语双关的意思，且含有一定的文学色彩，与文章中所表述的主旨相吻合。文章主要表述了城市生活带来便利的同时，也让人们大脑的导航能力变弱，因为城市总会有很多路标、路牌和建筑等提示，这样人们动脑就会变少，进而大脑的导航能力就会变弱。

What is the best tide for the passage？

A. Lost in the City

B. Brain Weakened in Cities

C. Navigating to the Countryside

D. The Negative Effects of City Living

完成题目后，笔者设计了这样一个问题：What did you learn from this passage？目的在于借此文内容引导学生明白，在学习的过程中一定要多动脑，这样大脑才会越来越灵活，Best title 这类常错的题才会被最终攻克。

操练结束后，教师再次提问学生：正确的 Best title 往往是什么样的？学生在回答的过程中，对今天课上的内容进行回顾、固化，也是为了今后更好地迁移和运用。

正确的 Best title 通常是以下几种。

①体现文章主要内容。

Night Milk and Sleep.

Virtual Patients Could Revolutionize Medicine.

②具有文学色彩，一语双关，同时与体现文章主旨的某要素相关。

Glacier Whispers.

Lost in the City.

③体现作者写作观点／目的。

Should Public Libraries be Shut Down？

Let's Invite City Inside.

三、有效评价深度学习活动

教学目标、教学活动和教学评价是三位一体的。教学评价的目的是衡量教学目标的完成程度。同时，教学评价贯穿教学活动的全过程，教师会在教学过程中观察学生学习中遇到的问题，并提供及时的帮助和反馈。

教师应在小组讨论开始前，先向学生展示评价内容、指标和分值等，并在反馈环节，针对每组的设计和展示，根据评价量规进行实时反馈（表1）。

表 1　Evaluation Criteria

Aspects	Requirements	Score
Opinion & Analysis	Reasonable	20
Language & Logic	Fluent，Clear and Coherent	20
Involvement	Listen carefully & Positive Reaction	20
Question	Question other's statement politely	20
Body Language & Eye Contact（Confidence）	Appropriate Posture，Gesture，And Eye Contact	20
Total score		100

在课堂中，教师对学生及时、积极、有针对性的评价能引导学生反思自己的学习现

状，并对接下来的学习进行批判性思考。此外，学生互评也在教学活动中起到重要作用。学生之间的评价能促进学生的合作和良性竞争，并激发灵感、拓宽思维。学生们不仅是学习者，也是评价者，他们在此过程中能够用心聆听、尊重他人，并取长补短，在提高学习兴趣的同时，也收获良多。

综上，本课的学习目标在教师的引领和学生的合作、配合下取得了较好的效果，推动了学生的深度学习。在课堂中不仅实现了学生语言能力的提升，也培养了学生解决实际问题的能力，实现了真正的深度学习。

深度学习是一个有益于学生终身发展的学习理念，教师要想更好地推动其实施，需要组内教师、各学校之间教师的研究与协作，一起贡献更多、更有效的深度学习方法，不断学习、改善、提升。只有这样，深度学习才能更好地使学生受益。作为教育工作者，笔者也会不断努力，提升自己。通过设计深度学习的任务，让学生不断提升学科核心素养。

数理学科

指向深度学习的数学挑战性任务设计

秦颖超

深度学习理论是课程整体改革全面实施以来对课程整合理解方法和高效课堂研究实践研究的一个深化，它既指一种思想理念，也指一种课堂教学实践方法指导策略。虽然深度学习的表现有很多，但核心要点是一致的，即学习者将已有知识进行深化和拓展，需要学习者将多维度的感觉和直觉，在教师的引导下深入理解核心知识及其本质，最终使自身能力、素养、情感价值观等得到多元化、多角度提高。因此，挑战性任务的设计与实施是深度学习推进中非常重要的一环。

一、挑战性任务的特征

在建构主义的教学理论中，学生的学习活动需要结合任务或问题，来驱动和维持学习者的学习兴趣和学习动机，以探究问题的方式来进行。"挑战性任务"的创设大大促进了学生思维的发展，任务的完成需要深度理解知识的本质，突破固有的思维框架，需要灵活运用已有的知识经验。在任务完成的过程中，学生能够达到对知识的深入理解，提升利用已有知识解决问题的能力。在脑科学的研究结果中，当老师将学习情形与孩子的技能水平设计相匹配，或使其稍高于其技能水平时，学习的效果会更好。同时，富有挑战性的任务更能激发学生的好奇心和求知欲，吸引他们主动去探索和构建，学生的满足感和成就感在完成任务后会更加持久地促进学生去探索和构建。从学习动机角度分析，这样的任务驱动会调动学生的内驱力，让学习因为自身需求而发生。从思维层次角度分析，对于提高学生的思维品质、学习效能，设计具有挑战性的任务更有效。从结果评价角度分析，学生的获得感会提升，进而促使他们主动把所学知识迁移应用到实践中去。在课堂教学中，教师的引导使挑战性任务层层推进，学生才能够真正达成深度学习，核心素养培养才能真正落地。

二、挑战性任务设计的探索与实施

挑战性任务贯穿深度学习始终，其将学习目标、情境、问题、活动与评价环节串联成一个闭环，因此挑战性任务的创建、推进及完成都需要结合这些要素进行综合考虑。本文以人教（B版）选择性必修三《导数及其应用》中"利用导数解决实际问题"这一节为例对此进行实践探究。

（一）基于单元教学目标设定任务

挑战性任务是为完成学习目标服务的。这里需要明确指出，虽然不同的单元学习主题所对应的学习目标会有所不同，对应的核心素养也会略有差异，但都要立足于发展学生的高阶思维。高阶思维是深度学习的核心特征，在目标分类中表现为分析、综合、评价和创造等，任务具有挑战性是学生进行高阶思维的前提条件。

学习目标的制定需要综合课程标准中的学科核心素养、学业要求、教材内容、学生情况等因素，这也为挑战性任务的设计提供了依据。学科核心素养决定了挑战性任务的高度，学业质量要求决定了任务的深度，整合的单元教学内容决定了任务的广度，学生的能力水平则决定了任务的难度。在《导数及其应用》这个单元的教学中，要落实导数是微积分的核心内容之一，是现代数学的基本概念，蕴含微积分的基本思想；导数定量地刻画了函数的局部变化，是研究函数性质的基本工具。课程标准在"学业要求"中指出，人类深刻认识表达现实世界必备的思维品质，就是能够通过具体情境，直观理解导数概念，感知极限思想，懂得极限思想。了解导数是指能求简单函数和简单复合函数的导数，借助极限掌握导数的基本运算规律；能运用导数对简单函数的性质和变化规律进行研究，能运用导数解决简单的实际问题；知道微积分创立过程，以及微积分对数学发展的作用；着重在数学抽象、数学运算、直观想象、数学建模、逻辑推理等方面提高自己的素养。在教学内容中，这一单元的教学包含导数概念及运算、利用导数研究函数的性质、利用导数解决实际问题和数学建模活动这几个内容。从学生的水平来看，经过了对于函数的学习，学生对于基本初等函数及其性质已经有了初步的了解，也已经具备了将数学理论与实际问题相结合的思想和应用意识，通过本章的学习帮助学生建立分析函数性质和解决实际问题的新方法。

在对本单元教学内容和学生学习情况进行分析的基础上，可以确定出本节课要研究的对象——利用导数解决实际问题，让学生更好地体会导数在处理实际问题中的一般性和有效性，进一步体会数学建模思想。若要让本节课的任务具有挑战性，就不能是以往教学中所采用的片段式的、解释性的任务，而是连续的、综合性的任务。因此，将围绕"从陌生情境中抽象出数学问题，能将文字语言转化为符号语言，利用导数解决最优化问题"确定本节课的学习任务。

（二）借助实际情境承载任务

深度学习指向的是知识在真实情境中的迁移和运用。因此需要创设情境承载挑战性任务，促使学生在真实情境中运用高阶思维去完成。情境类型有多种，包括生产生活类、科学前沿类等，无论选择创设何种情境，都可以从以下几点去思考。

（1）为保证任务具有带入感，情境素材要尽量真实呈现。

（2）为保证任务具有连续性，情境素材最好满足"一境到底"。

（3）为保证任务具有挑战性，情境素材不能过度加工。

（4）为保证任务符合学生认知规律，情境素材呈现顺序要符合逻辑。

在本节课中，我们可以以生活中遇到的实际问题为切入点。例如，纪录片《石油的故事》中介绍，我国南海有着丰富的石油资源，但是海洋环境比较复杂，开采运输极其困难，经过几代石油人的共同努力、反复研究与实践，终于自主研发出我国第一座深水半潜式钻井平台——"海洋石油981钻井平台"。开采技术被突破了，但该如何把采到的石油安全快速地运回陆地呢？效率最高的方法是采用大型邮轮，但是对于深海采油平台来说十分不方便，还可以利用海底石油管道进行输送，海底铺管工作也是十分具有挑战性的，需要分析复杂的海底环境，针对不同的地貌特征，选择不同的铺管路线和作业条件，经过铺管船几个月的工作，就可以铺设几百千米的输油管道。

围绕怎么铺设输油管道能使得利益最大化来强化应用意识培养，使学生发现数学不只有理论推导，还来源于生活、应用于生活。情境新颖，能够吸引同学们的注意力，激发同学们的学习兴趣和探究热情。

（三）利用层层递进的问题拆解任务

任务具有挑战性，就意味着学生在完成任务的过程中一定会遇到困难，因此可以利用问题将核心任务拆解成相互关联的子任务。拆解任务的目的是设置台阶，缓解学生的畏难情绪，但要注意不能拆解得过细，脚手架多了反而会阻碍学生高阶思维能力的发展。

在本节课的教学中，我们可以借助"对于已知的数据，你的铺设方案是什么？""怎么铺设输油管花费才能最少呢？""你是怎么计算的呢？"这样的问题串来逐步完成任务。

（四）设计学生活动推进任务

深度学习需要学生的深度参与，好的学生活动是保证学生深度参与的有效手段，学生活动也保证了挑战性任务的持续推进。学生活动方式有多种，包括独立思考、小组讨论、实验探究、评价分享等，可针对具体任务类型选择适合的活动方式。每个学生活动后，教师要给出适当的总结及点评，再过渡到下一个活动，让学生既有参与感和获得感，又能通过教师的引导进一步提升学习能力。

在本节课的教学中，我们设计了以下教学活动。

如图1所示，海中有一座油井 A，其离岸的距离 $AC=12\ \text{km}$，岸是笔直的，岸上有一座炼油厂 B，且 $BC=16\ \text{km}$，现要用输油管将油井 A 与炼油厂 B 连接起来，且输油管既可以铺设在水下，也可以铺设在陆地上，还可以一部分铺设在水下，另一部分铺设在陆地上。已知水下的铺设成本为每千米50万元，陆地上的铺设成本为每千米30万元，那么铺设输油管的最少花费是多少？

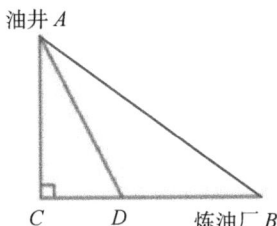

油井 A

C　　D　炼油厂 B

图1　题目图示

问题1：你从材料中读到了哪些信息？

问题2：你的铺设方案是什么？

学生活动：①先沿 AC 铺设，再沿 CB 铺设；②直接沿着线段 AB 铺设；③在 BC 上取一点 D，先沿 BD 铺设，再沿 DA 铺设。

问题3：你的方案中最少花费是多少？你是怎么计算的？

进行学生活动并展示结果。

方案1：如图1所示，在岸上取一点 D，设其与 C 的距离为 x km，

则 $AD=\sqrt{AC^2+CD^2}=\sqrt{12^2+x^2}$，$DB=(16-x)$ km，

记先沿 AD 铺设再沿 DB 铺设输油管时成本为 y 万元，

则 $y=50\sqrt{12^2+x^2}+30(16-x)$。

问题4：观察函数解析式，思考能用什么方法求解最值。

进行学生活动并解答。

解：当 $0<x<16$ 时，$y'=50(12^2+x^2)^{-\frac{1}{2}}x-30$，

令 $y'>0$，可解得 $x>9$。

因此可知 y 在 $[0,9]$ 上递减，在 $[9,16]$ 上递增，

从而 y 在 $x=9$ 时取得最小值，而且最小值为

$50\sqrt{12^2+9^2}+30(16-9)=960$。最少花费是960万元。

问题5：还可以设哪些未知量列出函数关系？

进行学生活动并展示方案。

方案2：如图1所示，在岸上取一点 D，设 $\angle ADC=\theta$，记先沿 AD 铺设再沿 DB 铺设输油管时成本为 y 万元，

$$AD=\frac{AC}{\sin\theta}\text{ km}\qquad CD=\frac{AC}{\tan\theta}\text{ km}\qquad BD=\left(16-\frac{AC}{\tan\theta}\right)\text{ km}$$

$$y=50\left(\frac{AC}{\sin\theta}\right)+30\left(16-\frac{AC}{\tan\theta}\right)，\text{则 }y=120\left(\frac{5-3\cos\theta}{\sin\theta}\right)+480。$$

问题6：观察函数解析式，思考能够用什么方法求解最值。

学生活动：归纳总结求解最值的方法。

解法 1：三角函数有界性。

解法 2：数形结合，两点连线斜率。

解法 3：导数。

（五）利用持续评价完成任务

深度学习需要持续性的学习评价，评价是与目标相对应的，而任务是基于目标确定的，因此，课堂上每一个小任务都可以作为一个评价任务。根据问题"你在材料中读到哪些信息"的完成情况，在能力维度上可评价学生的信息提取能力、数据处理能力等。而根据问题"你的方案中最少花费是多少？你是怎么计算的？"的完成情况，在能力维度上可评价学生的信息加工能力、问题解决能力、合作交流能力等；在素养维度上可评价学生证据推理与模型认知的核心素养。为了获得持续性的评价反馈，可以设置课后评价任务。对学生而言，在完成课堂上的挑战性任务后，面对课后评价任务时应不再具有畏难情绪，应能基于课堂所学顺利完成任务。

三、挑战性任务实践中的关注点

深度学习视域下挑战性任务的设计对教师能力提出了更高的要求。一个好的挑战性任务一定是结合目标、情境、问题、活动及评价综合考虑后的呈现，这需要教师具有较强的逻辑思维能力、统筹规划能力、文献收集及整合能力、课堂组织能力等。另外，挑战性任务的循序推进需要有一定的课时作为保障，否则为了"按时"完成任务，最后都会演变成教师过度引导，学生难以深度参与，也就不能实现深度学习。此外，如何评价挑战性任务设计的优劣，该选取哪些评价指标，是否可与学生的学习评价相结合，也是值得深入研究的问题，有评价反馈，才能不断整改精进，以挑战性任务为锚，才能让深度学习真实发生，让核心素养真正落地。

深度学习视角下单元教学设计初探

——以"数列和函数"为例

孙月梅

深度学习是对学习状态的质性描述，涉及学习的投入程度、思维层次和认知体验等诸多层面，强调对知识本质的理解和对学习内容的批判性利用，追求有效的学习迁移和对问题的解决，属于以高阶思维为主要认知活动的高投入性学习。

作为高中课程体系的重要组成部分，数学知识具有较强的逻辑性和抽象性，如何教会学生用数学的眼光观察世界，用数学的思维分析世界，用数学的语言表达现实世界，具有一定的挑战和困难。而深度学习是让学科教学走向核心素养的一个重要途径。在教师引领下，学生围绕着具有挑战性的学习主题，全身心积极参与、体验成功、获得发展的有意义的学习过程。在这个过程中，学生掌握学科的核心知识，理解学习的过程，把握学科的本质及思想方法，形成积极的内在学习动机、高级的社会性情感、积极的态度、正确的价值观，成为既具独立性、批判性、创造性，又有合作精神，且基础扎实的优秀的学习者，成为未来社会历史实践的主人[①]。

深度学习的理念不仅能让学生打破自己的固定思维，激发数学学习潜能，也能让教师加深对课程设置、课程内容、学生情况、育人目标等方面的思考。通过学习相关的理念，本文以"数列和函数"的小单元为例，浅谈对深度学习视角下单元教学的探索。

一、确定引导性学习主题

深度学习强调对数学知识本质的理解和对学习内容的批判性利用，教师可以根据课程的内容、课程标准的要求和学生对知识的掌握程度，重新构建小单元或小主题，落实教学目标，帮助学生更好地掌握知识的构成体系和联系。

1. 掌握课程的内容结构

函数是中小学数学的一个重要研究对象，小学函数概念是"隐形"的，并没有直接给出函数的概念，而是通过实际问题展现出来，用正比例、反比例关系来反映量之间的规律，建立常量与变量的概念是初中数学的一个飞跃，为建立函数奠定了基础，就这样，我们从一个一个研究实际的、具体的函数，开始一类一类地研究函数，从初中到高

---

① 刘月霞，郭华 . 深度学习：走向核心素养（理论普及读本）[M]. 北京：教育科学出版社，2018.

中，我们逐步掌握了正比例函数、一元一次函数、反比例函数、一元二次函数、较一般的幂函数、指数与对数类函数、正弦类函数，以及离散类函数，如等差数列、等比数列等，这些函数奠定了学生对基本初等函数的认识；研究和认识函数强调了两个基本角度——整体和局部，单调性、周期性、对称性、最值等都是对函数性质的整体反映，运算和图形都是解释函数的基本方法；函数的应用是加深函数认识的主渠道，函数是描述规律的基本模型，也是解决许多问题的重要工具。

高中阶段函数主线围绕以下几个主题展开：理解一般的函数概念，学会研究函数性质；掌握一批具体函数模型（函数类）；了解函数应用问题，学会运用函数解决这些问题；掌握研究函数的思想方法；通过函数学习和应用，提升数学核心素养。高中阶段需要掌握一批具体函数模型（函数类），需要学会研究函数模型——一类函数，进而，利用这些函数类发现、识别、分析、解决实际问题中的具体函数问题。新的人教（B 版）教材将数列和导数及其应用一起编入选择性必修三，与必修的函数内容构成高中的函数主题。数列是一类特殊的函数，是数学重要的研究对象，是研究其他函数的基本工具，在日常生活中也有着广泛的应用。通过研究等差数列与一次函数的关系、等比数列和指数函数的关系，复习函数的相关知识，用函数的性质看数列的特征，从"形"的角度帮助学生加深对数列的理解，学生对函数有了更深刻的认识。综合以上的阐述，我们更好地认识到，整体学习、理解、应用函数主线是提升数学核心素养的基本方法。

2. 研究课程标准的要求

在数列的教学中，应引导学生通过具体实例（如教育贷款、购房贷款、放射性物质的衰变、人口增长等）理解等差数列、等比数列的概念、性质和应用；引导学生掌握数列中各个量之间的基本关系。应特别强调数列作为一类特殊的函数在解决实际问题中的作用，突出等差数列、等比数列的本质，引导学生通过类比的方法探索等差数列与一元一次函数、等比数列与指数函数的联系，加深对函数概念的理解。能够结合具体实例，理解通项公式对于数列的重要性，知道通项公式是这类函数的解析表达式；通过对等差数列和等比数列的研究，感悟数列是可以用来刻画现实世界中一类具有递推规律事物的数学模型，掌握通项公式与前 n 项和公式的关系；能够运用数列解决简单的实际问题。

教材通过具体数列实例，归纳数列的有关概念、通项公式等，再利用函数的观点、函数的方法研究数列的性质，这体现了知识之间的相互联系。2021 年的北京高考题也是侧重考查数列的定义及性质，借助函数更容易理解，加上数列本身的可列性，避免了繁杂的运算，也让学生对数列有了更深刻的认识（图 1）。

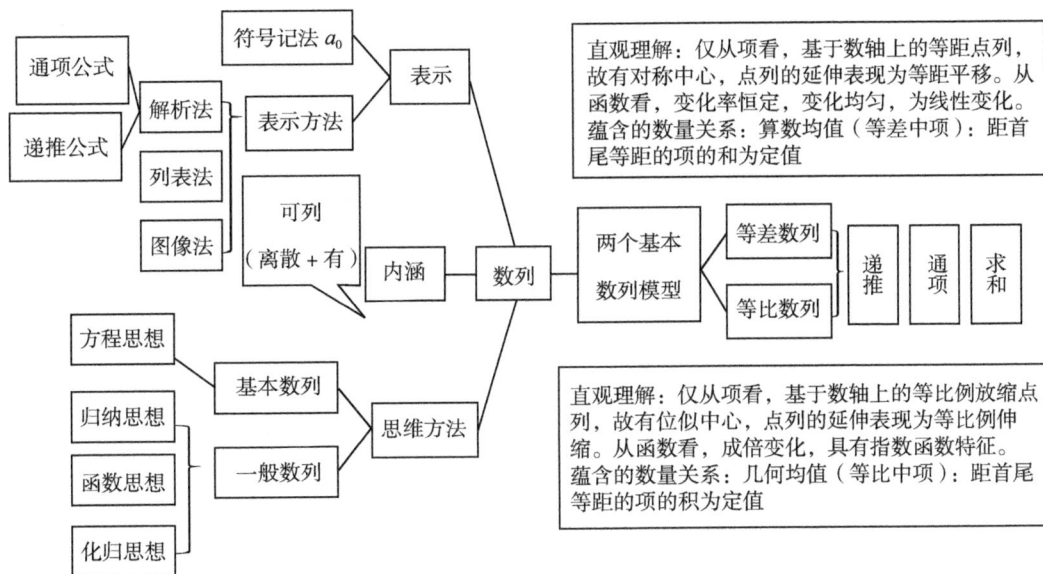

图 1　数列的结构

3. 分析学生的基本情况

引发学生的深度学习，要求教师了解学生。教师不仅要了解学生的学习水平、学习规律、学习特点，还要了解学生的希求、愿望、喜怒哀乐；与学生进行顺畅的沟通与交流，营造民主、平等的教学氛围，以利于学生在和谐宽松的氛围中凝聚精神于学习之上；要关注学生的学习状态，及时调整教学进程及策略，以期更好地帮助学生学习与发展。

本单元设计是在学生学习完等差数列、等比数列的定义和前 n 项和之后，对数列有了一定的认识，可以类比一次函数、二次函数、指数函数研究数列的性质。在必修课程中，学生学习了函数的概念和性质，总结了研究函数的基本方法，掌握了一些具体的基本函数类，探索了函数的应用，已经掌握了一些从函数图像或性质出发研究问题的思路和方法。班级学生基础较好，有较强的分析问题和解决问题的能力，班级教学活动多以小组形式进行，很多学生喜欢提问，并能很好地寻求解决问题的策略，有较强的团队合作意识，教师可从问题引导入手，启发学生的探究，使学生通过研究的过程感受数列与函数的共性和差异，体会数学知识之间的紧密联系。

基于以上分析，凝练小单元的教学主题——"以等差数列、等比数列为载体，研究数列与函数的共性和差异"。根据主题，设计出学科素养导向的学习目标：

（1）理解数列与函数的关系；

（2）会用函数的思想研究数列，体会数列与函数的共性和差异。

此主题的选择打破了原有教学内容的结构，根据数列与函数的关系，在教学中设计一个小单元，让学生从函数的角度理解数列，更好地用函数的思想解决数列问题，加深学生对此部分内容的理解（图 2）。

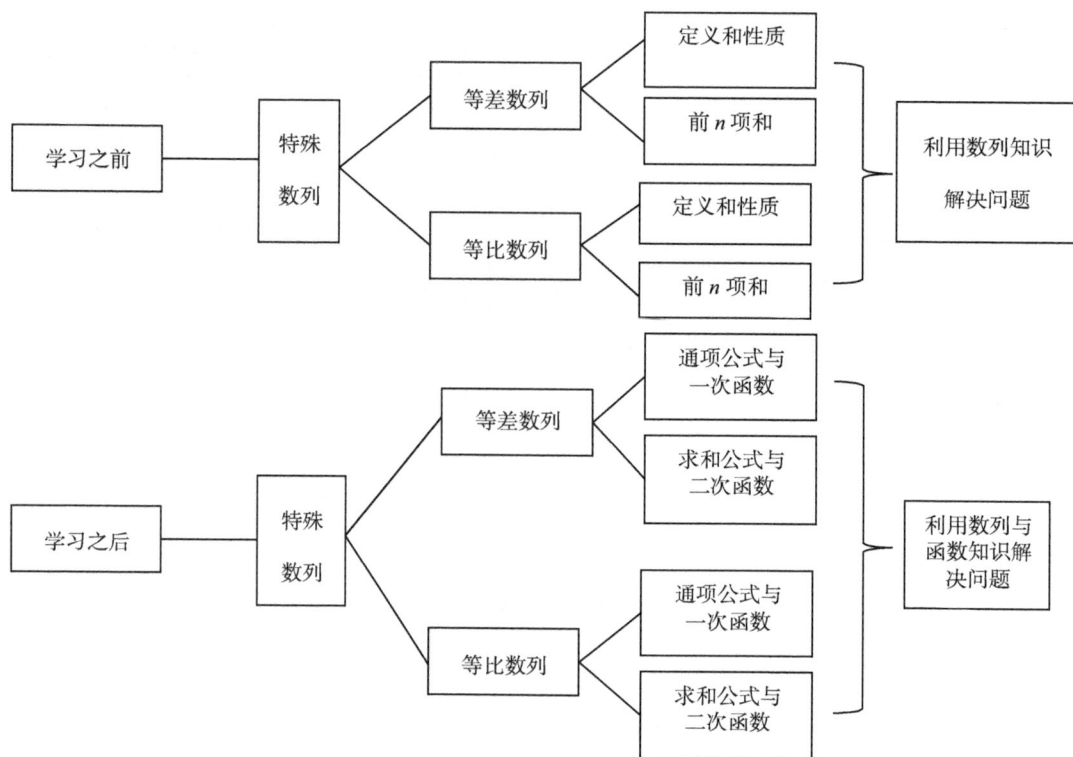

图 2　学习前后关于特殊数列的对比

二、设计挑战性学习任务

在深度学习理念[①]下，设计挑战性任务是老师们普遍关注的问题。教师需要改变常规的教学方式，减少追问式学习、减少问题串，减少教师铺垫的小台阶，而为学生提供一个更开阔的思维平台，鼓励学生发散思维，提出可以研究的问题、方向、策略，在学生的思维碰撞中找到可以解决的问题，找到有探究价值的问题，因为学生学习的不仅是课堂的知识，还有思考问题的方法。正如迈克尔·桑德尔的一句名言："数学学习的本质，不在于记住哪些知识，而在于你学会的思考。"多年后学生学习的数学知识可能都已遗忘，但是通过学习数学获得的思考问题的方法将会受益终身。因此，设计的任务对于学生要有一定的难度，但是他们通过团队或小组合作，可以解决困难。在解决问题的过程中，让学生抓住数学的关键问题，实现知识迁移，形成自己的知识体系。

（一）第 1 课时：探究等差数列与一次函数的关系

常规课堂：在等差数列的通项公式中，a_n 与 n 的关系与之前所学过的什么函数有关？

---

①　卢明．基于"深度学习"的高中数学单元教学设计 [J]．中学教研（数学），2020（2）：1-5．

如何利用函数的性质研究数列？请写出相关结论。

通过学生讨论、讲解，让学生体会到等差数列的通项公式就是定义域为全体正整数的一次函数的解析式，等差数列中的每一项都是一次函数图像上的散点，理解通项公式中哪个量为变量，哪个量为参数，数列的单调性和 d 的关系（$d=0$）的特殊性，找到 d 的几何意义。

深度学习视角下的挑战性任务：已知两个无穷等差数列 $\{a_n\}$ 和 $\{b_n\}$，最多会有多少个相同的项？借助函数的图像加深对数列的认识，培养学生直观想象的能力。问题更开放，学生思维更发散，视野更开阔。

（二）第 2 课时：探究等差数列前 n 项和与二次函数的关系

常规课堂：等差数列中 S_n 与 n 的关系与以前学过的什么函数有关？借助函数知识可以解决哪些相关的问题？

深度学习视角下的挑战性任务：数列 $\{a_n\}$ 的前 n 项和为 S_n，$\{a_n\}$ 为等差数列是 S_n 为关于 n 的二次函数的_____条件。

（三）第 3 课时：探究等比数列与指数函数的关系

常规课堂：在等比数列的通项公式中，a_n 与 n 的关系与以前所学过的什么函数有关？如何利用函数的性质研究数列？请写出相关结论。

深度学习视角下的挑战性任务：数列为等比数列，从函数角度研究等比数列，写出相关结论。此处难点为等比数列单调性的讨论和研究，特别关注 q 为 1 或负数的情况。

（四）第 4 课时：探究等比数列前 n 项和与指数函数的关系

深度学习视角下的挑战性任务：数列 $\{a_n\}$ 为等比数列，从函数角度研究等比数列前 n 项和 S_n，写出相关结论。

利用函数的性质解决和数列相关的问题，发展学生的直观想象能力，拓宽解决问题的路径，感受数学知识的整体性。

三、设计持续性学习评价

教师要关注学生是否学会了，而不是自己有没有讲清楚、教全面。选择好单元学习主题，确定了学习目标、设计了挑战性的学习任务，学生的学习效果怎么样？相应的核心素养是否落地？这些还需要科学的评价体系。为了让教师的教与学生的学持续改进，设计持续性评价是必要条件。评价设计的依据是实现本单元的课程目标的程度，评价方式可以是作业、测验或与学习活动整合。持续性的学习评价不仅可以指向学生的学，也可以指向教师的教。科学的评价体系可以随时了解学习目标的达成情况、检测与调控学习的全过程、反馈和指导改进教师的教学（表 1）。

表1 "数列和函数"教学课程大纲

评价目标	评价任务	评价标准
经历等差数列与一次函数关系的探究过程，体会两者的联系	1.类比一次函数研究等差数列的通项公式，清楚各个量之间的关系 2.让学生独立探究函数和数列的共性和差异	1.能够正确认识等差数列通项公式是定义在正整数集上的离散型一次函数 2.能够正确认识d与函数图像的关系及几何意义 3.能借助函数的性质理解数列的性质并能解决相关的问题
能根据等差数列前n项和的解析式判断与二次函数的关系并解决最值和单调性等问题	1.通过研究$\{a_n\}$为等差数列时S_n为关于n的二次函数的逻辑关系，清楚等差数列前几项和S_n的函数特征 2.研究最值可以从函数角度，也可以从数列的可列性角度	1.能够清楚等差数列的S_n不一定为二次函数 2.若S_n是二次函数，那么必过原点 3.求最值的问题可以利用数列和函数的关系，借助图像或数列的可列性 4.数列是特殊的函数，又有自己独有的特点，体会数学的整体性
经历等比数列与指数函数关系的探究过程，体会两者的区别与联系	1.类比指数函数研究等比数列的通项公式，清楚各个量之间的关系 2.$q=1$，$q<0$，特殊情况的考虑 3.等比数列单调性的判定 4.体会函数图像在解决问题时的重要作用，体会数形结合的思想	1.能够正确认识等比数列通项公式是定义在正整数集上的离散型指数函数 2.能够正确认识q与函数图像的关系 3.能够判断等比数列单调性 4.能借助函数的性质理解数列的性质并能解决相关的问题

　　深度学习和传统的学习方式相比，最大的优势在于培养学生学会学习的能力。所以教学活动的设计、学习任务的设置对教师和学生都是极大的挑战。这就要求老师提前做好充足的学情分析，备好课，提前确定通过什么样的内容来提升学生的能力，即转化教学内容，提供恰当的"教学材料"，帮助学生亲身经历知识的发现与构建过程，使得学生真正成为课堂学习的主体。从这个意义上来讲，深度学习是充分发挥教师主导作用、学生主体作用的教学活动。作为教师，我们要加强对深度学习的理论认识，要进一步明确深度学习的基本概念、基本特征、意义和价值；在数学的日常教学中，应该多思考如何将深度学习理念渗透到课堂中，而不是仅仅停留在理论表面。深度学习教学的课堂上，看起来都是学生自己在活动，却真正体现了教师的主导作用——使学生成为教学的主体。

　　反思我的课堂，我想自己需要做的还有很多，授人以鱼，不如授人以渔——如何设计课堂、如何进行高中数学单元设计、如何进行启发性教学、如何发挥学生主体作用都是我需要思考的问题。通过深度学习理论，我深知以后教学的重心是要帮助学生在迁移所学、创造性地解决问题的思路和方法上有所进步，帮助学生变"学会"为"会学"。我立志于在学生探索知识的道路上起到有效的指导作用，挖掘学生的智慧潜能，激发内在学习动机，让学生感受到学习的乐趣、体会到成功的喜悦。

概念教学中的深度学习教学实践

——以"函数的极值"为例

张文娜

    所谓深度学习，就是指在教师引领下，学生围绕着具有挑战性的学习主题，全身心积极参与、体验成功、获得发展的有意义的学习过程。在这个过程中，学生掌握学科的核心知识，理解学习的过程，把握学科的本质及思想方法，形成积极的内在学习动机、高级的社会性情感、积极的态度、正确的价值观，成为既具独立性、批判性、创造性，又有合作精神，且基础扎实的优秀的学习者。

    通过高中数学课程的学习，学生能提高学习数学的兴趣，增强学好数学的自信心，养成良好的数学学习习惯，发展自主学习的能力；树立敢于质疑、善于思考、严谨求实的科学精神；不断提高实践能力，提升创新意识；认识数学的科学价值、应用价值、文化价值和审美价值。

    深度学习的提出对高中教师是一个挑战，同时也是一个机遇。如何真正地通过每节课的数学学习，让学生把握数学学科的本质和思想方法，提高其学习数学的兴趣，提升其数学素养，让学生用数学的眼光来看世界，用数学的思维去分析世界，为学生的终身学习打好基础，我们需要提升自己的研究能力。要做到深度教研，做到指向深度学习的教学设计，首先需要我们教师具备深度教学的意识、能力和素养，以学生的认知发展规律为基础，以实现知识理解的系统性和深刻性、探究和把握数学知识本质为根本，以揭示知识蕴含的数学思维、灵活运用数学思想方法创造性地分析和解决问题为核心，进行深度教学设计、深度学法指导设计和多元评价与反馈。

    函数极值的概念是函数中一个非常重要的概念，函数极值的概念比较抽象，在教学中不能直接告诉学生利用导数判断极值，而是在教师的指导下，让学生通过类比及合情推理归纳出结论，获得函数的极值概念。通过问题引导，学生对极值概念的理解越来越深入，通过对一些函数极值的探究，学生主动思考利用导数来研究函数的极值，学生更能感受到导数的工具性作用，本文以"函数的极值"的片段为例，谈谈如何在我们的教学中践行深度学习。

一、教学过程

（一）环节一：情景导学，引出概念

师：春天到了，万物复苏，正是外出踏青的好时节，我特别喜欢爬山，虽然很累，但是我每次都要爬到山顶，站在山顶，心情豁然开朗，俯视群山，我们不难发现各个山峰的顶端虽然不一定是群山的最高处，但是其附近的最高点，同样，各个谷底虽然不一定是群山之中的最低处，但是其附近的最低点，这使我想到了我们的数学问题，函数有增有减，其图像就像绵延的群山，这些"峰""谷"对应的函数值在它附近就是局部的最大值或最小值，我们称之为极值。

设计意图：引入本节课的学习主题，让学生直观地感受函数极值的概念。学生通过对具体问题的思考和分析、通过图形，感受函数极值的概念，提升数学抽象和数学建模的核心素养。让学生在贴近生活的实际问题中探索新知识，体会数学是生动的，是源于生活的。通过观察两个图的共同点，培养学生类比、抽象等能力。导数是研究函数极值非常重要的工具。

（二）环节二：生成概念，剖析概念

1. 活动一：生成概念
师：如何严谨地给函数极值下个定义？

函数极值的定义：

设函数 $y=f(x)$ 的定义域为 D，设 $x_0 \in D$，对于 x_0 附近的任意不同于 x_0 的 x，

（1）都有 $f(x) > f(x_0)$，则称 x_0 为函数 $f(x)$ 的一个极小值点，且 $f(x)$ 在 x_0 处取极小值；

（2）都有 $f(x) < f(x_0)$，则称 x_0 为函数 $f(x)$ 的一个极大值点，且 $f(x)$ 在 x_0 处取极大值。

极大值点与极小值点都称为极值点，极大值与极小值都称为极值。

2. 活动二：辨析概念
教师提出问题，学生们先独立思考，再小组讨论汇报。

问题1：函数的极值点和函数的极值有什么区别？

问题2：如何理解定义中"x_0 附近的任意不同于 x_0 的 x"？

问题3：极值是否可以在定义域区间端点处取得？

问题4：连续函数是否一定有极值？存在极值的函数一定连续吗？存在极值的函数一定在极值点处连续吗？请举例说明。

问题5：可导函数是否一定有极值？存在极值的函数一定可导吗？存在极值的函数一定在极值点处可导吗？请举例说明。

问题6：极大值是否一定比极小值大？极小值是否一定比极大值小？

问题7："函数的极值"与"函数的最值"有什么区别？

教学环节离不开问题的触动，教学过程离不开问题的启动，学生的深度学习离不开

问题的催化。问题为驱动，带领学生进行深度学习，让学生经历"分析—交流—质疑—创造—反思"的思维过程，提升其数学核心素养。函数极值的概念，学生不太容易总结出来，教师应该指导学生如何用数学语言来给函数的极值下定义，在思考的过程中，加深学生对函数极值的理解。函数极值的定义比较抽象，学生理解起来难度较大，教师应通过问题串，引发学生对于极值概念的深入思考。

答案 1：函数的极值点是自变量，函数的极值是因变量，极值点对应的是图像上对应点的横坐标，函数的极值对应的是点的纵坐标，极值点是一个数，而不是一个点，与零点概念类似。

答案 2：通过辨析，学生明确了极值点和极值的概念，附近是指区间 $(x_0 - \Delta x_1, x_0) \cup (x_0, x_0 + \Delta x_2)$，$\Delta x_1 > 0$，$\Delta x_2 > 0$，以极小值点 x_0 为例，$\exists \Delta x_1 > 0, \Delta x_2 > 0$，使得 $\forall x \in (x_0 - \Delta x_1, x_0) \cup (x_0, x_0 + \Delta x_2)$，都有 $f(x) > f(x_0)$，附近是个区间概念，这个区间可以很小，只要存在就可以，学生深入理解了极值是局部最值，另外附近是包括左右两侧的区间，设计这样的问题意在用数学符号语言来描述"附近"，让学生更好地理解函数的极值是局部最值的概念。

答案 3：极值不可以在定义域的端点取得，因为区间的端点另一侧没有定义，学生能更好地理解"附近"所指的区间是极值点两侧，从而深入地理解概念。

答案 4：连续函数未必有极值，如单调函数或常值函数；有极值的函数也未必连续，如对勾函数；存在极值的函数不一定在极值点处连续。例如，分段函数 $f(x) = \begin{cases} x+1, & x \leq 1 \\ x-1, & x > 1 \end{cases}$ 在 $x=1$ 处不连续，但是根据函数极值的定义，$x=1$ 是函数 $f(x)$ 的极大值点，可引导学生证明，找到区间，满足局部最值，当 $x < 1$ 时，$f(x) < f(1)$，当 $1 < x < 2$ 时，也有 $f(x) < f(1)$，所以可以证明 $x=1$ 是函数 $f(x)$ 的极大值点，对函数 $f(x)$ 做个变式，即 $g(x) = \begin{cases} x+1, & x \leq 1 \\ x-1, & x \geq 1 \end{cases}$，可得到 $x=1$ 是函数 $g(x)$ 的极小值点，学生们在头脑中构建不同的函数，不断思考自己学过的函数或构建函数图像，激发学生的学习欲望，通过学生间的讨论交流、学习借鉴，提升学生的思维水平。连续性和存在极值是函数的两个性质，有的函数可能同时具备这两个性质，有的函数可能只具备一个性质，学生们认为连续函数具有函数极值，或者函数在定义域内的某个连续区间内有极值，对于间断的函数存在极值的思考比较少，通过对本问题的思考，促使学生构建间断函数存在极值的条件，想象函数的图像特征，加深对函数极值概念的理解，提高学生数形结合的能力，提升学生的直观想象力及逻辑推理的核心素养。

可导和存在极值是函数的两个性质。

答案 5：可导函数未必有极值（同连续函数），有极值的函数未必可导。例如，对于上个问题中的函数，存在极值的函数不一定在极值点处可导，一种可能是连续但不可导，如 $f(x)=|x-1|$，另一种可能是不连续。

答案 6：不一定，如对勾函数，或者连续函数多个极值，极小值会比极大值大，通过上面的问题，学生有初步的认知，函数的极值是函数的一个局部性质，利用定义可以研究函数的极值，此时给出几个函数，让学生去判断函数的极值。

答案7：函数的极值是局部概念，指在某一区间内的最大值或最小值；而最值是整体概念，是在整个定义域的最大值或最小值。

3.活动三：探究可导函数极值的求法

求下列函数极值点和极值。

（1）$f(x)$为定义在R上的偶函数，当$x \geqslant 0$时，$f(x)=x^2-2x+1$。

（2）$f(x)=x^3-3x^2$。

对于问题（1），可以通过图像直观得到函数的极值点有3个，比较容易丢掉的是0这个极值点。

对于问题（2），画出函数$f(x)=x^2(x-3)$的简图，可能有同学会认为函数的极大值点为0，对应的极大值为0，那么怎么分析极小值呢？

设计意图：问题（1）的设计是引导学生对于简单的能画出函数图像的函数，利用图像可以直观得到函数的极值，问题（2）的设计意图是有些函数虽然可以画出图像，但不能求出函数的极值，此时学生需要方法。通过前面导数的学习，学生会想到利用连续函数的单调性来解决函数的极值问题，而导数又是研究函数单调性的方法，从而发现可导函数在极值点处的切线斜率为零。这时追问以下问题。

①若$f(x)$在(a, b)内可导，且$x_0 \in (a, b)$，则"$f'(x_0)=0$"是"x_0是函数$f(x)$的极值点"的_____条件。

②若$f(x)$在(a, b)内可导，且$x_0 \in (a, b)$，则"x_0是$f(x)$的变号零点"是"x_0是函数$f(x)$的极值点"的_____条件。

③若$f(x)$在(a, b)内有定义，且$x_0 \in (a, b)$，则"$f'(x_0)=0$"是"x_0是函数$f(x)$的极值点"的_____条件。

设计意图：通过辨析，让学生深入理解可以利用连续函数单调性判断函数极值的条件，对于连续可导函数，可以利用导数来研究函数的单调性，但是在利用导数研究函数单调性时要注意导函数的变号零点这一条件引出连续函数极值的判断方法——单调性，单调性可以借助导数来研究，那么函数极值点处的导数有什么特征值呢？会发现函数极值点处的导数值为零。那么如何通过导数来求函数的极值呢？这时可规范利用导数研究函数极值的步骤。教师总结研究可导函数极值的步骤（图1）。

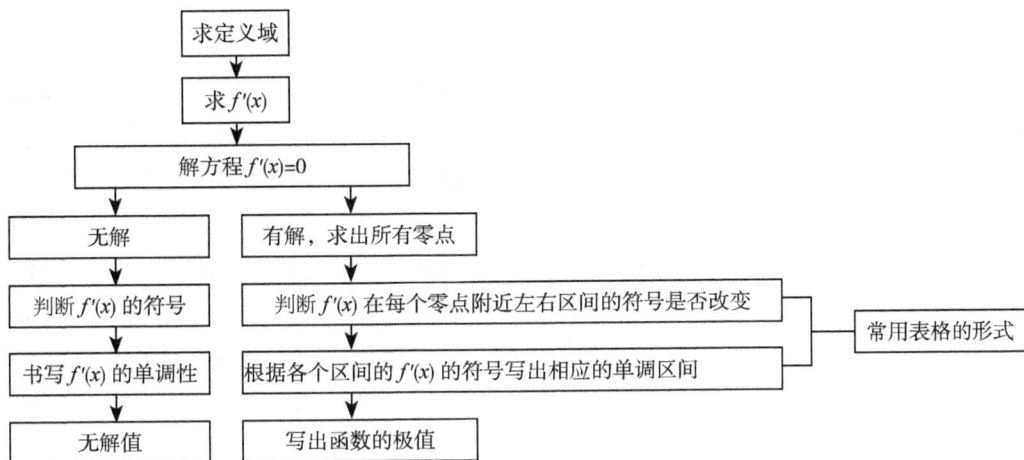

图1 研究可导函数极值的步骤

解决之前的问题：求函数 $f(x) = x^3 - 3x^2$ 的极值，用规范步骤书写。

解：$f'(x) = 3x^2 - 6x = 3x(x-2)$

$f'(x) = 0$，解得 $x_1 = 0, x_2 = 2$，

当 x 变化时，$f'(x)$ 与 $f(x)$ 的变化情况如表1所示：

表1 $f'(x)$ 与 $f(x)$ 的变化情况

x	$(-\infty, 0)$	0	$(0, 2)$	2	$(2, +\infty)$
$f'(x)$	+	0	−	0	+
$f(x)$	↗	极大值	↘	极小值	↗

所以 $x = 0$ 是函数的极大值点，极大值为 $f(0) = 0$；

$x = 2$ 是函数的极小值点，极小值为 $f(2) = -4$。

二、教学的启示

（一）提高教师研究能力，增强深度教学的意识

数学概念的形成过程蕴含着丰富的数学观点、思想方法，对于学生丰富认知结构、积累基本数学活动经验大有裨益，对概念的深入理解对于学生来说非常重要，因此在数学教学中，教师要提高研究能力。整合教材知识和方法，通过重组和建构，得到最适合学生的学习方式，让学生更深入地理解概念的本质，对教师的专业水平提出了很高的要求。备课组成员要群策群力、团队协作、集思广益、反复研究、及时借鉴、智慧共享。

（二）设计挑战性的学习活动，保障深度学习效果

概念教学中，对于概念的辨析非常重要，对于丰富学生的认知结构、积累基本数学活动经验大有裨益。因此教师应创设一种民主、和谐的氛围，为学生搭建认知的"脚手架"，将教材内容设计成探究活动。首先从组织形式上可以小组合作，具体过程为：独立思考→生生交流→师生交流→学生展示→生生讨论→师生总结，深度学习的一个重要意义在于教会学生学习。同学们不仅能展示个体的思维，还能学习到他人优秀的解法，达到"不同策略外显化"，使学生了解如何从不同角度考虑一个问题，帮助学生得到更好的解法，促进学生积累解决数学问题的经验。学会学习的一个重要标志就是学生能进行反思总结与概括，能与他人交流所学知识。如果学生在解决问题的过程中，及时进行回顾、反思、交流和总结，就能实现核心问题解决的程序化、思维方法的大众化（公共化）、学习结果的系统化。其中，反思核心问题解决过程和内化核心问题解决过程中应用的方法是深度学习逐步形成和纵深发展的关键步骤，能够促进学生对概念的认识，提高学生的学习能力，提升学生的数学素养。

想要设计一个最能调动学生全部的感受力及已有认知经验的问题，必须在学生已有经验的基础上，创设有一定熟知度和新异性的问题情境，如本课的教学设计中关于极值概念的 7 个问题，根据学生已有的体验、经验创设的问题情境能激发学生的心理需要，使学生"沉浸"问题，学生根据自己已有的经验去构建满足条件的或不满足条件的函数，教师在学生讨论的基础上追问、评价，用递进的问题搭建"脚手架"，保证他们能够成功地经历一系列有逻辑的、完整的、有一定挑战性的解决问题的活动。深度学习的问题需要具有一定的挑战性，要保障学生获得比较充分的、完整的体验，教师有必要采取措施，引导学生把对数学问题的外在兴趣与动机转化到对内在的数学问题的兴趣方面，使两方面的兴趣有机结合，促进个人学习的交流与融合，促进学生的理解与反思，促进学生深度学习的发生。

深度学习驱动下的高中数学课堂

谭小东

随着教学的飞速发展和教育理念的变革，深度学习驱动下的高中数学教学越来越受到重视。基于深度学习的教学要求教师注重整体设计，利用多种辅助方法展开教学，强调数学要素的关联，加强知识能力迁移训练，组织学生开展多种实践性活动，形成完善的学科核心能力。结构化教学与深度学习相结合，助学效果更为突出，教师可从知识概念解读、核心问题设计、数学活动组织、训练实践创新等方面展开深度研讨，促进学生顺利进入深度学习环节，主动研学探索，提高学习效率，取得更好的学习效果。

一、进行原有教学反思与理解深度学习

在过去的高中数学教学中，许多教师可能和我有着相似的认识：只要把课讲明白，让学生充分理解相关定义和性质，能够在课堂练习和考试中解决问题，取得不错的成绩，就达到了教学的目的。然而，在实际教学中，我们常常会发现，即使教师讲得很清楚，学生也听懂了，但在考试中，学生的成绩却并不理想。这使我们不得不反思，是不是我们的教学方式还需要改进？

通过对深度学习的研究和理解，我逐渐认识到，教学不仅要传授知识，更要培养学生的学科综合素养。深度学习要求学生能够主动积极地进行研学探索，形成对知识的深度理解和应用能力。因此，教师需要注重教学方式的变革，从知识的灌输者转变为学习的引导者，引导学生开展深度学习，培养他们的学习兴趣和自主学习能力。

二、深度学习驱动下的教学模式设计

在深度学习驱动下的高中数学教学中，教师和学生的角色都发生了转变。教师不再是单纯的知识传授者，而是成为学生学习的设计者、指导者和伙伴。他们需要设计富有挑战性的学习任务，为学生提供学习支持和反馈，引导学生进行自主学习和深度学习。而学生也不再是被动地接受知识，而是成为学习的主体，积极参与课堂讨论和实践活动，主动探索知识的奥秘。

在具体的教学模式设计中，我们可以采用以下几种策略。

（一）整体设计与结构化教学

深度学习要求教师对教学内容进行整体设计，注重知识之间的关联和知识的系统性。通过结构化教学，教师可以帮助学生建立完整的知识体系，形成对知识的深度理解和应用能力。

例如，在新授课"数列"的教学中，我采用了层层递进的追问模式来引导学生深入理解和掌握数列的概念和性质。首先，利用一些特殊的数列引出定义，学生初步了解数列的概念。其次，通过具体的数列前几项归纳数列的通项公式，帮助学生进一步理解数列的构成规律。引导学生研究数列的相关性质，如 n 的范围问题、数列的有限和无限、数列的奇偶性等。在这个过程中，不断提出追问，引发学生思考和探索，学生在解决问题的过程中逐渐深化对数列的认识。最后，进一步引导学生通过研究数列之间的递推关系、确定首项 a_1 和 a_{n+1} 与 a_n 之间的关系来得到数列的特征。通过这样递进追问挑战性的教学方式，学生的学习劲头越来越足，对问题的理解也更加深刻。

（二）用多种辅助方法展开教学

除了传统的讲授方式外，教师还可以利用多种辅助方法展开教学，如案例分析、小组讨论、实践操作等，这些方法能够激发学生的学习兴趣和积极性，促进他们主动思考和探索。

例如，在试卷讲评课"导数"的教学中，注重数据分析和对学生个体差异的处理，达到深度学习的高效课堂教学效果。首先，对高三（2）班一模导数得分分布进行了详细的分析，了解了学生在导数学习中的薄弱环节和易错点。其次，针对这些问题设计相应的讲解内容和练习题，帮助学生巩固知识和提高对导数知识的掌握程度。在讲解过程中，注重启发学生的思维，引导学生自主思考和解决问题；在讨论环节上，重视同学之间的小组讨论，引导他们形成共识。同时，也关注学生的学习状态和情感变化，及时给予鼓励和支持。通过这样的教学方式，学生学会对试卷进行深度分析，对导数知识的理解和应用能力也得到了提高。

（三）加强知识能力迁移训练

深度学习强调知识的迁移和应用能力。因此，在教学中，教师需要加强知识能力迁移训练，帮助学生将所学知识应用到实际问题中去，与多学科知识建立联系。

例如，讲解函数与导数的综合应用问题，从学生们熟悉的问题情境入手，播放篮球联赛投篮命中率的视频，调动学生们研究这个问题的兴趣，并提出问题——影响投篮命中率的主要因素有哪些？学生思考后回答，如心态、出手角度、力量、重力加速度等因素。再追问如何用所学习的函数和导数知识，建立起篮球运动轨迹的水平和竖直的相应函数关系式，学生通过数据分析，加上函数和导数及物理知识，可以非常顺利地解决这个问题。从深度学习的角度进行知识能力迁移训练，让学生感受到数学学科的基础性，让数学与多学科建立联系。

（四）组织学生开展多种实践性活动

实践性活动是深度学习的重要组成部分。通过实践活动，学生可以更好地理解和掌握知识，提高解决实际问题的能力。组织学生开展数学实验、数学建模、数学竞赛等实践活动，让学生在实践中体验数学的魅力和价值。

比如，在讲授数学建模一节时提出问题：西红柿不仅美味，而且营养丰富，它的产量与什么有关系呢？教师带着问题引导学生们利用周末时间对北京市房山区某蔬菜大棚进行调研，并对种植园主进行访谈，以寻找生活中的数学关系。学生通过小组讨论的形式，建立数学模型，解释模型参数确定的方法，进一步进行模型选择、预测，运用数学建模的结论和思想阐释科学规律和社会现象。学生从生活中的实际情境出发，通过讨论影响西红柿产量的主要因素，进一步确定研究对象，运用指数函数、对数函数、幂函数等函数的性质与图像特点，建立数学模型，把握数学内容的本质，最终解决实际问题，解释科学现象与社会规律。

通过实践研究和分析，建立相关的数据模型，对学生们更好地理解相关的函数知识有着很好的帮助，同时学生也能体会到数学的魅力和价值。

三、深度学习驱动下的教学效果与反思

通过深度学习驱动下的高中数学课堂教学实践发现，深度学习对学生学科综合素养的提升有很大作用。学生的学习兴趣得到了激发，自主学习能力得到了提高，思维能力和解决问题的能力也得到了锻炼和提升。同时，我也发现了一些问题和挑战。首先，教师对深度学习的理解和接受程度参差不齐，一些教师对深度学习教学的理解停留在简单的技术应用层面，没有充分理解和利用深度学习教学的理念和方法。其次，技术设备和网络环境的不完善限制了深度学习驱动教学的实施。最后，学生的自主学习能力和数学素养也影响了深度学习教学的效果，教师需要适应角色转变等。针对这些问题，我提出了一些具体的解决策略和建议，如提供教学策略和技巧培训、提升教师的教学设计和技术应用能力等。因此，如何有效地解决这些问题，加强深度学习驱动教学的实施效果，是当前深度学习驱动下的教学研究和实践面临的重要方向。

总之，通过对深度学习驱动下的高中数学课堂的深入探究，我们认识到教学方式变革与学生深度学习能力提升的重要性。教师角色转变，从知识传授者到学习引导者，有助于激发学生学习的主动性和积极性。尽管在实施过程中仍存在学生自主学习能力有差异等问题，但通过教学策略和技巧培训，我们可以有效应对这些挑战。展望未来，深度学习将在高中数学教学中发挥更大作用，助力学生形成较强的学科核心能力，提高综合素养。我们期待在深度学习的推动下，高中数学课堂能焕发新的活力，为学生的全面发展奠定坚实基础。

深度学习视角下的概率统计课例探究

石雯

在数学学习中，学生难以深入研究问题主要源于教师的教学模式化和程序化，教师缺乏对学生认知、学习规律和学科特性的深入研究。这导致学生对学习失去兴趣，觉得枯燥无味，进而降低了学习动力。鉴于现代学生缺乏生存压力，内在驱动力的培养变得尤为重要。

统计这一单元在高中数学教学过程中常流于形式，因为部分知识依赖信息技术支持，而教师由于课时限制，往往只能对照课本讲解，导致学生被动接受知识，不了解知识的形成过程，应用知识的机会也很少。这使得学生对学习失去兴趣，即使记住了知识，印象也不深刻。

深度学习能促使教师更科学地理解教学过程，明确其核心要素和关键环节，推动教学改革，让学生在课堂上积极思考，真正体现其学习主体的地位。下面就以《由编号样本估计总数及其模拟》为例探究一下概率统计的单元教学设计。

一、概率统计在整个高中阶段的重要作用

课程标准中，概率与统计的内容被安排在必修"主题四 概率与统计"。统计的研究对象是数据，核心是数据分析，概率为统计的发展提供理论基础。

本单元的学习，要求学生结合具体实例，理解样本点、有限样本空间、随机事件，会计算古典概型中简单随机事件的概率，加深对随机现象的认识和理解。在本单元的学习中，学生进一步学习数据收集和整理的方法、数据直观图表的表示方法、数据统计特征的刻画方法；通过具体实例，感悟在实际生活中进行科学决策的必要性和可能性；体会统计思维与确定性思维的差异、归纳思维与演绎证明的差异；通过实际操作、计算机模拟等活动，积累数据分析的经验。

通过高中数学课程的学习，学生能提升获取有价值信息并进行定量分析的意识和能力；基于数字化学习的需要，增强基于数据表达现实问题的意识，形成通过数据认识事物的思维品质；积累依托数据探索事物本质、关联和规律的活动经验。数据分析是高中的核心知识，是大数据时代数学应用的主要方法，也是"互联网+"相关领域的主要数学方法，已经深入科学、技术、工程和现代社会生活的各个方面。数据分析主要表现为收集和整理数据、理解和处理数据、获得和解释结论、概括和形成知识。

统计的教学活动应通过典型案例进行，教学中应通过对一些典型案例的处理，使学生经历较为系统的数据处理全过程，理解数据分析的思路，运用所学知识和方法解决实际问题。教师在教学过程中可以鼓励学生尽可能运用计算器、计算机进行模拟活动、处理数据，更好地体会概率的意义和统计思想。

学生高中阶段所要学习的概率统计知识，在以前已经有了比较好的铺垫，统计最后的探究活动是由编号样本估计总数及其模拟，设置的目的是引导学生感受、体验统计应用的全过程，让学生经历从数据收集、数据分析方案设计到数据分析结果得出及估计结果验证的过程，体会统计学的知识、方法及统计思想的运用。这样的设置应该能够激发学生的学习兴趣，培养学生合作探究的能力，以及用数学的眼光观察、分析和解决问题的能力。本节课通过学生熟悉的共享单车问题引入，让学生感受到数学与生活紧密相连；通过研究第二次世界大战（简称"二战"）时期的问题，让学生感受统计的威力，培养学生用统计的知识解决问题的能力。

二、如何在概率统计教学中渗透深度学习

所谓深度学习，就是指在教师引领下，学生围绕着具有挑战性的学习主题，全身心积极参与、体验成功、获得发展的有意义的学习过程。在这个过程中，学生掌握学科的核心知识，理解学习的过程，把握学科的本质及思想方法，形成积极的内在学习动机、高级的社会性情感、积极的态度、正确的价值观，成为既具有独立性、批判性、创造性，又有合作精神且基础扎实的优秀的学习者。

1.通过某品牌共享单车的引例，提出挑战性任务

引例是学生非常熟悉的某品牌共享单车。问题：生活中我们经常能碰到骑不到共享单车或车辆过度拥挤的现象，如果想去解决这样一个资源分配不均的问题，我们可以制定怎样的方案？给学生足够的空间思考问题的解决方案，学生分组讨论，最后制定出的方案的第一个步骤就是要统计北京市该品牌共享单车的总数。两个班的学生分小组搜集学校和家附近该品牌共享单车的编号，给客服打电话调查编号的意义，在网上查阅资料，进行数据处理，去掉无效数据、错误数据，然后对数据进行排序。

以下为学生搜集到的学校和家附近该品牌共享单车编号：

947405	948845	939597	923812	929644	986473
937770	946137	871267	902758	900020	920472
871873	903421	867476	847329	877234	912051
849566	845004	859023	831055	872338	880427
837827	838160	837819	825267	869925	860938
834751	832359	800868	813067	833649	846060
804255	817160	796829	802962	831781	845702
792704	799871	643576	798323	827399	823709

792099	789554	564010	787475	822209	818707
784964	742439	561718	786423	815172	817266
779153	737526	548945	768556	770503	781559
777664	727483	544322	763698	765373	692179
772941	715943	523861	763162	760990	596427
742578	629347	433966	724360	748607	592520
725432	590148	419840	706754	736282	562425
692503	558355	393023	695030	655402	556276
690397	553165	363088	662966	569932	543309
584378	546215	345723	656161	565658	539558
571935	522011	327765	629405	535788	531433
544207	429870	326534	620372	409517	485880
537389	408475	322114	512051	372948	475926
433177	369286	320045	499385	370120	367480
413609	346883	283121	465202	343916	329679
384204	322165	276588	452307	324777	301710
283542	303938	265926	415901	300537	294382
282938	300274	248595	318792	291070	288448
280225	278433	243457	297025	283958	282003
278585	276456	238964	239188	269244	273941
227416	273906	225666	205739	210670	254282
209671	232443	211951	104241	204768	221942
108325	208803	171295	65515	201919	77326
13558	114117	151425	53856	46590	

研究该品牌共享单车资源分配不均的问题，激发了学生的兴趣，而且给学生提出了挑战性任务，让学生在搜集数据的过程中提升学习的能力。因此，教师在教学的过程中要激发学生的学习兴趣，让学生能够更加积极地学习，当学生对数学的学习充满兴趣后，他们就会更加专注，认真地学习吸收知识、理解知识，并根据自己的兴趣不断探究，使自己的知识视野得到拓宽。在学习数学的过程中，学生就会充满兴趣。教师在教学的过程中要运用有效的教学方式，使学生对数学的兴趣不断提升，进而让学生通过一点一滴的学习不断积累知识，提高自己的数学水平。

2.通过带学生研究"二战"坦克数量的估计方法，促进学生自主学习、深入思考

当学生对数学的学习充满兴趣之后，那么教师就可以让学生养成自主学习的能力。学生在学校的学习时间是有限的，只有拥有自主学习能力，才能够无论何时何地都进行

自主学习，去吸收知识、理解知识。教师培养学生的自主学习能力，就应该让学生学会思考，自主学习时知道从什么方向入手，使学生能够解决自己遇到的问题，提高自己的学习效率。教师在课堂教学的过程中，向学生进行提问，让学生按照自己的思路去思考问题，运用自己所学到的知识去解决问题，从而逐渐提高学生的思考能力、分析能力，让学生在没有教师指导的情况下，就能拥有一定的思考能力、分析能力，能够自主学习知识，并吸收和理解知识。

本节课以研究"二战"时德国坦克数量为例，让学生自主探究由编号样本估计总数的方法。对于"二战"坦克总数的估计，因为统计学家和情报人员估计出的数据差距比较大，激发出学生的学习积极性，从而有很强的求知欲想去弄明白统计学家的估计方法。"二战"时坦克的背景知识可以激发学生的学习兴趣，发现统计的巨大威力，产生对数学的兴趣，让学生带着问题自主阅读和查阅文献资料。本节课在学生查阅资料的基础上，又通过 3 个教学活动探讨由编号样本估计总数的方法。在本节课上，通过计算机进行计算，借助信息技术的知识进行数据的估计，学生在计算的过程中能够更深刻地理解统计的意义，同时借助计算机模拟统计方法的优劣，通过数据计算感受用统计方法估计总数的威力，通过数据计算感受估计总数的方法的合理性。统计的最大作用还是解决实际问题，最后共享单车问题的解决，让学生感受到了统计的应用广泛性及统计的巨大威力。

活动背景：第二次世界大战期间，德军生产的坦克是连续编号的，盟军从战场上缴获了一些德军坦克，因此获得了一些坦克编号，盟军希望能根据这些样本数据估计出德军所生产的坦克数量。后来统计学家圆满地解决了这一问题，估计的结果比情报部门估计结果的误差小很多（表 1）。

表 1　估计结果

单位：辆

时间	统计估计结果	情报部门估计结果	实际
1940 年 6 月	169	1000	122
1941 年 6 月	244	1550	271
1942 年 8 月	327	1550	342

活动一：方案探究

任务简述：假设已有的编号样本从小到大依次为 $x_1, x_2, \cdots, x_n$，总体编号为 $1, 2, \cdots, n$，由已有的样本编号如何估计出总数 n？请同学们根据小组查阅到的资料写出估计方法的运算过程。

学生活动：学生通过查阅资料，讨论出估计坦克总数的多种方法，小组成员进行讲解与汇报。根据老师给出的数据计算出德国坦克的总数，根据老师的要求讨论出一般性的结论。

预设答案 1 最大值估计：n 的值一定不会小于编号中的最大值，$n \approx x_m$。

预设答案 2 平均值估计：考虑到样本的平均值与总体的平均值相差不大，可以设样本的平均值近似等于总体的平均值：

$$\bar{x} = \frac{x_1 + x_2 + \cdots + x_m}{m} \approx \frac{1 + 2 + \cdots + n}{n},$$

所以 $n \approx 2\bar{x} - 1$，

此时会有 $n < x_m$ 的现象，这时可以用最大值估计。

预设答案 3：将 $x_1, x_2, x_3, \cdots, x_m$ 看成序列 $0, 1, 2, 3, \cdots, n$ 中随机取的数字，可以认为，这些取的数字是"均匀"分布在序列中的，考虑到共取了 m 个数，每两个取的数字之间的平均距离为 $\frac{n}{m+1}$，那么样本数据之间的平均距离为 $\frac{x_m}{m}$，因此可以得到 $\frac{x_m}{m} \approx \frac{n}{m+1}$，所以 $n \approx \frac{m+1}{m} x_m$，这个结果一定比 x_m 要大。

活动二：数据运算

根据盟军 3 年的调查样本编号，按照讨论出的总数估计方法，将德国这 3 年的生产坦克总量计算出来，并将计算出的结果填入表 2（可以用计算器或电脑）。

表 2　计算结果

单位：辆

缴获年份	坦克样本编号							估计值 1	估计值 2	估计值 3	实际总数	情报部门数据
1940	2	113										1000
1941	2	113	73	160	204							1550
1942	2	113	73	160	204	65	286					1550

活动三：计算模拟

以 1940 年 6 月为例，德军实际生产的坦克是 122 辆。

（1）在 Excel 中设定总数为 122，然后用随机数函数 RANDBETWEEN（1，122）产生 15 个编号样本，利用所学的估计总数的方法计算出估计值。

（2）对比不同的估计方法，判断哪个结果更接近 122（表 3）。

表 3　估计方案

单位：辆

估计方案	1 组	2 组	3 组	4 组	5 组	6 组	7 组
估计方案 1							
估计方案 2							
估计方案 3							

活动四：计算结果

用你所研究的估计方法计算出北京市该品牌共享单车的估计值（表4）。

表4　估计结果

单位：辆

类别	1组	2组	3组	4组	5组	6组	7组
该品牌共享单车总量							

三、教学反思

学生在进行自主学习的过程中，一定会遇到一些学习问题，这些学习问题需要学生经过长时间的思考、查找大量的资料才能够解决，但是学生在解决完自己遇到的难题后，并不知道总结反思，不知道去分析解决这些难题的关键，自己的学习效率就得不到提高。老师在教学的过程中，要帮助学生学会总结反思，在平时让学生对自己的错题及错误进行反思，让学生了解自己在学习中存在着哪方面的不足，使学生在以后的学习中能够刻意锻炼自己不擅长的方面，从而让学生的综合能力得到提高，这样学生在进行自主学习的时候，解决完一些比较难的问题后，就会总结解决难题的技巧，会反思自己在解决问题的过程中犯下的错误，这样在以后的学习中能够更有效地自主学习。

1. 以学生为主体

在培养学生自主学习能力的过程中，要以学生为主体，从学生的角度考虑自己的教学方式，从而让学生在自己的引导下，更快养成自主学习能力。当老师将学生放在学习的主体地位后，就能够让学生在学习的过程中有更多的自由，这样学生就能够感受到学习的轻松自在，学习心态就会发生变化，学习兴趣就会提高，学生在学习的过程中遇到问题也会积极和老师交流沟通，从老师那里得到更多的帮助。

2. 加强师生的交流

学生学习的过程中会遇到很多的问题，但是都不愿意和老师交流沟通，让老师了解自己，这与老师在教学的过程中比较严肃有关，那么老师要改变自己在教学中一直严肃的姿态，表现得更加平易近人，从而让学生能够主动和自己交流沟通，当学生和老师的交流沟通得到加强之后，老师就能够了解学生在学习中遇到的问题，为学生提供有针对性的帮助，学生在得到老师的帮助后，就能够通过更加有效的练习来提高自己各方面的能力，老师和学生的关系变得融洽之后，学生的学习心态也会发生变化，在学习的过程中，就会变得更加有效率。

基于深度学习的大单元教学设计

——以"圆周运动"为例

闫小毛

单元整合教学是知识逻辑链的整合与升华，不仅有利于教师整合学科核心观念，从整体进行教学设计，突出学科知识间的联系，减少知识碎片化现象，更有利于促进学生形成对学科大概念的理解，形成以大概念为统摄的学科结构化知识，进而转化为解决具体问题的方法与能力。

基于单元教学内容分析和学情分析，将单元教学内容围绕一个高阶核心概念建构，通过一系列由简到繁、由易而难的学习子任务进行层级设计，使学生对学习内容的理解与认知由浅及深、层层深入，实现深度学习生成和达成单元学习目标，是课时教学设计的根本出发点和着力点。本文以人教版高中《物理》必修二"圆周运动"教学单元为载体，从"曲线运动"学科大概念视角开展单元教学整体建构、进阶式单元学习过程设计及单元教学进阶评价，以促进单元教学目标达成和核心素养的培养。

教学设计的出发点是深度学习的教学模型，包括几个关键因素：引领性的学习主题、素养导向的学习目标、挑战性的学习任务、持续性的学习评价。

一、引领性的学习主题

确定一个引领性的学习主题可以自上而下体现层级的上位概念，体现本质的学科方法，也可以从下往上去思考单元内容的认识路径是什么，还有知识整合的相关概念，落实到圆周运动这个单元，它的上位概念是曲线运动，方法论对应的是模型建构，从认知路径来看，首先是描述圆周运动的物理量—向心力—向心加速度—应用，相关的概念有运动学规律和牛顿运动定律，因此可以将单元主题确定为"从曲线运动视角认识圆周运动"。

二、素养导向的学习目标

学习目标的确定主要参考的是课程标准、教材内容、学生基础及学业进阶。

（一）课程标准要求

从课程标准要求看，圆周运动属于必修二第二个主题"曲线运动与万有引力定律"中的第三节，在这一节中要求学生"会用线速度、角速度、周期描述匀速圆周运动；知道匀速圆周运动向心加速度的大小和方向；通过实验，探究并了解匀速圆周运动向心力大小与半径、角速度、质量的关系；能用牛顿第二定律分析匀速圆周运动的向心力；了解生产生活中的离心现象及其产生的原因"。课程标准的教学提示中指出"体会物理学中化繁为简的研究方法，拓展对运动多样性的认识，深化对位移、速度、加速度等重要概念的理解"，并在学业要求中提出"能对常见的机械运动分类"，"能认识平抛运动，匀速圆周运动的物理模型特征。通过研究平抛运动、匀速圆周运动等运动形式，体会物理学中实验和理论推导的方法，以及化繁为简的研究方法，能使用证据说明自己的观点，能对关于机械能、曲线运动、引力的一些错误认识提出质疑"。

（二）教材内容

教材内容选自人教版必修二第六章"圆周运动"，包含了4节的内容。本章内容结构如图1所示。

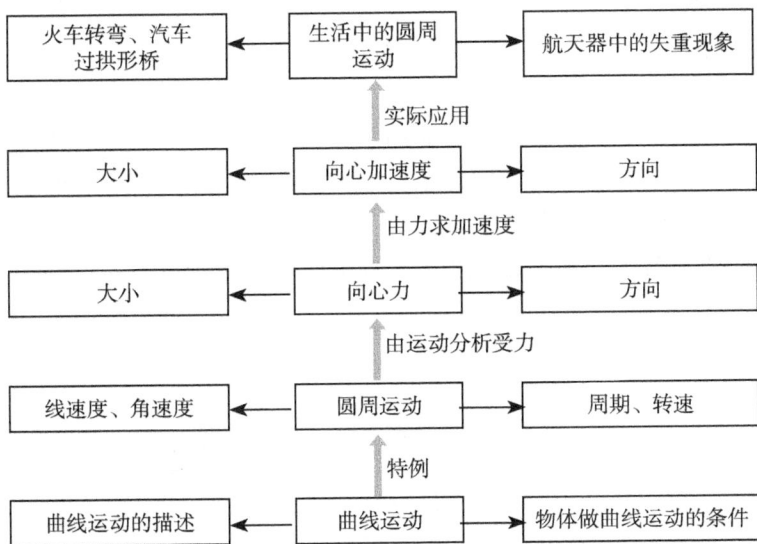

图1　本章内容结构

（三）学情分析

从核心素养的角度分析，首先是物理观念，学生在学习圆周运动之前，已经完成了对"机械运动与物理模型"、"相互作用与运动定律"及"曲线运动"中"平抛运动"等内容的学习，能用位移、速度、加速度等物理量描述物体的直线运动和平抛运动，知道速度的变化包括大小及方向的改变并对其进行因果解释，知道速度变化一定受到了力的作用，具备了运用运动与相互作用的物理观念分析和解决直线运动和平抛运动中运动学和动力学相关问题的能力，并对曲线运动的方向和做曲线运动的条件有一定的理解。但对运动多样性的认识、运动和相互作用观念普遍性及速度、加速度等重要概念的理解需要继续深化。

从科学思维上看，学生了解建立质点模型的抽象方法和建立质点模型的适用条件，能够在特定情景下将物体抽象为质点，认识匀速直线运动、匀变速直线运动和平抛运动模型的物理特征。通过之前对瞬时速度和加速度概念的建构过程，学生理解了物理问题研究中比值定义、极限方法等抽象思维方法，具备等效替代和控制变量的物理思想，能进行矢量的分解及合成，并初步建立了研究运动问题的思维路径：建立运动模型—分析推理各物理量关系—结合实际情境修正结果。但学生对平抛运动以外的其他曲线运动基本模型还很陌生，需要进一步体会运动模型中化繁为简的研究方法，加强科学推理和论证的能力。

从科学探究来看，学生已做过"探究加速度与合外力、质量的关系""探究平抛运动特点"等实验，具备观察运动现象、从运动学和动力学角度提出物理问题的能力，能进行简单的实验设计、问题研究，明确实验中需要测量的物理量，有控制变量的意识，会使用基本实验器材获取数据，能用图像分析数据并得到实验结论，能分析误差来源。基本实验器材的操作水平已经熟练，但实验设计能力、实验技术方法的创新性还需要得到提升。

从科学态度和责任上，学生通过之前的学习，认识到物理学是对社会生活及自然现象的描述与解释，探索自然环境的内在学科动力和严谨求实的科学态度正在逐渐形成，需要继续培养环境意识及社会责任感。

根据进阶框架（图2），可以确定素养导向的学习目标为以下4点。

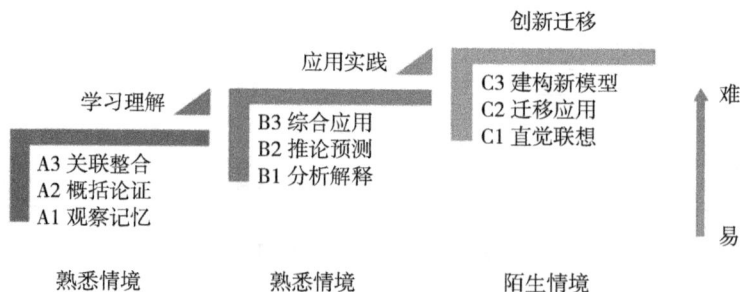

图2　物理学科能力进阶框架

（1）物理观念：通过对圆周运动的观察，认识圆周运动和匀速圆周运动的特点，加深对曲线运动的理解，完善曲线运动的物理观念。

通过从力和运动关系角度建立向心力概念，从牛顿运动定律角度理解向心力的方向及表达式，深化运动和相互作用观念。

通过从运动学和动力学角度定性定量分析生活中的圆周运动实例，深化运动与相互作用的物理观念。

（2）科学思维：通过探究描述圆周运动快慢的方法，了解转速和周期，理解线速度和角速度的物理意义及两者关系，加深对比值定义法的理解，发展科学推理及科学论证能力。

通过根据加速度定义式用极限方法推导向心加速度的方向和表达式，经历多角度认识问题的思维过程，提升科学推理能力。

通过对离心运动的解释，发展科学论证的能力。

（3）科学探究：通过向心力的体验实验和定量研究实验，引导学生充分体验猜想假设、实验设计的探究过程，同时强调利用牛顿第二定律对向心力公式的科学解释，加强物理实验与科学思维整合，促进科学探究能力的发展。

（4）科学态度与责任：通过对生活中圆周运动问题的分析，体会科技及社会环境的紧密联系，形成正确的科学态度。

（四）学业质量水平

结合学业质量水平 5 个层级的描述，将学习目标细化，形成学习目标细目（表 1）。

表 1　学习目标细目

课程标准要求	细化目标	层级	核心素养
1. 会用线速度、角速度、周期描述匀速圆周运动	1. 能说出匀速圆周运动、线速度、角速度、周期、转速的概念	水平 1	物理观念
	2. 能用线速度、角速度、周期、转速描述匀速圆周运动快慢	水平 2	物理观念
	3. 能用线速度、角速度及周期间的关系式进行简单计算	水平 2	物理观念
2. 知道匀速圆周运动向心加速度的大小和方向	4. 能说出向心加速度的概念	水平 1	物理观念
	5. 能用向心加速度的公式进行简单的计算	水平 2	物理观念
3. 通过实验，探究并了解匀速圆周运动向心力大小与半径、角速度、质量的关系	6. 能说出实验的目的	水平 1	科学探究
	7. 利用提供的器材，运用控制变量的实验方法，制定向心力大小与半径、角速度、质量的关系的实验方案，并获得数据	水平 3	科学探究
	8. 会用图像分析实验数据，发现特点，得出结论	水平 3	科学思维、科学探究

课程标准要求	细化目标	层级	核心素养
4. 能用牛顿第二定律分析匀速圆周运动的向心力	9. 能分析匀速圆周运动的物体受力情况，得出向心力的来源	水平 2	物理观念
	10. 能联系牛顿第二定律用匀速圆周运动的规律，对实际问题做出分析和解释	水平 3	物理观念、科学态度与责任
5. 了解生产生活中的离心现象及其产生的原因	11. 能说出离心运动的概念	水平 1	物理观念
	12. 能说明产生离心现象的原因	水平 2	物理观念、科学态度与责任

三、挑战性的学习任务

作为深度学习，单元的学习需要融入情境。情境的创设需要密切联系生活，可将情境联系到北京第 24 届冬季奥林匹克运动会中的各个比赛项目，并研究运动项目与圆周运动的相关性，随后将视线落到了游乐场的游乐设施。让学生思考游乐设施与圆周运动的相关度，最后落到了飞椅这个项目上。首先，它贴近学生的生活，根据统计，大概有 1/5 的同学有过乘坐体验；其次，研究对象的质点模型和运动过程的圆周运动模型容易被清晰地建构起来；最后，飞椅覆盖了两个关键核心内容：运动描述和运动与相互作用关系。最终，确定了以飞椅为情境的相关核心问题，设计制作兼具趣味性和安全性的飞椅。

（一）分解目标

1. 趣味性

飞椅的趣味性体现在悬空、旋转和刺激性。刺激性是由速度的变化产生的加速度引起的，因此可以提炼出子任务，从运动角度研究如何提升飞椅的趣味性，在此之前需要一个更基础的子任务，即描述飞椅的运动。

2. 安全性

飞椅的安全性体现在限重，还有绳子的结实度上，可以从力的角度或力和运动的关系来保障飞椅的安全性，这个也可以作为第三个子任务。在以上 3 个子任务完成之后进入第 4 个子任务，设计制作安全有趣的飞椅。

以上 4 个子任务与教材的章节形成了一一对应的关系。

（二）学习任务分解

子任务一：描述飞椅的运动

班级的 7 个组按照 U 字形排布，中间的位置留给实验桌，通过视频导入，学生观看迪拜建成的 141 米的空中飞椅，以该视频引出核心任务，设计制作兼具趣味性和安全性的飞椅，随后带领学生对该任务进行分析和拆解，形成 4 个子任务，明确描述飞椅运动的课时任务，一个是学习如何描述飞椅的运动，另一个是设计飞椅的传动装置。由此设计了两个活动（图 3）。

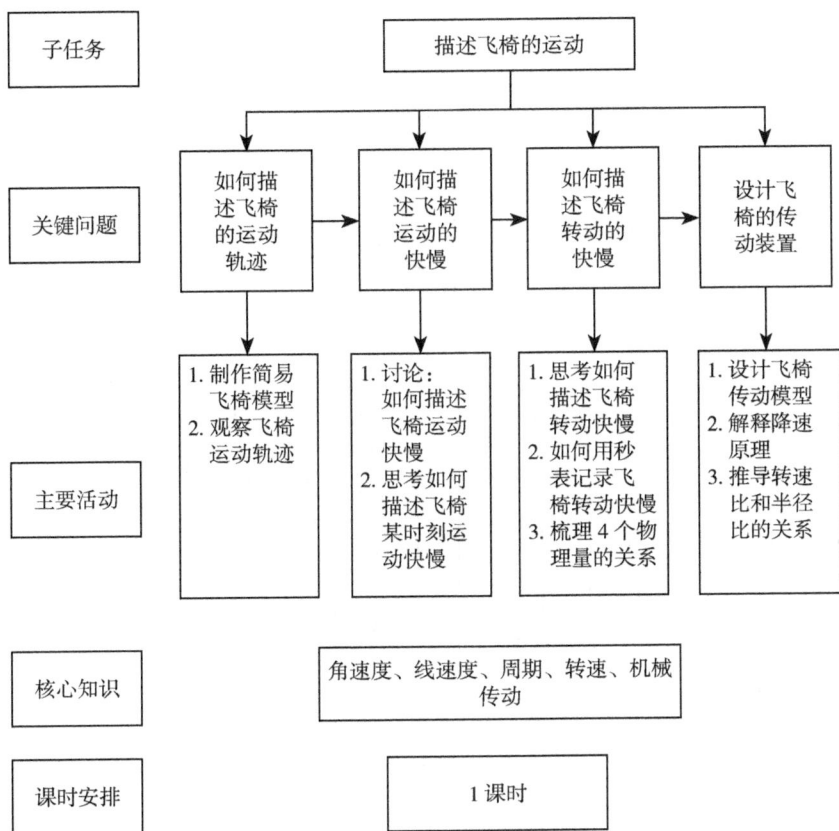

图 3　子任务一流程

1. 制作简易的飞椅模型：仿照吊扇的设计思路，利用提供的材料制作简易的飞椅模型，并将其固定在铁架台上。闭合开关，使飞椅旋转起来，待转速稳定后，观察飞椅的运动情况，然后断开开关，用时两分钟。模型制作好之后，让学生描述飞椅的运动轨迹，引出了圆周运动的定义，同时引出了单元的主题"从曲线运动的视角认识圆周运动"。随后，以双层飞椅为载体让学生思考，里层和外层谁运动得更快、谁转动得更快，引出了线速度和角速度两个不同的物理量。

2. 用秒表记录数据来描述飞椅的转动快慢，引出了转速和周期两个不同的物理量。在此基础上梳理 4 个物理量的关系，并引出传动降速的问题，设计了让学生制作传动装置的活动。

通过该活动，让学生思考慢速电机降速的原理，推导出转速比与齿数比的关系。

子任务二：从运动学角度提升飞椅的趣味性

在这个任务中，引入了一个自制教具——向心加速度演示器。该演示器由转盘、电源、电机、转速调节器共同组成，Phyphox App 做配合，它可以测量向心加速度的大小，还有 AccelVisu2 App，它可以显示向心加速度的方向（图 4）。

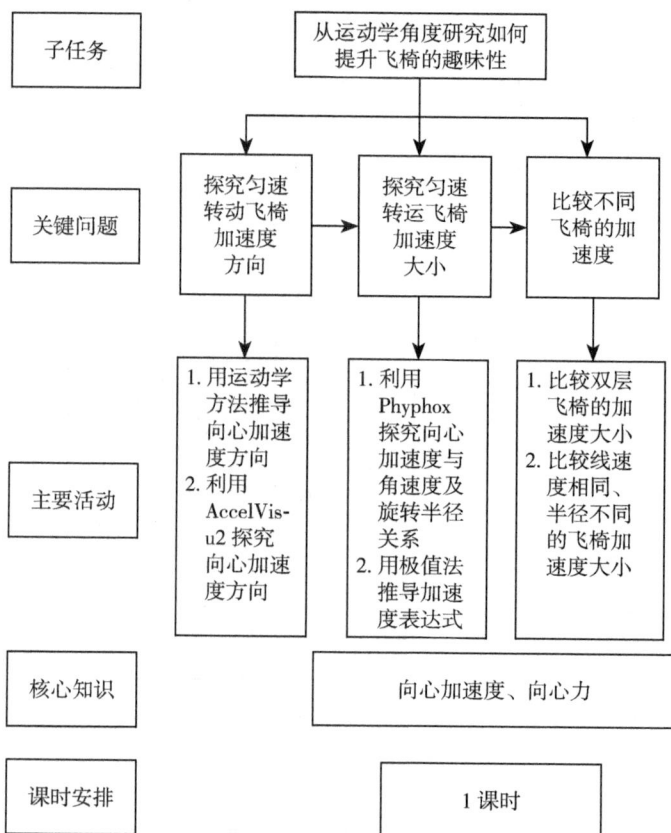

图 4　子任务二流程

在探究向心加速度的决定因素这个实验中，将手机垂直放置，改变手机到圆心的距离，同时用手机来测量在不同的半径、不同的角速度下向心角速度的大小，可以进一步探究向心加速度和半径、角速度的关系。

子任务三：从力的角度分析如何保障飞椅的安全性

探究向心力来源的环节，引入了一个创新实验（图 5），用圆锥摆测量向心力的大小。将小球放置在斜槽的某一个高度，让其从静止开始滚下，撞击圆锥摆的小球后，圆锥摆的小球将严格按照事先画好的半径为 10 厘米的圆运动。在圆锥摆运动半圈的位置，放置一个木箱，小球滚下撞击圆锥摆发出一个声相，圆锥摆运动半圈以后撞击木箱发出第二个声相，两个撞击声音的时间差，由手机的声音秒表传感器记录下来。然后利用圆锥摆的质量、半径、周期可以算出向心力的大小。这个向心力的大小会非常精确。对 4 个子任务关键问题进行设置及活动汇总，形成了本单元核心任务的蓝图。

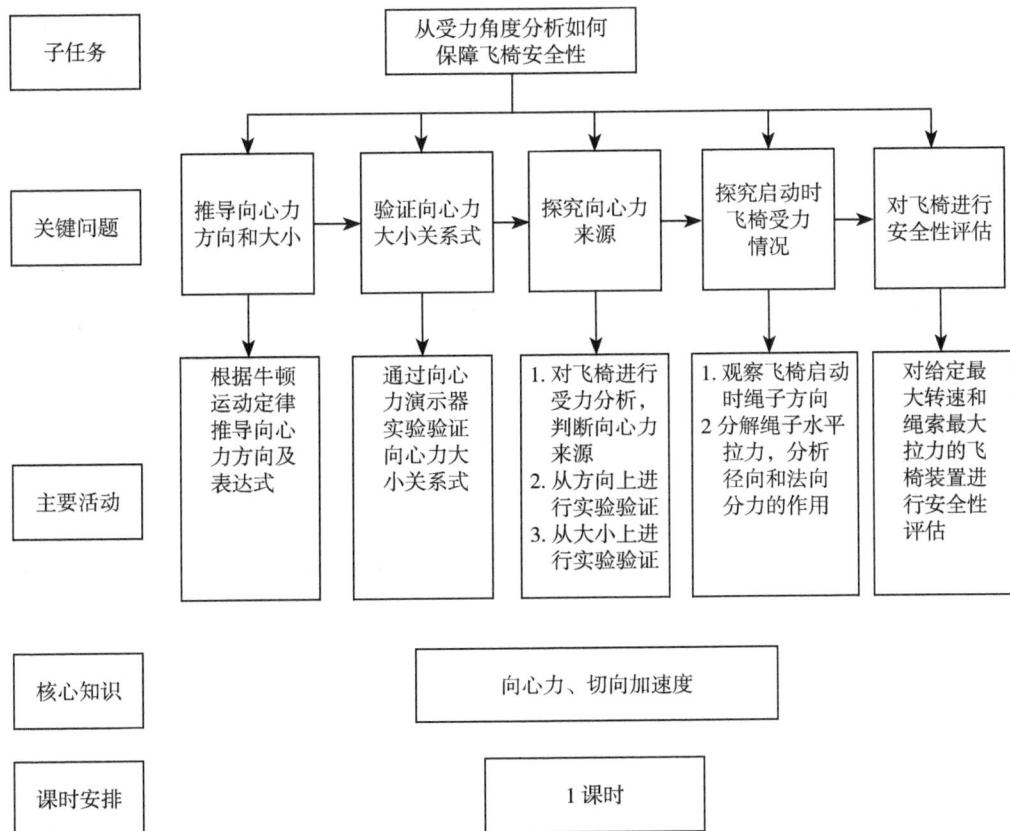

图 5　子任务三流程

四、持续性的学习评价

层级评价是在单元教学中的每一个学习层级教学完成后对学生就该层次教学内容的掌握情况及所表现出来的素养水平与综合能力开展的评价，包括专题作业、研究性学习、实践性活动、其他开放性作业等形式。以下为第一课时中制作飞椅的传动装置活动评价层级。

层级一：能够利用提供的大小不同的转轮制作传动装置并连接电动机和飞椅，该装置能让飞椅的转速改变。

层级二：在层级一的基础上，能够满足降速要求，给电动机安装小转轮，给飞椅安装大转轮。

层级三：在层级二的基础上，能够结合装置，解释转速下降的原理。

层级四：在层级三的基础上，能够根据电动机的转速和两轮的半径，求出降速后飞椅的转速。

单元评价是单元教学评价中最高阶的评价，包括单元总结、单元思维导图、单元测试等形式。安排学生绘制单元思维导图是促进单元学习目标达成的重要途径，也是对学生进行单元整体评价的有效方式。单元整体评价如表 2 所示。

表 2　单元整体评价

分类	内容
评价要素	针对单元教学整体评价
评价内容	对单元主题的学习和任务主题的完成情况进行过程性评价和总结性评价
评价指标	课堂参与度、小组合作、交流展示、学习态度、探究能力
评价方法	课堂教师观察、小组自评反馈表、作业反馈、单元检测
赋值方法	将以上评价指标分为 4 个等级，分别是 1 分（待改进）、2 分（一般）、3 分（良好）、4 分（优秀）。最高分为满分 20 分 设置学生自评、学习小组组长评价、教师评价 3 项

深度学习背景下初中物理教学策略的研究

刘慧敏

区别于传统的学习方式，深度学习是发展素质的学习、理解性的学习、符合学习科学基本原理的学习。在开展初中物理教学的过程中，教师应该理解深度学习的重要作用，把握深度学习的关键策略，致力于深度学习的教学实践。

一、建立深度学习的单元学习目标，促进学生的未来发展

深度学习倡导单元学习。单元教学是以课程标准为依据，以结构化、情景化、学科知识为基础，以发展科学核心素养为目的的学习方式。

初中物理教学过程中，教师依据物理学科要求、物理教材标准及学生真实情况，梳理单元内容结构，确定单元学习内容，制定单元学习主题。在单元学习过程中，学生经历一定的困难，完成对基础性、关键性的学科知识和技能的掌握，从而在这个过程中逐渐提升学生的物理核心素养，促进学生的未来发展。

以"压强"单元学习为例（图1），教师在进行一系列梳理后确定并完成"压强"的单元学习目标。"压强"单元学习目标确定为：①通过实验，理解影响压力作用效果的因素，建立"压强"概念，知道生活中增大和减小压强的方法；②通过实验探究，了解液体压强与液体密度、液体深度的关系，根据液体压强公式解决实际问题；③知道大气压强及其与人类生活的关系；④了解流体压强与流速的关系及其在生活中的应用。

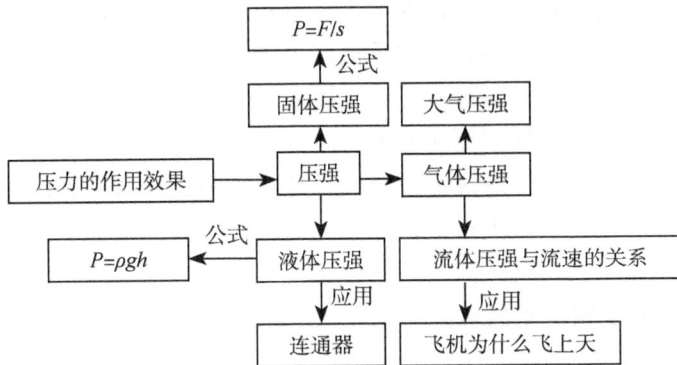

图1 "压强"单元学习内容

二、重视学习情景的创设，激发学生对深度学习的兴趣，奠定深度学习的基础

学习情景的创设对于初中物理课堂教学非常重要，基于学生先前知识基础和身心发展，以及课程内容，创设合理真实情景，可以更好地促使学生积极思考，更好地主动参与课堂学习。

例如，在教学"汽化——蒸发 沸腾"的相关知识时，这部分知识在学生的日常生活中十分常见，可以通过联系实际生活的方式创设学习情景，激发学生的学习兴趣。比如，用湿抹布在黑板上写出"蒸发"，过一段时间后水字会消失不见，从而引起学生的兴趣。或者在教学"沸腾"的相关知识时，学生已经在日常生活经验中知道水开了是物理中的沸腾现象，这与学生的生活密切相关，因此可以让学生回家煮一锅水，拍照记录水沸腾时的现象，锅中的水一直开着会烧干，教师可以设置提问：沸腾时，消失的水变成什么物态了？如何进行证明？让学生思考，以小组合作的形式进行讨论并设计实验证明：水沸腾时，由液态变为气态。可以严谨地说明汽化是由液态变为气态，有效地引入新的知识。

在物理教学中，好的情景是教师借用能够吸引学生兴趣及思考的现象、事物，不仅能引入新知识，而且能形成驱动性任务引导学生主动学习。学生在情境中调动了学习思维，促进物理学科素养发展。

三、关注在学习过程中思维的外显，提升学习力

学生思路方法的形成过程，是在学生的学习过程中需要重点关注的，学生学习过程中的内因思维显性化格外重要。对此，可以通过学生的自我分析、同学的质疑与老师的连续性追问，让思维外显，以帮助学生产生更多的想法，深刻体验学习过程。

例如，思维导图外显思维过程。首先，教师课堂使用思维导图板书（图2），使学生通过课堂的学习，能够获得全面的知识，且这些知识有着科学合理的结构关系，更易被理解和运用，从而解决问题。同时帮助学生在将新知识与已有的认知、经验建立明确关系的过程中，对知识结构进行整合。学生使用思维导图进行学习，可以成倍提高学习效率，增强了对于核心知识点的理解和记忆。其次，利用章节的思维导图（图3），让学生自我分析知识结构，能给予他们更充分的表达机会、更多的探索和发展空间，理解各个物理知识点之间的联系。学生通过梳理知识，建立了整个板块的脉络，形成了一个系统的知识结构，能更好地促进学生对知识的掌握，从而对新的知识点进行更好理解，学生可以展示自己对于知识的理解。同时，通过思维导图外显学生的思维，教师可以了解学生对于整体知识及其逻辑关系的掌握情况。

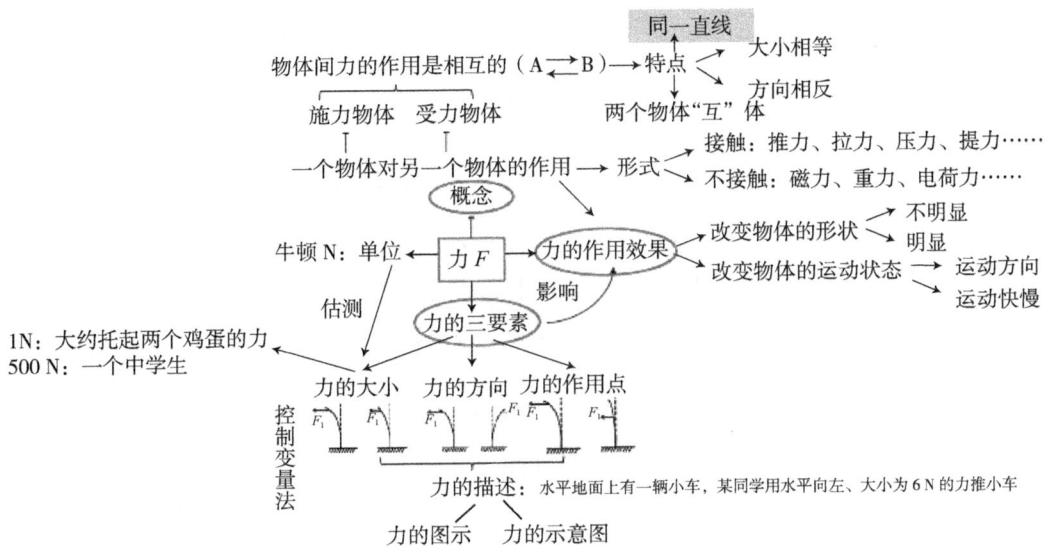

图 2 "力"思维导图

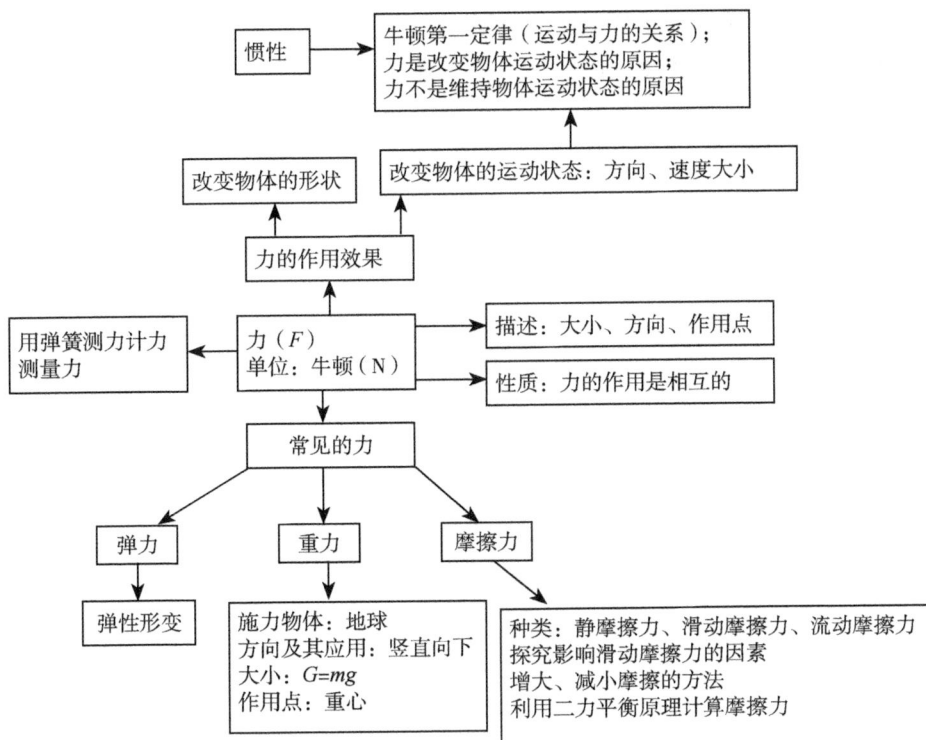

图 3 单元教学内容思维导图

四、优化物理探究实验，使学生进行深度探究，促进学生深度互动

在深度互动中试验深度学习，实现深度学习，学生将学习的知识、方法、技能运用到解决问题之中，能够主动探索未来世界，完成全面发展的培养目标。

科学探究能力是初中物理素养的重要部分，因此教师要优化初中物理教学中的探究实验，激发学生强烈的参与物理实验的学习动机和情感，根据新课程标准和教学内容，设计好探究实验的任务，重视探究实验的开展，促进学生围绕任务展开深度学习。

例如，在"常见的光学仪器"单元教学中，学生可以通过"探究——凸透镜成像"的实验，深化这一单元"常见的光学仪器"的教学任务。在深层次的物理探究实验中，让学生自主发现和提出凸透镜成像的问题，根据实验现象做出合理的猜想与假设，学生与老师、同伴之间进行深度互动，从而明确探究实验的任务。学生通过设计实验方法，在小组内进行讨论与优化，再进行小组合作或独立探索，记录实验的现象和数据，对实验数据进行分析和比较，概括总结出凸透镜成像的规律，在深度学习过程中进行分析、比较、推理、总结等高级思维过程，发展创新性思维活动。通过不断优化探究实验，促进学生深度互动，开展深度学习，提高物理学习效率。

通过深度学习，可以在课堂中让所有学生以更加多的维度方式深入学习，更多地调动学生学习的主动性、积极性，让教师从一个灌输者转变为引领者，从而推动课堂教学关系的深度调整，让学生从一个聆听者转变为参与者，实现人才培养模式的重大变革，为我国培养未来全方面发展人才提供有效保障。

以深度教学的物理课堂，提升学生核心素养

王姗姗

核心素养是指学生应具备的、能够适应终身发展和社会发展需要的必备品格和关键能力。深度学习是我国全面深化课程改革、落实核心素养的重要途径，将课堂教学目标指向学生物理学科核心素养的前提，就是要主动探索教学方式方法，让物理知识有体系地呈现，挖掘知识的深度、思维的深度和情感的深度。下面就谈一谈"深度教学"的物理课堂，提升学生核心素养。

一、帮助学生亲身经历知识发现和构建过程

物理课堂不仅注重教学内容和要求，更重视知识的学习过程，还要体现知识的发生、发展、形成和应用的过程。通过"深度教学"的学习，重新构建课堂、构建知识，让学生亲身感受和体验，经历知识发现和构建过程，能提高效率，调动学生学习物理的积极性，更能培养学生的物理观念。

比如，在"磁场"的学习中，由于磁场的特点是"看不见、摸不着"，但是我们可以看到磁场作用下的现象，这就如同人类发现问题时就需要研究原因，很多的伟大发现都经历了这样一个过程。研究器材的选择、方法也很重要，学生每次都亲身经历探究的过程，体会物理学科的思维素养，对将来学习其他知识都会有帮助。这样，我们培养出来的就不是一个知识的"储存罐"，而是有能力的学习者。有了对磁场存在的认识和肯定，就可以顺理成章开展磁场性质的探究过程了。将一些布条在纸板上贴一圈，在纸板的左上和右下分别固定一个吹风机，开启吹风机后，布条被风吹动，不同位置的布条的方向不同。现场教学过程中借助教具的演示，让学生亲身感受、再次体验，在现场"眼见为实"地体会转换思想，并引导学生自主对知识进行构建。研究磁场的性质就不能继续使用"风和布条"，必须在真实的磁场中，但是可以通过布条飘动研究风的转换思想，借助小磁针受力研究磁场，帮助学生建立转换思想，可以引导学生知道"风"就是"磁场"，"布条"就是"小磁针"，让学生明确知道我们的研究对象是磁场，是通过观察小磁针的情况来研究磁场的。有了转换的思想，仍然可以帮助学生进行知识的探究，而且可以让学生亲身经历这样的认知转换过程，对物理学科的学习素养有很大提升。当学生研究条形磁铁的磁场性质时，在其周围摆放小磁针，让他们观察小磁针的情况，构建磁

场的性质。

随着新课程标准对培养学生科学素养的强调，物理学史的教育功能备受重视。通过对物理学史的引述，给学生一个比较完整的物理学发展的线索，树立历史上科学家、著名理论的形象或典范。这样不仅使学生了解科学知识本身，而且使学生了解这些科学知识是如何得来的，从而使学生具备获得新的科学知识的能力。

比如，在"运动和力的关系"一课中，就可以引入物理学史。当然，不能只是简单叙述一下历史中的观点，而应该让学生知道是人类不断进步，才让我们的认知更加准确。亚里士多德的观念是错误的，但是仍然有存在的意义。

再如，在"磁场"这节课中，引入部分的学习活动是"试一试：你能让静止的小磁针转动起来吗？你有哪些办法？"，学生可以用生活经验去操作，但是要引导学生用知识去分析。学生可以用手拨、吹磁铁等方法使小磁针转动，感受力改变物体运动，引导学生思考施力物体分别是什么。磁铁靠近使小磁针转动的施力物体是磁铁吗？很多学生是这样认为的，可是磁铁并没有接触小磁针，就像跳起来的我们仍会落回地面一样，施力的就像地球的重力场一样，这是磁体的磁场。如果只是通过类比重力场去感知磁场，学生还是有些被动接受。但是对史实的介绍就能够帮助学生认识了。教师分享磁场观念历史之争的故事，通过介绍两位科学家的看法和长达几十年的研究，让学生感受他们对科学的钻研精神，让学生学习科学精神、提升学科素养。

物理学有它的结果，也有它的过程。它的结果表现为知识，它的过程蕴含着智慧。让学生领悟这些智慧，培养学生坚韧不拔的意志、执着求实的信念；鼓励学生敢于挑战权威，善于运用科学的思维和方法创新；发展学生以科学探究为主的多种能力。

二、开展以学习为主题的主动学习活动

学生在课堂上是学习知识、学习方法、学习思维的，一切的教学活动开展都应该以学习为主题，通过活动进行主动学习，获得知识、方法，提升思维和能力。学生是学习的主体，老师是学习的组织者、引导者与合作者，而学生是学习的探索交流和发现者，让学生动手，手脑并用，用感官体验，可以把抽象的知识灵活化，学生通过独立思考、合作学习找到问题的答案。通过让学生积极参与学习活动，加之亲自观察、发现、概括和总结，让学生充分体验学习过程，注重知识的形成和发展。

例如，探究磁场性质的学习活动安排是层层递进的，教师给学生提供条形磁铁和很多小磁针。

1. 活动一：将一个小磁针放在条形磁体的某个位置

（1）待其静止后，再次拨动，松手后小磁针静止时，南北极的指向是否变化？

（2）更换不同小磁针放到同一位置，观察小磁针静止时南北极的指向是否变化？

（3）将小磁针放在条形磁体周围的不同位置，观察小磁针静止时南北极的指向是否变化？

2.活动二：将多个小磁针放在条形磁体的周围

（1）请利用多个小磁针，确定条形磁体周围的磁场方向。

（2）如何研究磁体周围更多位置的磁场并总结规律呢？

为学生搭建知识架构的台阶，让学生以学习为主题，主动探究问题。将一个小磁针固定在磁体周围某位置，拨动改变指向，静止后指向一致说明磁场有方向；更换其他小磁针并放在同一位置，指向不变，说明磁场的方向由自身决定，不由小磁针决定；在不同位置放置小磁针，指向不一致，说明不同位置磁场方向不同；在磁体周围多放置一些小指针，根据指向，试着寻找磁场方向规律。从点到面、优化实验设计和器材，总结磁场分布的规律，通过学生自己的思考、实验、交流、归纳形成概念，这样的认知过程是正确的。

再如，在讲授"飞机为什么能上天"这节课时，学生先学习了流体压强与流速的关系，那么飞机是怎么产生升力的呢？可以让学生先观察飞机的机翼形状，机翼上凸下平，当空气流过机翼表面时，机翼上表面的流速比下表面快，根据所学知识，流速越快压强越小，这样就在机翼的上下表面形成压力差。然后利用"飞机升力演示器"，让学生通过实验设计及实验现象，总结归纳飞机升力产生的原理，加深对知识的认识和理解。

如表1所示，用4次实验让学生体会飞机产生升力的原因。第3次、第4次实验都能产生向上的压力差，为什么第4次实验飞机不上升呢？在这重点分析一下原因。对此飞机模型而言，要上升，需要升力大于模型重力（还要克服固定杆和模型之间的摩擦力），第3次和第4次的区别在于正放（正飞）和倒放（倒飞），气流第3次流过时，上方凸下方平，产生的流速差大，压强差也相对大，第4次的上方相对下方凸起得不明显，产生的流速差小，压强差也相对小些，所以不足以克服飞机模型的自重而上升。

表1 4次实验内容与分析论证

序号	飞机机翼放置情况	实验现象	分析论证
1	气流	不上升	上方流速小，压强大；下方流速大，压强小。产生向下的压力差
2	气流	不上升	上方流速小，压强大；下方流速大，压强小。产生向下的压力差
3	气流	上升	上方流速大，压强小；下方流速小，压强大。产生向上的压力差
4	气流	不上升	上方流速大，压强小；下方流速小，压强大。产生向上的压力差

学生的学习，不是被动地去接收外在知识的灌输，也不是在实践中盲目试误，而是通过主动的、有目的的活动，对人类已有认识成果及其过程的学习与体验，它需要学生

全身心地投入，真正成为教学活动的主体。学生在实验探究中的互助合作、在课堂讨论中的互相启发、在小组展示汇报中的相互依赖与信任等，都典型地再现着知识发现过程中人与人的相互依赖、信任与合作。在深度学习这里，教学是理智与情感共在的、鲜活的、有温度的活动。

三、利用知识思维导图进行深度教学

英国著名心理学家东尼·博赞在研究大脑的力量和潜能过程中，发现伟大的艺术家达·芬奇在他的笔记中使用了许多图画、代号和连线。他意识到，这正是达·芬奇拥有超级头脑的秘密所在。思维导图融合了色彩和图像等多种元素，结合了全脑的概念，让我们通过图画的方式，清晰地描绘出我们思维的线路和层次，包括左脑的逻辑、顺序、条例、文字、数字，以及右脑的图像、想象、颜色、空间、整体等。通过它，大脑的潜能得到有力的开发，人类，特别是处在成长期的孩子们的创造力、注意力、想象力和记忆力将得到全面提高。

知识思维导图有利于学生深入理解物理概念和规律的内涵与外延，有利于学生对知识的整合与建构，有助于培养学生的物理素养，同时为深度学习奠定基础，如图1所示。

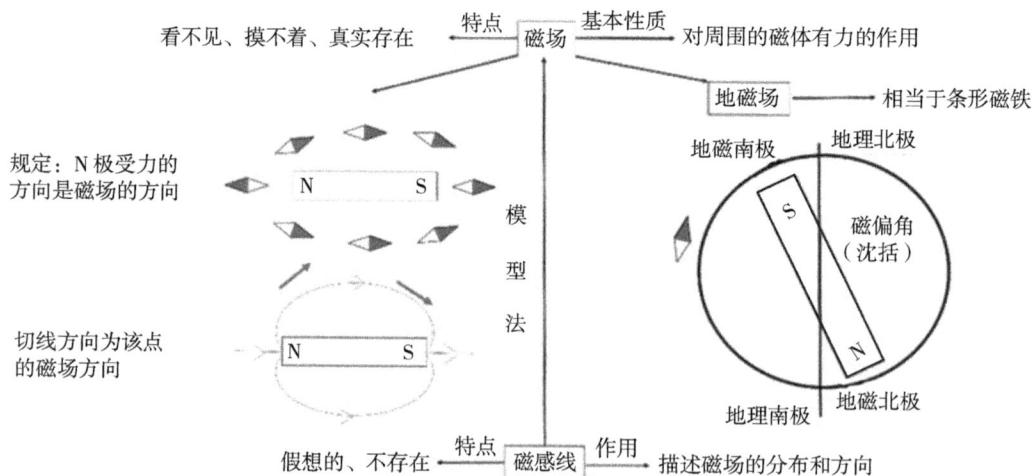

图1 磁场

为了使学生更好地理解物理知识、概念，掌握解决问题的思维和方法，每节课的内容均以思维导图的形式呈现。思维导图注重知识的前后联系，注重知识的逻辑关系。使学生通过课堂的学习，能够获得完整全面的知识，且这些知识有着科学合理的结构关系，更易理解和运用，以解决问题。教师在备课时利用图形化的思维导图，管理学生混乱的思维，让学生的思路变得更加清晰，从而使思考变得有序、高效。

　　知识思维导图可以帮助学生抓住教学内容的本质属性去全面把握知识的内在联系，而不是简单地掌握孤立的知识点或记忆更多的事实性知识。知识不等于素养，只有从物理学视角出发，在具体情境中应用知识解决实际问题所形成的物理观念、科学态度、科学思维等，才是物理学科核心素养。学习知识的过程中，对学习对象深度加工，培养研究学习的能力才是深度学习的目的。

　　物理课堂的知识由浅至深，学生在已有知识的基础上，继续探究未知，提升学生多角度、多方面的认识。深度学习要求把握事物的本质，不是直接从教师的嘴里听到关于事物本质的文字描述，而是要通过学生主题活动去把握，让学生在自己与自己正在学习的内容之间建立一种紧密的联系，充分调动学生的学习兴趣，合理引导学生逐步总结归纳知识，再将所学知识转化为综合实践能力。通过这样的学习活动有意识地培养学生的综合能力、实践意识，有学习、有迁移、有提升，这也是基于学科核心素养的深度教学所需。

基于深度学习的任务型单元教学研究

周巍晖

新课程标准要求物理教学必须体现出物理的学科性本质，提升学生的物理核心素养。深度学习是学生在素养导向学习目标的引领下，聚焦引领性学习主题，展开有挑战性的学习任务与活动，强调对学科知识本质的理解，强调学生知识逻辑结构的建立，强调整体、深入地理解知识，这就需要对单元进行整体教学设计，以符合学生的认知发展规律，单元教学设计更有利于实现课堂转型，让学生进行深度学习，提升学生核心素养。

随着智能手机技术的飞速发展，手机传感器的应用越来越广泛，精确度越来越高，一些基于智能手机传感器开发的测量应用程序应运而生，为物理实验和测量开拓了新思路[1]，使一些原来不易测量的物理量能被更便捷、更准确地测量出来，把这些应用程序合理应用于物理科学探究过程，可以助力学生的科学探究过程，并能提升学生的学习兴趣和创新意识[2]。新版人教版物理教材也与时俱进，在教材中增加了"用手机传感器测加速度"的活动，目的是让学生从加速度角度更直观地认识物体的运动，注重培养学生的动手操作能力，为创新学习提供示范和参考。本文尝试了基于智能手机的单元教学设计与实践。

一、"圆周运动"任务型单元教学设计

人教版普通高中教科书必修二第六章为"圆周运动"，单元教学内容按教材顺序包括以下4个方面："匀速圆周运动快慢的描述""向心力""向心加速度""生活中的圆周运动"。教材中对向心加速度的处理是根据牛顿第二定律直接从向心力得出向心加速度的大小和方向，导致学生缺乏对向心加速度的直观认识。为了更加贴合学生的认知规律和能力进阶要求，在本单元教学中把"向心加速度"调整到第一节"圆周运动"之后，在学生完成"圆周运动快慢描述"的学习后，以速度方向的变化作为切入点进入对向心加速度的探究，让学生先从运动学的角度认识向心加速度，并在向心加速度大小和方向确

---

① 丁彦龙，马广平，付静，等．基于手机加速度传感器的高中物理实验教学探索[J]．中学物理（高中版），2019，37（9）：30-32．

② 丁彦龙，付静，曹怡，等．基于手机传感器的物理实验教学研究[J]．物理通报，2020（7）：89-90．

定的基础上，生成向心力的概念，以免传统教学过程中向心力概念生成过于经验化、感性化。通过从运动学和力学两个角度对加速度的认识，学生能更全面、更深入地理解向心加速度这一概念，以及其在圆周运动中的作用，并对运动与相互作用观念有更高层次的认识。

本单元设计了一个引领性的单元任务"设计兼具趣味性和安全性的飞椅"，这个设计性任务的方案成果是开放性的，但在设计之初总体指向了两个方向，就是与趣味性相对应的飞椅的运动状态分析，以及与安全性相对应的飞椅的受力状态分析。通过观察飞椅的运动状态，以及探究描述飞椅运动快慢的方法，可以认识圆周运动的特点，加深对曲线运动的理解，完善曲线运动的物理观念。在对飞椅趣味性溯源的过程中，既可以通过实验探究得到飞椅的向心加速度方向及向心加速度大小与半径、角速度的关系，也可以根据加速度定义式用极限和几何的方法推导向心加速度方向及表达式，经历多角度研究问题的思维过程，提升科学推理能力。而如何保障飞椅安全性的问题则要求研究者从力和运动的关系角度建立向心力概念，并通过分析和实验找到向心力与绳子拉力之间的关联。学生通过牛顿运动定律理解向心力的方向和表达式，深化运动和相互作用观念，通过向心力表达式的验证性实验，促进科学探究能力的发展。当飞椅趣味性和安全性问题的研究有了相应的理论支撑，学生可以基于在社会实践中收集的飞椅相关视频和图片资料，对飞椅的真实数据进行筛选、整合、重组和增补，通过模型建构、分析计算，提出飞椅最大偏离角、转速安全值、最佳转速调节范围等保障飞椅安全性和提升飞椅趣味性的参数设计要求和思路，在此过程中深化运动与相互作用的物理观念，发展科学推理及论证的能力，体会科技与社会环境的紧密联系，形成正确的科学态度，同时充分经历设计性任务解决的基本路径（表征问题—明确条件—提出创意—形成方案—反思设计），促进学生思维的发展和素养的形成。

向心加速度是对加速度概念的延续，同时是圆周运动与向心力之间的桥梁，用向心加速度描述圆周运动速度变化的问题深化了运动学分析问题的一般方法，是学生核心素养能力提升的良好载体，这样处理的难点在于向心加速度的测量，为了突破这一难点，利用手机上可以测加速度方向的软件 AccelVisu2 来直观观测向心加速度的方向，利用可以测量圆周运动的向心加速度大小和角速度大小的手机软件 Phyphox 来探究向心加速度与角速度和半径的关系，让学生经历科学的探究过程，再辅以理论探究，提升科学思维能力。

二、设计型实验在单元教学中的应用

（一）利用 AccelVisu2 探究向心加速度的方向

1.软件介绍

手机加速度传感器通过 x、y、z 3 个方向上对位置变化的测量来探测加速度，定位方式如图 1 所示，加速度传感器的默认原点为手机的物理重心位置，y 轴正方向指向手机顶部，x 轴正方向向右，z 轴正方向垂直于屏幕向上。基于加速度传感器的 AccelVisu2 工作界面如图 2 所示，该软件可以实时显示出加速度的方向，图中箭头方向为手机加速度的方向。

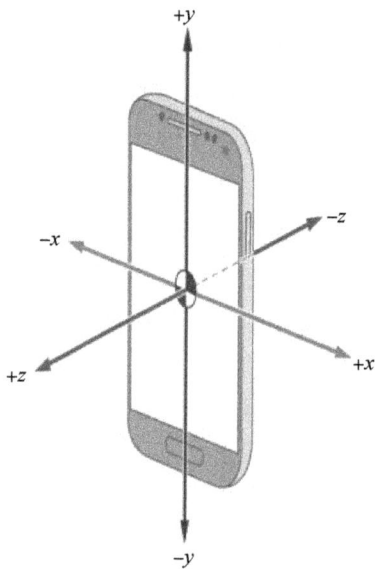

图 1　定位方式

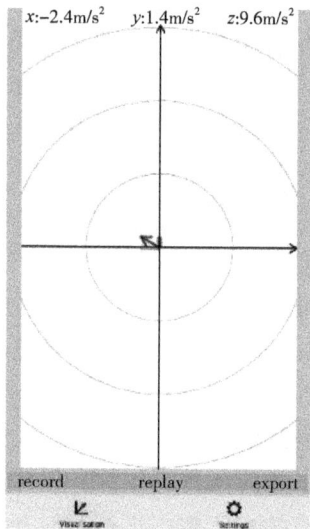

图 2　工作界面

2. 实验装置与实验探究过程

为了让学生能更好地理解如何用 AccelVisu2 测量加速度的方向，首先用它来观测学生已经熟悉的匀变速直线运动的加速度方向，把手机固定在轨道小车上，把绳子一端固定在小车上，绳子跨过定滑轮，把另一端固定在钩码上，释放小车，小车在钩码的带动下做匀加速直线运动，可以观察到箭头所指方向为小车的加速度方向。

将硬质圆盘固定于频率可调的电机上，将手机水平固定于圆盘上，如图 3 所示，启动电机，用调速器选择一个合适的转速，当圆盘转速稳定时，手机随圆盘做匀速圆周运动，此时 AccelVisu2 界面上的箭头方向显示的是手机重心处的加速度方向，可以观察到箭头始终指向圆盘的中心，如图 4 所示，这样就可以得到结论——做匀速圆周运动的物体的加速度方向指向圆心。

图 3　固定手机

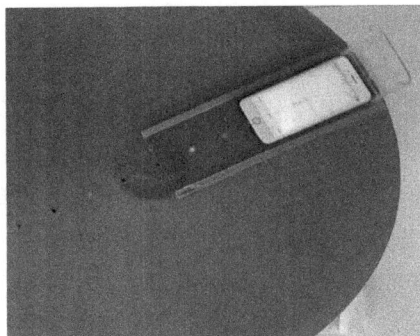

图 4　观察箭头方向

在教学过程中，实验结果需要呈现在大屏上以增加可视性。由于圆盘转动较快，如果直接用手机拍摄实时投屏实验现象，学生会看不清楚，所以用手机的慢动作视频模式拍摄，播放时就能使实验现象更清晰。

（二）利用 Phyphox 探究向心加速度与角速度和半径的关系

1. 软件介绍

Phyphox 提供了 6 类共 30 个测量程序，包括原始传感器、力学、声学、工具、日常生活、计时器，还可以自行添加实验配置。其中的向心加速度实验程序利用手机内置的加速度传感器和陀螺仪传感器，可以分别测量出加速度和角速度，这样就为探究向心加速度与角速度和半径的关系提供了条件。

2. 实验装置与实验探究过程

（1）实验装置介绍

将圆盘、电机、调速器组装好，得到一个转速可调节的水平转盘，如图 5 所示，选择的电机功率要大一些，这样圆盘的转速会更稳定，并能快速达到稳定转速，方便测量。为了更准确地测量手机中心到圆盘中心的距离，即手机做匀速圆周运动的半径，需要把手机竖直固定在水平转盘上，制作了图 5 中所示带滑轨的竖直卡槽，方面调节手机的转动半径。

图 5　水平转盘

（2）实验探究过程

1）实验方法

本实验采用控制变量法，控制角速度不变，改变转动半径，通过测量加速度 a 和半径 r，确定加速度 a 与半径 r 的定量关系；控制转动半径不变，改变角速度 ω，通过测量加速度 a 与角速度 ω，确定加速度 a 与角速度 ω 的定量关系。

2）操作步骤

把手机固定在距离圆盘中心 30 cm 处，打开 Phyphox，选择向心加速度功能，点击开始，然后启动电机，待圆盘带动手机匀速转动一段时间（大约 5 s），使手机记录足够的数据，断开开关使电机停止转动并暂停软件运行，将实验曲线截图保存（便于学生观察），如图 6 所示，并将实验数据导出以便分析；保持手机位置不变，改变电机的转速，即改变手机转动的角速度 5 次，重复上述步骤。然后改变手机的固定位置，即改变手机的转动半径 r，使手机中心处的转动半径分别为 25 cm、20 cm、15 cm、10 cm、5 cm，然后重复上述步骤，再次进行实验。

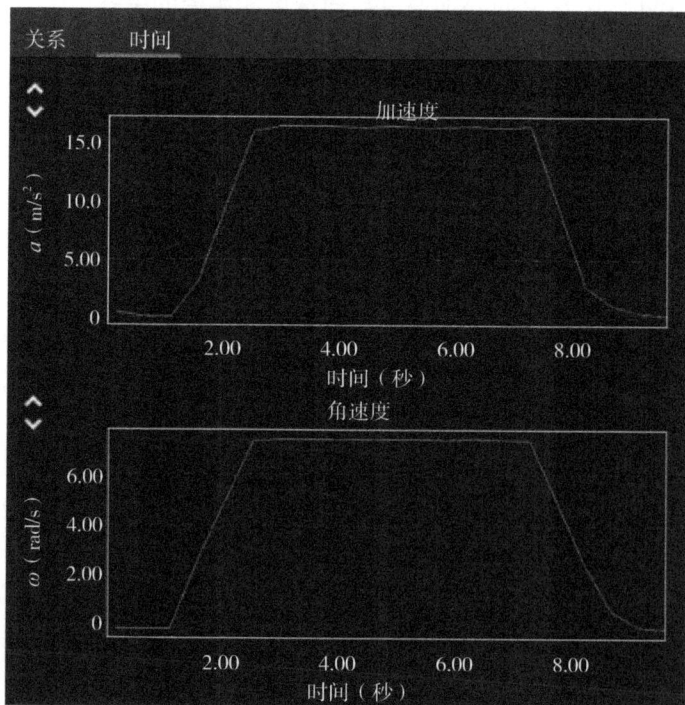

图 6　实验曲线

3）数据处理

Phyphox 的向心加速度程序提供了直接观察向心加速度和角速度关系的图像，但是转速不稳定时效果不好，而且不能体现数据处理的过程和蕴含的物理思想，所以把每次的测量数据导出，选择匀速转动的运动过程中的数据，用 Excel 表格进行数据处理，以便学生掌握数据处理的方法。表 1 为角速度一定时，多次改变半径，获得的半径和加速度的实验数据，表 2 为半径一定时，多次改变角速度，获得的角速度和加速度的实验数据。

表 1　角速度一定时，半径和加速度的实验数据

$\omega/(\mathrm{rad \cdot s^{-1}})$	r/m	$a/(\mathrm{m \cdot s^{-2}})$
4.176 344 498	0.30	5.228 059 034
4.175 943 428	0.25	4.449 273 853
4.175 410 684	0.20	3.544 345 921
4.175 856 500	0.15	2.687 369 877
4.175 761 551	0.10	1.803 630 949
4.175 865 988	0.05	0.899 969 641

表 2　半径一定时，角速度和加速度的实验数据

r/m	$\omega/(\mathrm{rad \cdot s^{-1}})$	$a/(\mathrm{m \cdot s^{-2}})$
0.3	3.134 571 422	3.010 391 711
0.3	4.176 344 498	5.228 059 034
0.3	5.218 443 074	8.369 451 655
0.3	6.264 579 236	12.111 703 08
0.3	7.306 735 529	16.503 065 16
0.3	8.344 814 216	21.633 451 46

用 Excel 表格或其他处理数据的软件，对数据进行处理，以便得出规律，图 7 是根据表 1 的实验数据用 Excel 的散点图添加趋势线画出的 a–r 图像，根据图像学生可以直接得出向心加速度与半径的关系，图 8 是根据表 2 的实验数据画出的 a–ω 图像，可以直接用指数函数拟合，或者尝试找出线性关系，图 9 是根据表 2 的实验数据画出的 a–ω^2 图像。

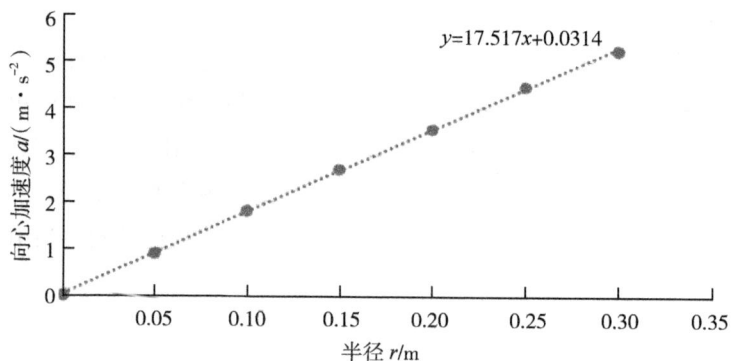

图 7　a 与 r 的关系

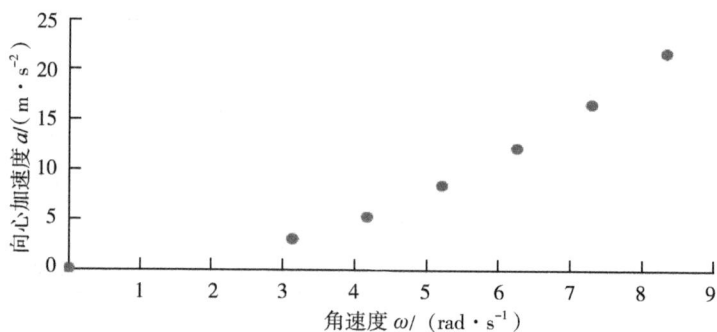

图 8　a 与 ω 的关系

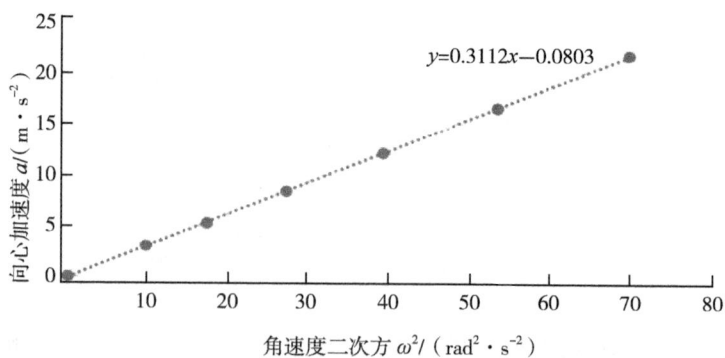

图 9　a 与 ω^2 的关系

4）结论及分析

通过观察图像可以得出结论，在误差允许范围内，当角速度一定时，向心加速度与半径成正比，当半径一定时，向心加速度与角速度的二次方成正比。在 a-r 图像中图线的斜率为 17.517，角速度的二次方为 17.438 rad^2·s^{-2}，百分比误差为 0.45%，在 a-ω^2 图像中图线的斜率为 0.311，而半径为 0.3 m，百分比误差为 3.6%。半径的测量很难精确，误差稍大，但仍在实验误差允许范围之内。综合以上两组数据分析可得向心加速度 a 与角速度 ω、半径 r 的关系为 $a=\omega^2 r$。

（三）利用 Phyphox 验证向心力的大小

得出向心加速度的公式之后，根据牛顿第二定律可以得出向心力的公式 $F=m\omega^2 r$。为了进一步理解向心加速度在力与圆周运动间的桥梁作用，在学习了向心加速度之后设计了下一个学习任务：用圆锥摆验证向心力公式，通过受力分析得出向心力的来源，$F=mg\tan\theta$，通过重力、圆周运动的半径和摆长算出向心力的大小，通过测量摆球做匀速圆周运动的周期、半径和摆球质量，用向心力公式 $F=mr\dfrac{4\pi^2}{T^2}$ 得出向心力的大小，从向心力的来源和向心力的需求两个角度得出向心力大小相等的结论，验证了向心力公式的正确性，同时让学生更深刻地理解力与运动的关系，掌握处理力学问题的基本方法。

Phyphox 的声学秒表功能提供了一种精确测量时间的方法，利用了手机里的声学传感器，记录探测到的两个声音之间的时间间隔，为了精确测量摆球在水平面内做圆周运动的周期，设计如图10所示实验装置，将单摆悬挂于平板上方，将小球垂于木板上所画圆的圆心处，将末端水平的斜槽固定于木板上，使其末端中心线与圆上某点切线重合。实验过程：把 Phyphox 软件打开，调到声学秒表功能，将手机置于木板上，如图11所示，将摆球置于斜槽末端，让另一个相同的小球从斜槽上某一合适位置由静止释放，使摆球被撞后恰好能沿着画好的圆做圆周运动，两个小球碰撞时发出的声音作为声学传感器的触发声，为了防止入射小球落到木板上发出声音影响计时，可在木板上铺一块毛巾，在摆球转过半个周期的位置放置一个小木箱，摆球与其相碰时发出声音，将其作为声学传感器的计时截止声，这样就记录了摆球做圆周运动的半个周期的时间。

图10　实验装置　　　　图11　手机位置

表3是某次实验测量的数据，通过计算可得出结论，从运动学角度和力学角度均得出向心力大小相等的结论，从而间接验证了向心力公式的正确性。本实验的优点是构思巧妙，精确度高。

表 3　验证向心力大小的数据

摆球质量 /kg	摆长 /m	半径 /m	重力加速度 / (m·s^{-2})	半个周期 /s	$F=mg\tan\theta$	$F=m4\pi^2r/T^2$
0.027 93	0.8	0.1	9.8	0.889	0.034 48	0.034 879

　　总之，把智能手机应用于科学探究，可操作性强，实验误差较小。在探究过程中，学生对所学知识深入理解的同时，提升了设计实验、动手操作、数据采集和数据处理的能力，提升了创新意识。利用现代信息技术，引导学生理解物理学科本质正成为一种新型的学习模式，随着智能手机的快速发展，越来越多的关于传感器的手机软件被开发，教师可以根据需要并结合教学和学生实际情况，选择合适的手机软件服务于教学，充分发挥其在提升学生核心素养方面的教育价值。

基于学科素养提升的初中物理深度教学策略

祝佳佳

学科素养是学科育人价值的集中体现，是学生通过学科学习而逐步形成的正确价值观念、必备品格和关键能力。物理学科核心素养主要包括物理观念、科学思维、科学探究、科学态度与责任。通过在物理课堂上实施"教—学—评"一致的深度教学，使学生在认识科学本质，认识科学、技术、社会、环境关系的基础上，逐渐形成探索自然的内在动力，严谨认真、实事求是和持之以恒的科学态度，以及遵守道德规范、保持环境并推动可持续发展的责任感；使学生能够基于事实证据和科学推理对不同观点和结论大胆提出质疑和批判，并设计方案进行检验和修正，进而提出创造性见解。

1946年，美国学者埃德加·戴尔首先发现并提出了"学习金字塔"(图1)理论。"听讲"也就是教师在上面说，学生在下面听，是过去我们最熟悉、最常用的教学方式，学习效果是最低的，两周后学生对学习的内容仅能记下5%；用"阅读"的学习方式，可以记下10%；用"声音图片"的学习方式，可以记下20%；用"示范演示"的学习方式，可以记下30%；用"讨论"的学习方式，可以记下50%；用"实践"的学习方式，可以记下75%；"教授给他人"的学习效果高达90%。埃德加·戴尔指出，学习效果在30%以下的几种传统方式，都是个人学习或被动学习；而学习效果在50%及以上的，都是团队学习、主动学习和参与式学习。

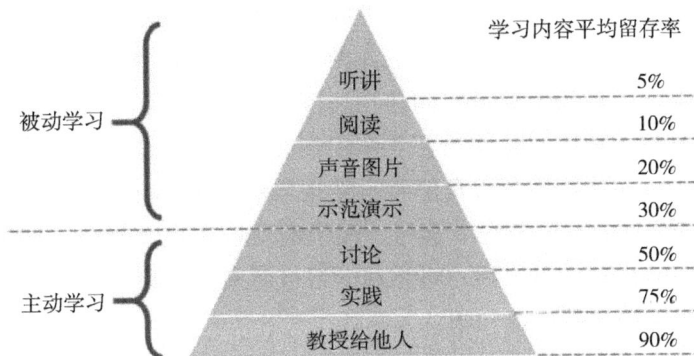

图1　学习金字塔

因此，为了使课堂教学更高效，我主要采取以下6个物理课堂深度教学策略——"注重学生思想教育""明确学习目标""注重体验，变演示实验为学生实验""利用思维导图建构知识""采用小组合作学习机制""分层辅导"，再辅以"针对性课下辅导"。

策略一：注重学生思想教育

每节课伊始，我都会送给学生一句话。例如，2022 年开学正值北京第 24 届冬季奥林匹克运动会闭幕之际，在开学第一课中我就送给学生这几句话："来时迎客松，走时送别柳。科技引领时代，物理魅力无穷。送走 2021，迎来 2022，新的一年，我们一起奋勇拼搏，中考绽放光彩。"在检测后，我告诉学生："每一次检测都是对前一段学习的检验和激励，我们一起反思、努力，加油！"对每一个学生不抛弃不放弃，课上不吝啬用几分钟讲心灵鸡汤，几分钟的鼓励和心灵指导都会让他们有学习动力和信心。

策略二：明确学习目标

学习目标是教师预期学生经历了学习之后形成的结果，既是学生的目标，也是教师教学思路的载体。我在研读课程标并对课程标准有充分了解和思考的基础上，结合教材，从学生已有知识和经验出发，将课程标准分解为具体的教学目标，进而转化为评价方式、学习内容，设计教学情境，变教学目标为学习目标。

上课时，首先呈现学习目标，有利于学生有意识地、带着目标参与学习活动，明确自己"要学什么""怎么学"。学习结果在很大程度上与学生的学习过程有着密切的关系，指导学生反思学习过程就至关重要。因此，下课前，我会留 2 分钟时间给学生冥想，让学生根据学习目标对自己当堂课的学习过程和效果进行评价，反思自己"如何学会的""用了什么方法和技巧学会了知识与技能""怎样改变了情感、态度与价值观"，再用 1 分钟时间与同桌分享自己最满意的做法。

策略三：注重体验，变演示实验为学生实验

关于大脑的研究告诉我们，只有 20% 的学生通过听来学习，其余 80% 通过视觉或触觉来学习。

基于物理学科以实验为基础的特征，我更注重学生的体验，尽量让学生动手操作实验，学生在观察和实验探究过程中提出物理问题，形成猜想和假设，设计实验与制定方案，获取和处理信息，基于证据得出结论并做出解释，对探究的结果进行交流、评估、质疑和反思。学生可以基于经验事实构建物理模型，运用分析综合、推理论证等方法，从物理学视角形成关于物质、运动与相互作用、能量等的基本认识；在头脑中提炼与升华物理概念和规律，为从物理学视角解释自然现象和解决实际问题打下坚实基础。每个学生都在"做中学"、在团队合作中学习，知识的获取率显著提高，课下作业完成得也快了，形成了良好的物理学习习惯，对物理学习也越来越有兴趣。

策略四：利用思维导图构建知识

为了培养学生从物理学视角认识客观事物的本质属性、内在规律及相互关系，使学生更好地理解物理知识、概念，掌握解决问题的思维和方法，我将每节课的内容均以思维导图的形式呈现。学生在记笔记的过程中，就可以厘清知识的前后联系、逻辑关系，能够获得完整清晰的知识网络，这有助于学生课后清晰地将知识、方法回忆起来，学生更易理解和运用知识解决问题。

在每个知识板块结束后，请学生做思维导图并展示。运用思维导图梳理已学知识，不是简单地梳理知识、停留在记忆的层面上；学生可以反思学习过程，会不断有新的发现，有利于提高学生探索新事物的动手能力和学习能力，使学生变被动学习为主动学习，进而把学习变成一种乐趣。同时能锻炼学生的文字表达能力，培养学生做事持之以恒的毅力，激励每个学生展示最棒的自己。

策略五：采用小组合作学习机制

学习效果在 50% 及以上的"讨论""实践""教授给他人"都是团队学习、主动学习和参与式学习。小组合作正是集以上 3 种学习方式于一身的完美学习方式，因此，在课上采取小组合作学习机制。每个小组由 2 个 A 层、2 个 B 层、2 个 C 层共 6 名同学组成，设置 1 名小组长，坐成 2 列 3 行，小组长坐第二行，组织、领导整个小组的动手实验和讨论活动。

实验教学中分组合作。物理是以实验为基础的学科，课上学生分小组动手操作实验，在实践中获得知识。在学生进行实验的过程中，教师巡视，确保每个小组真的在做实验。对个别组的问题及时进行辅导；对于集体问题，统一提醒。完成实验后，将个别组出现的典型错误操作，抛给全班同学进行讨论并找出问题。

习题课中分小组讲题。每小组 6 人，两个小组长带领整个小组讲题，保证每名学都听、都问，都能跟着记。老师巡视，帮助个别困难小组，及时考察小组讲题质量。

小组讲完后，针对个别疑难题，请同学到前面讲，老师进行适当提醒、提问、总结。老师将题目发散提问，考查学生是否掌握，培养学生的发散思维。

策略六：分层辅导

每个学生都是独一无二的，来自不同的家庭，接受不同的教育，认知也存在快慢深浅的不同，个体差异就会导致他们的学习出现差异。"差"的产生，跟学生的基础学习力、性格、智能结构等自身因素有关；而学生的学习方法、态度、习惯、兴趣、动机及学习环境等会导致"异"的产生。

每个班级中都会有这样的学生：不能真正理解相关知识，平时学习依赖死记硬背，囫囵吞枣，学习没有习得过程，一到考试就原形毕露，逐渐失去学习的兴趣与信心，这属于学得"差"。班级中也会有这样的学生：学生兴趣点与学习任务无关，或学习过程存在偏科现象，课堂上不能把控自己，从事与课堂教学无关的事项，如打瞌睡、聊天等，游离于学习；或者面对不适应的教学，滥竽充数、人在心不在，跟不上进度，疑似在学，成了没有"在学习"的游离牛，这种看似学得"差"的表现，其实是教师没有意识到或处理好学生的"异"的学习。

为了能够在教学中利用和照顾学生个体差异，教师应站在学生的立场，使所有学生得到最大发展。我们初三年级物理组每周实施一次 1.5 小时的分层教学。根据学生一个阶段的学习效果、学生自己的意愿，实施 A（提升）、B1（巩固提升 1）、B2（巩固提升 2）、

C（巩固）4个层次教学，由固定老师讲授课程，使中间层、能力弱的同学有大量时间提高学习能力，不用费力就能追着前面跑，使 A 层同学可以学好。

对于学生在作业和小测验中出现的问题，教师每天坚持进行改错辅导，但不是采取简单的人人讲、一一过的低效改错方式。改错时，大家可以围成一个圈，教师先请错得少的同学开始讲，有问题的地方，先由会的同学补充，如果同学们都不能很好地讲出来，再由老师讲解。这样改错，非常高效，层次好的同学能够给其他同学讲授，层次稍低点的同学，多听几遍，几次过后，也愿意大胆开口讲题了。

运用以上6个策略，充分调动了学生的积极性，让学生更想学物理，更会学物理，学到更多物理知识和技能，学会从物理学视角解释自然现象、解决实际问题。

高中化学深度学习教学案例

—— 医用胶的结构改进与性能优化

李政

面对当下的北京高考，真实情境的不断加入、陌生问题的层出不穷都是学生面前的"拦路虎"。只有打破当下的常规教学，创造最真实的学习情境，让学生在其中以真实的任务作为驱动，才能体会到学习的真正价值。同时通过深度学习的教学方法，使学生从学习书面的零散化学知识逐渐向学习有深度、有体系、有理解、有应用的化学知识转变。在此过程中，教师需要充分利用教学资源、网络资源，拓展自身的知识领域，才能让学生站上更高的知识平台，最终在此过程中实现学生化学素养的稳步提升。

深度学习创建在真实的情境下，以小组为学习团队，在教师的任务驱动下，学生独自一个人往往难以解决问题，但在相互学习中，学生敢于发表真实的观点与想法，可以从多角度分析问题。在合作学习中，学生能与其他同学一起找到更合理、更科学的解决策略。在深度学习的教学模式下，学生的学习深度逐渐加强，交流能力、合作能力不断提升，思考问题的角度和方式也得到拓展。下面，我从深度学习的视觉谈谈化学学科的教学。

一、引领性学习主题的确立

要想以真实情境作为教学背景，教师需要确立合适的主题。本节课是微项目，本身就是以项目作为驱动，以外科手术中常见的缝合为题，需要类似胶水等物品来解决黏合性和安全性问题，这类物品的结构应如何优化？在复习课中介绍真实世界中的、学生感兴趣的、含有典型官能团且结构不太复杂的有机物，让学生能够围绕该物质从功能、性质、结构、合作等方面展开探究，让学生获得学科知识的同时体会实际应用的价值。

二、课程内容分析

本节课的内容来自鲁科版选修模块"有机化学基础"第二章微项目第二部分"医用胶的结构改进与性能优化"，"有机"选修模块第二章"烃的含氧衍生物"全部学完之后，通过本节课学习对医用胶结构的优化与改造，深化"结构决定性质"的学科思想，同时利用有机化学反应解决材料改性问题的思路，进一步巩固官能团转化的方法，并形成有机合成设计的初步思路，为第三章奠定基础。

三、素养导向的学习目标

（1）通过对医用胶结构与性能关系的探究，深入领会"结构决定性质，性质反映结构"的学科思想，建立有机化合物宏观性能与微观分子结构之间的联系，体验有机化学反应在实践中的创造性应用。

（2）通过对医用胶性能改性的研讨，形成应用有机化合物性质分析解释实际现象、利用有机化学反应解决材料改性问题的思路，进一步巩固利用有机化学反应实现官能团转化的方法，并形成有机合成的一般思路。

四、教学流程

教学流程包括 3 个环节：为什么要进行医用胶的结构改进？如何改进？如何合成改进后的结构？具体内容如图 1 所示。

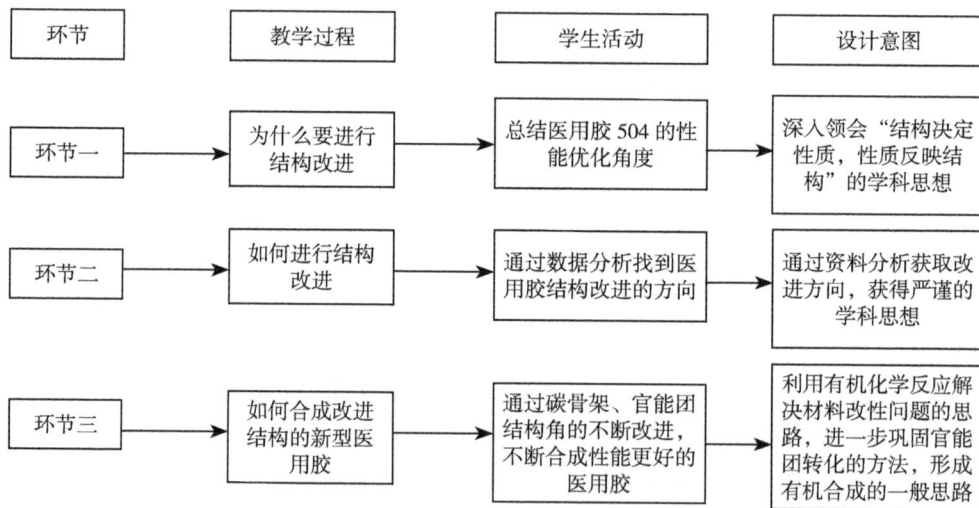

图 1 "医用胶的结构改进与性能优化"教学流程

五、教学过程

（一）基于性能需求寻找改良后的医用胶分子结构

【教师讲解，提出驱动性问题：医用胶为什么要改进】早在 1963 年，日本曾将 502

胶水作为医用胶使用过一段时间，但很快弃之不用，原因是 502 胶水在表皮黏合后，柔韧性较差、易断裂，若在体内还会降解产生有毒物质甲醛，易导致炎症反应或局部组织坏死。教师总结 α- 氰基丙烯酸乙酯（502）的性能优化角度。

【学生阅读、思考】①单体聚合放热对人体组织和细胞存在潜在危害；②体内应用时有可能产生甲醛而引发炎症或局部组织坏死——安全性低；③聚合后的薄膜柔韧性不够而导致黏合性降低——黏合性低。

【教师追问如何进行结构改进，并提供资料】根据表 1、表 2、表 3、表 4 分析医用胶 501、502、504、508 的各项性能数据，提出医用胶结构改进的方向。

表 1　固化膜在水中降解出甲醛的分析结果

医用胶样品名	化学名称	–R	8 小时后颜色
501	α– 氰基丙烯酸甲酯	–CH$_3$	深紫色
502	α– 氰基丙烯酸乙酯	–CH$_2$CH$_3$	紫色
504	α– 氰基丙烯酸正丁酯	–（CH$_2$）$_3$CH$_3$	淡紫色
508	α– 氰基丙烯酸正辛酯	–（CH$_2$）$_7$CH$_3$	无色

表 2　α- 氰基丙烯酸酯聚合热（固化放热局部升温Δt）测试结果

医用胶样品名	502	504	508
Δt/℃	8.80	4.58	2.10

表 3　固化膜韧性

医用胶样品名	502	508
韧性	玻璃棒挑不起来	玻璃棒能挑起来，弯折多次不断裂

表 4　固化膜降解速率

医用胶样品名	1 小时	2 小时	3 小时	4 小时
501	12%	30%	48%	55%
502	12%	26%	40%	45%
504	0	0	0	4
508	0	0	0	0

【学生读取数据，思考改进方向并初步总结结论】502 医用胶向 508 医用胶方向改进，可以增加安全性、黏合性，美中不足的地方是降解速率慢。

【教师追问】除了碳链增长（图 2），有没有结构改进方面的其他方法来提高医用胶的降解速率呢？

科学家认为：改变 R 基的碳链长度，能提高医用胶的某些性能。

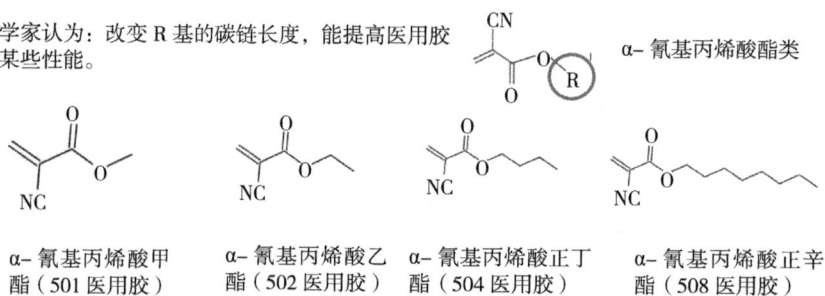

图2　不同医用胶的结构

【学生回答】改变官能团。

【教师提供资料】在酯基附近引入易水解的官能团（醚键、酯基等），能够加快其降解速率（图3）。根据资料，说明降解含义，解释降解速率加快的原因。

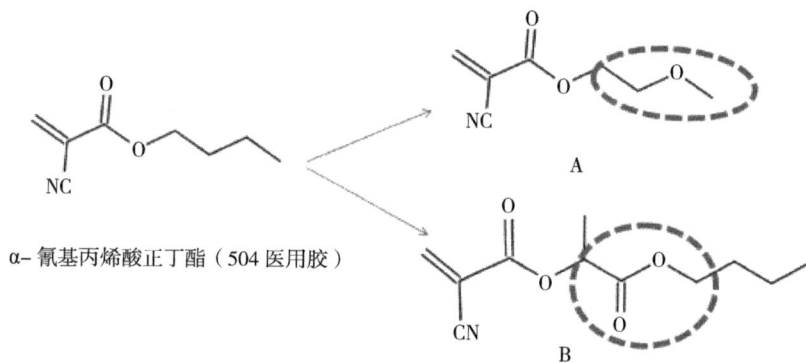

图3　α-氰基丙烯酸酯的改进结构

【学生回答】酯基本就可以水解，但引入醚键或新的酯基之后就可以加快水解，应是利用基团的相互影响，使得酯基更易水解，加快降解速率。

【教师总结结构改进的方向】医用胶的结构改进：安全性、黏合性——碳骨架的增长；降解性——加入易水解的基团。

【点评分析】此环节教师作为引导者和支持者帮助学生解决问题、完成任务。学生通过熟悉的502胶水在医用上的不良问题，深入领会"结构决定性质，性质反映结构"的学科思想。在改进结构学习过程中，学生通过老师提供的资料分析、获取改进的方向，学习了碳链长短及官能团间的相互作用，获得严谨的学科思想。

（二）基于性能需求合成改良后的医用胶分子结构

【教师提供资料支持】阅读资料（图4），赏析504医用胶的一种合成路线（图5）。完成任务：①标注每个步骤的成断键位置，除最后一步外写出反应类型；②解释步骤2

（加聚）、步骤 4 的作用。

1.酯交换反应酯类物质在催化剂存在时可与醇发生反应，生成新的酯

$$RCOOR' + R''OH \xrightarrow{\text{催化剂}} RCOOR'' + R'OH$$

2.醛基（或酮羰基）与氰基的 α–H 的加成

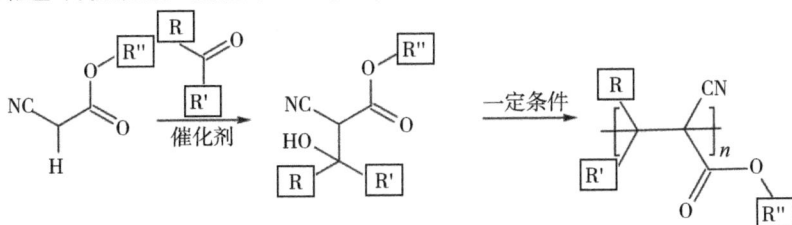

3.使用阻聚剂可以使加聚物变为单体

图 4　有机陌生反应方程式

● 原料：甲醛、α- 氰基乙酸乙酯、1- 丁醇

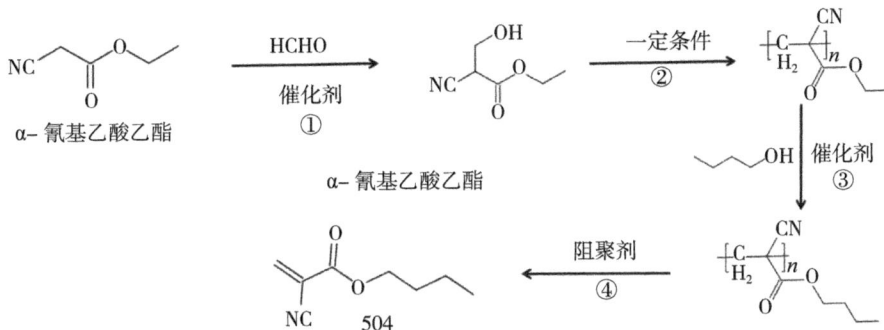

图 5　504 医用胶的合成路线

　　具体要求分 3 个环节。环节一：用 3 分钟独立思考，并在结束前在学案上写出自己的成果。环节二：用 5 分钟进行小组讨论；完成任务①、任务②；分别阐述自己的成果（设计思路）。环节三：展示。

　　【学生分析、讨论】步骤 1 是醛基的极性加成，步骤 2 既包含了消去又包含了缩聚，步骤 3 是取代。步骤 2 及步骤 4 的作用是保护碳碳双键不被反应掉。

　　【教师总结】要多角度认识有机反应——需要从成断键位置、反应类型及官能团的保护认识有机合成，并在自己的有机设计中关注这些方面。

　　【教师提供子任务 1，深化官能团保护的意识】用 α- 氰基乙酸乙酯合成 508 医用胶。

　　要求：利用上述全部信息寻找其他原料，设计合成路线。

　　【学生书写完成子任务 1 的合成设计】如图 6 所示。

1. 用 α–氰基乙酸乙酯合成 508 医用胶

● 要求：利用上述 3 条信息寻找其他原料，设计合成路线

原料：甲醛、1–辛醇

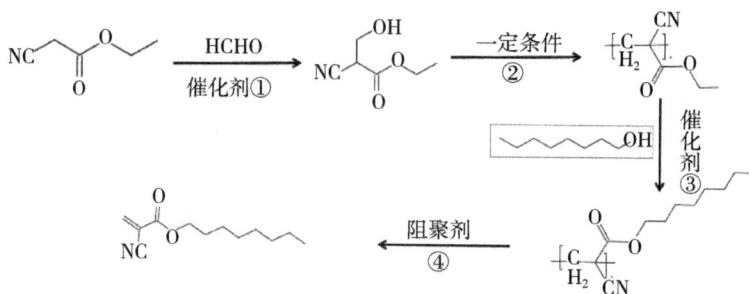

图 6　从 α–氰基乙酸乙酯合成 508 医用胶

【教师提供子任务 2，强化碳链增长的设计思路】用 504 医用胶合成分子 A。

要求：利用上述部分信息寻找其他烃类原料，设计合成路线。

【学生书写、讨论、完善子任务 2 的合成设计】如图 7 所示。

2. 用 504 医用胶合成分子 A

● 要求：利用上述部分信息寻找其他烃类原料，设计合成路线

原料：$CH_2=CH_2$　　CH_4

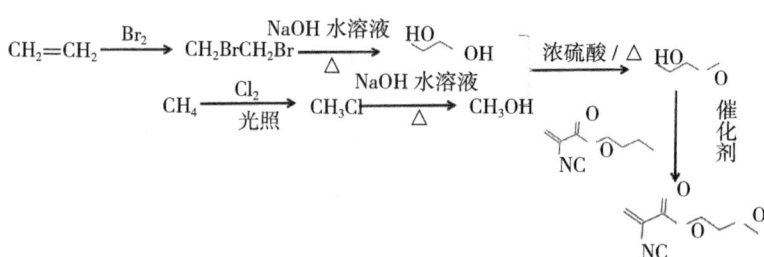

图 7　用 504 医用胶合成分子 A

【点评分析】学生通过两个子任务加深了对上一环节官能团保护、碳链增长和官能团转化的理解，利用有机化学反应解决真实的材料改性问题，进一步巩固了有机合成的思路方法，并形成有机合成的一般思路。

六、反思总结

在本节课的教学中，学生得到最终结论的过程需要经历问题拆解、寻找关键问题、解决关键问题等环节。在本节课中拆解的核心是将实际问题转化为化学问题，关键问题是建立微观结构与宏观性能的联系，找到结构、性质、性能的关系。学生解决问题既需要知识基础，更需要认识角度和认识思路的支撑，即知识、认识角度、认识思路构成了学生完成复杂问题的工具。在本节课中，学生理解了基团间的相互影响，以及对官能团转化、碳骨架构建等有机合成的认识角度和一般思路，这是设计医用胶单体结构、合成路线的工具。

教师需要帮助学生理解认识角度和思路。通过提问使学生在真实情境中思考问题，使学生展现更多样的想法，让学生在真实问题的情境中深刻体会化学学科的价值，构建结构—性质—性能三者的思维模型。

基于深度学习的高中化学教学设计

——以"硫的转化"单元整体教学为例

宁珂

一、深度学习概述

当下社会，科技、文化、政治、经济等快速发展，培育什么样的人才能适应未来社会、堪当重任，是教育界面对的巨大挑战，也是每一位教育者必须认真思考的问题。新课程改革特别强调以学生为中心，以努力提升学生素养为目标，不仅使学生获得知识，更重要的是使他们能够用所学到的知识发现问题、解决问题，正确看待世界和改造世界，将学生培养成德智体美全面发展的社会主义建设者和接班人。为了实现这一目标，学习的方式必须要做出改变，深度学习的出现可以说是恰逢其时，深度学习并非知识上的"深"，而是鼓励教师深入探讨教学和学习规律，它是在解决真实问题过程中，以学生高阶思维形成、创新能力提升为主旨的学习方式，是培养核心素养的重要途径。

二、深度学习教学案例分析

1.教材分析及挑战性学习主题

元素化合物是高中化学重要的组成部分，但由于知识本身具有琐碎繁杂的特点，导致以往学生总是碎片化的机械记忆，知识缺乏系统性，成了高中化学的学习难点之一。从鲁科版化学必修 1 教材整体安排上看，教材分别以"铁的多样性""硫的转化""氮的循环"为核心内容展开。核心内容主题学习也应体现元素化合物学习的进阶过程。其中，"铁的多样性"主要是基于典型物质性质的学习，使学生建立研究物质性质的思路和方法。这个学习过程中关注的重点仅是反应物性质。

然而"硫的转化"是基于转化关系研究物质性质的学习，与"铁及其化合物"的区别是它是在建立了研究物质性质的思路方法的基础上，依据转化关系来研究物质性质。这个过程关注的重点不仅是反应物，还要关注生成物，更要关注转化过程中选择的试剂和条件，在实现转化后，再总结归纳重点物质的性质。最后，"氮的循环"是基于实际问题、转化关系研究物质性质的学习，更多关注的是用元素化合物的知识解决真实背景下的实际问题。所以，可见"硫的转化"对于元素化合物的学习具有承上启下的作用。

在学习本单元内容之前，学生已经学习了研究物质的基本理论（物质分类、氧化还原反应、离子反应），并将研究物质的基本理论应用于"铁的多样性"的学习，知道研究物质性质应从"价""类"两个维度展开描述。将建立铁元素"价类二维"过程中的经验迁移到硫的转化时，铁为金属元素，硫为典型的非金属元素，迁移时学生不能列举金属与非金属元素的分类方面的差异。学生已具备一定的独立思考能力，但自主调用"价类二维"模型分析、解决生产生活中实际问题的能力还有待提高。基于上述分析，本单元主要以建立硫酸厂制备硫酸、应用硫酸为任务驱动，引导学生将实际的工业问题转化为化学问题，在解决问题过程中搭建和完善"价类二维"认知模型，继而使用模型解决其他问题。

2. 教学设计思路

本单元教学分为3课时（表1）。第1课时以建立硫酸厂为目标，从自然界中寻找原料，以理论设计合成硫酸的路线为任务驱动，通过使学生经历寻找物质并进行分类、实现物质间转化的两个主要活动，探查学生能否自主从"价类二维"角度认识物质性质，使学生巩固"价类二维"思维模型知识的同时，发展其"价类二维"的物质转化思路。第2课时以用实验验证硫酸设计路线的可行性为活动主题，让学生在真实问题解决过程中经历预测转化、药品选择、方案设计、实验实施、得出结论，并始终关注学生能否自主从"价类二维"角度解决实际问题，培养学生的实验探究能力，提升学生在模型认知、证据意识方面的学科素养。第3课时以探讨硫酸生产价值为载体，实现硫酸生产、使用过程中实际问题的解决——酸雨的形成和防治。让学生经历自主调用二维角度实现转化，培养学生应用化学知识解决实际问题的能力，发展其"科学态度与社会责任"的核心素养。

3. 单元学习目标

（1）通过阅读火山喷发的资料，寻找自然界的含硫物质并通过设计硫酸合成路径的活动，使学生具有从"价类二维"角度认识物质转化的思路方法，培养其模型认知方面的学科素养。

（2）通过在实验室设计实验，验证硫酸合成路径的可行性，完成对硫酸工业价值的分析与探讨，掌握实现不同价态元素之间转化的思路和方法，提升宏观辨识与微观探析、证据推理与模型认知、科学探究与创新意识方面的核心素养。

（3）通过对工业"三废"问题的分析和讨论，使学生能运用"绿色化学"思想分析相关问题，减少化工生产对自然和社会带来的负面影响。培养学生科学态度和社会责任方面的学科素养。

4.教学流程及持续性评价

表1　教学思路与评价内容

课时	问题情境	学生活动	知识线	持续性评价内容
第1课时 合成硫酸路线设计	1.结合资料，寻找自然界中的含硫物质，进行分类	认识含硫物质并分类	含硫物质及其分类	根据自然界含硫物质转化的资料，对含硫物质进行分类活动中形成的文本
	2.探讨转化：寻找原料，合成硫酸，设计合成路线	小组讨论汇报	从二维角度预测含硫物质的转化	设计合成硫酸的转化路径，从二维角度对具体转化过程进行分析
	3.梳理硫单质性质	观察视频录像，总结提炼硫的物理和化学性质	从二维角度认识硫单质化学性质	结合事实证据，正确表述、用符号表征硫单质性质
第2课时 探究硫酸路线的可行性	1.实验验证+4到+6价含硫物质的转化	实施实验并记录、汇报	SO_2可能发生的化学反应	学生设计实验时，方案设计、实验实施、证据意识及得出结论的能力
	2.总结提炼SO_2性质	记录、整理	SO_2的性质：还原性、氧化性、酸性氧化物通性	结合事实证据，正确表述、用符号表征二氧化硫性质
	3.硫酸真实的生产过程	记录、整理	硫酸生产过程	结合事实证据，正确表述硫酸生产的过程
第3课时 硫酸生产、使用过程中实际问题的解决	1.探讨硫酸的工业价值——硫酸可以转化成哪些含硫物质？如何实现转化？	设计路线，小组讨论、汇报	硫酸可能的性质	从"价类二维"角度分析硫酸向其他含硫物质转化的思路、方法
	2.总结梳理硫酸性质	记录、整理	硫酸性质	结合事实证据，正确表述、用符号表征硫酸性质
	3.了解酸雨的危害和预测酸雨形成	预测酸雨形成路径，小组讨论、汇报	酸雨的形成	从"价类二维"角度分析解决实际问题的思路方法
	4.探讨酸雨治理方案	小组讨论、汇报	方法总结	从"价类二维"角度分析解决实际问题的思路方法，形成从化学视角分析环境问题的思路方法

三、教学反思

（1）在单元设计中抓住了核心物质硫酸进行大任务统摄，在不同课时中设计硫酸的生产路线，在实验室里面研究合成硫酸路线的可行性，在硫酸使用中研究含硫物质的转化，探讨这种转化过程中导致的环境问题——酸雨的形成和防治。单元设计中突出的亮点在于：①非常鲜明地设计了物质转化和物质性质两条线，让重点物质性质在转化的过程中落地；②注重应用"价类二维"的认知模型，给学生的学习提供了解决问题的"脚手架"，帮助学生建立了真实复杂问题情境下，应用元素化合物解决问题的思路和方法。

（2）教师基于课程标准，学业要求制定教学目标，结合持续性评价关注学生学习目标的达成和进阶。深度学习的单元学习中，教师设计有效的活动，师生对话，使学生以思路解决问题。第 1 课时只有个别学生能自主利用模型对含硫物质进行分类，到第 2 课时绝大多数的学生能自主调用"价类二维"模型选择高锰酸钾、氧气等合理的氧化剂实现 +4 硫到 +6 硫的转化，第 3 课时学生能够自主应用"价类二维"分析硫酸性质。绝大部分学生不仅能分析硫酸型酸雨的成因，还能利用"价类二维"找到防治硫酸型酸雨的方法。学生在整体单元教学中不仅能利用"价类二维"实现物质转化、提炼物质性质，还体会到了解决实际问题的角度和方法。

项目式学习在初高中化学教学中的应用

郭蓉

发展学生的核心素养，是当前新一轮教学改革的重点。新课程标准提出教学要以"学生为本"，在项目式学习中，学生要利用所学的知识解决生产生活中的实际问题，制作对真实世界有一定影响的项目作品。由此可见，项目式学习可以大大提高学生的课堂参与度，是培养和形成核心素养和综合能力的有效途径。在课堂中，学生的参与度提高，师生之间的交流也会增多，教师在与学生相互交流学习的过程中才可能更好地找到教学的最佳策略。另外，学生课堂参与度提高，学生的学习从被动转变为主动，这样不仅能提高学生的学习效率，还能提高教师的教学质量。学生在全身心参与项目时，还可以体现学生的自我价值，培养创新精神和实践能力，增强社会使命感和责任感。

一、尝试项目式学习（PBL）教学的原因

提高学生的实验探究能力。初为人师，总想提高学生的化学成绩。学生在高考中失分最多的地方是最后一道实验探究题目。2018 年和 2019 年北京市高考化学试题中最后一题的文字量分别为 498 个字和 548 个字，做题正确率低的原因主要是学生没有搞懂实验探究的本质，提出问题、反思评价、表达交流的能力相对较弱，这与一些专家学者对学生探究能力发展情况调查和研究的结果一致，这表明学生实验探究能力发展水平尚处于中低水平[①]。

如何提高学生的科学探究能力？在众多的学习方式中，我选择了通过项目式学习的方法提高学生的探究能力。因为在项目式学习中，我们可以使用有效探究模式：①学生围绕问题进行探究学习，教师激发学生的探究欲望；②学生通过实验探究解决问题、解释结果；③学生分析解释数据，构造解释客观世界的模型；④学生将所学知识应用于新情境，以加深理解，形成技能；⑤教师与学生共同回顾与评价所学知识和所用方法[②]。

项目式学习是一种新型的教学模式，打破了常规的教学理念，学生在完成项目的过

---

① 王磊. 创新人才培养：化学探究活动开发与指导 [M]. 南京：江苏教育出版社，2013：4.

② National research council. Inquiry and the national science education standards[M].Washington，DC: National Academy Press，2000.

程中自主进行知识建构，从而获得知识并发展能力。教师提出的问题既包括真实性问题，也包括学习性问题，不仅在新授课上可以采用项目式学习，在设置习题、考试、复习课、作业设计中也可以采用项目式学习。项目流程包括选定项目、制订计划、活动探究、作品制作、成果交流和活动评价，在教学特点上，项目式学习主要体现为自主学习、情境学习、多元学习、综合学习等。

二、着手开发项目式学习课程

认识到项目式学习对于培养学生探究能力的好处后，我开始开发并实施项目式学习课程。

开发与实施项目式学习课程要考虑学生的认知水平和教学实际。学生进入高中之后，学习压力大，学业负担重，课时少，如何在校园有效开展项目式学习，一直是困扰老师的问题。1+3的第一年，我在完成正常的教学任务外，利用所学的酸碱盐的化学知识解决实际问题，如调查研究市场上现有的饮料种类，按照成分对其分类，选择适合自己的饮料，并且在家自制更加健康的饮料。

学生进入高一、高二年级后，已经获得了更多的化学基础知识，我们开设了化学项目式学习的选修课，让更多有余力的学生能够进入以实验为基础的项目式学习。其主要分为4个系列：兴趣激发类实验、课本延伸类实验、探究能力培养类实验和专题类实验。课时安排为每周一节课，实施方式为问题引导、学生设计、小组实验。整个教学分为5个阶段：问题激发阶段，通过有效的问题和任务激发学生思考；组织学习阶段，学生将前期查阅的信息以汇报的形式进行实验操作；合作学习阶段，每个小组自主合作交流设计实验方案并以小组的形式进行实验操作；展示作品阶段，小组组员汇报小组实验成果及作品；分析评价阶段，师生之间、生生之间，共同分析实验中的成功点与不足之处，找到最佳方案。

在项目式学习的初始阶段，我们模拟了生活与生产中一些真实情境，将生物和化学知识融会其中，可以提高学生解决问题的能力和科学素养，增强健康意识。主要课程类别如表1所示。

表1 主要课程类别

序号	课程内容	课时安排
1	蓝瓶子实验（定量实验）	2
2	蓝瓶子实验（汇报分享）	2
3	海带中碘元素的提取（方案确定）	2
4	海带中碘元素的提取（实施实验）	2
5	常见药物有效成分的检测（方案确定）	2

续表

序号	课程内容	课时安排
6	常见药物有效成分的检测（实施实验）	2
7	从茶叶中提取咖啡因（方案确定）	2
8	从茶叶中提取咖啡因（实施实验）	2
9	水果电池原理探究	2
10	汇报	2

在项目式学习的中级阶段，我们将项目式学习引入复习课，让学生利用不同化学模块的知识，来解决实际生产问题。例如，高三钠及其化合物的复习课的流程如图1所示。

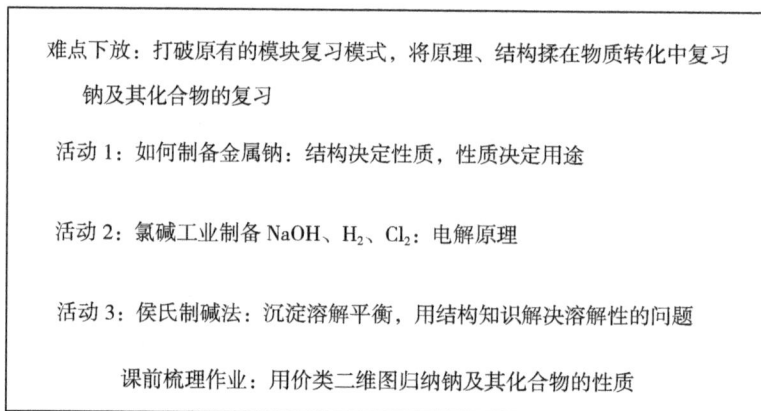

难点下放：打破原有的模块复习模式，将原理、结构揉在物质转化中复习
  钠及其化合物的复习

活动1：如何制备金属钠：结构决定性质，性质决定用途

活动2：氯碱工业制备 $NaOH$、H_2、Cl_2：电解原理

活动3：侯氏制碱法：沉淀溶解平衡，用结构知识解决溶解性的问题

  课前梳理作业：用价类二维图归纳钠及其化合物的性质

图1 钠及其化合物的复习课的流程

三、实施项目式学习教学

在经历了项目式学习的选修课，有了一定的经验之后，我开始着手改进化学课堂教学，将项目式学习的理念落实在平常的教学中。要使学生真正成为学习主体，尽量将项目置于学生感兴趣的、贴近学生生活的情境，这样学生才会发现与化学相关的问题并主动进行探究。例如，在高二选修课的设置中，我们选择了与生活相关的食品和药物的主题——中国传统食品豆腐的制作及成分检验。

改变学习方式，在探究性学习中，教师是实施探究性学习的倡导者、设计者和具体执行者。学生则通过小组合作的形式，共同解决复杂的、实际的真实性问题，以此学习获得隐含于问题背后的科学知识。对于其教学流程，可以用图2来描述。

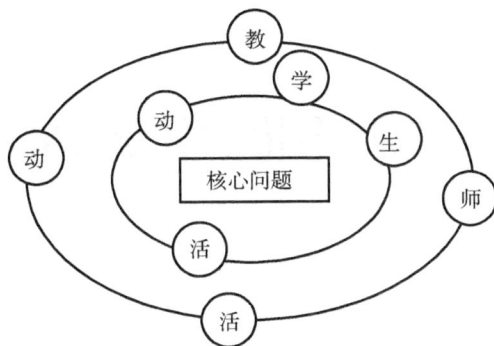

图2　教学流程

例如，在学习完酸碱盐之后的复习课中，我选择了松花蛋的腌制项目，项目的主要作品是松花蛋，学生们通过制作松花蛋复习酸碱盐的性质。活动一是认识松花蛋，将原料中的各种物质进行分类，复习酸碱盐的化学性质。活动二是亲手制作松花蛋。活动三是探究原料（纯碱、生石灰、食盐、茶叶、草木灰、水等）混合后会发生哪些化学反应，在这个项目中，通过教师的指导和学生之间的共同探索，学生便可以学习到松花蛋的制作方法，并说出相应的反应原理。

四、项目式学习教学实施效果与反思

实践表明，在高中化学课堂中应用项目式学习有利于发展学生的"归纳与表征能力""发现与提出化学问题的能力""化学实验与探究能力""分析和解决化学问题能力"。学生在项目活动中进行小组合作学习，也有利于培养学生的科学态度与社会责任及合作沟通能力、信息与媒体素养及组织策划能力。学生对必备知识的掌握、综合能力的提升，以及化学意识的培养，有利于发展学生的核心素养。

要让学生真正成为学习的主体，教师就不能因课时紧、时间短就"代替"学生，一定要做到以下几点。①精心设计，让学生成为真正的探究者：探究的内容要符合学生"最近发展区"，如在盐类水解影响因素的研究实验中，要让学生综合利用之前所学的知识，自主探究影响因素，进行理论研究与验证。②严格要求，让学生真正在做探究：在化学课堂中引入探究性问题实验往往会带来新的问题，要加强课堂的管理，提升课堂的效率。③及时点评，让学生真正体会探究的乐趣：我们可以在课堂中这样反问：实证材料能够证明所提出的解释吗？解释是否足以回答问题？将实证材料与解释关联起来的推理中有没有明显的偏见和缺点？根据实证材料能不能得出其他解释？及时正确的点评，不仅是对学生行为的赞许，更是对其的激励。

相信我们在不断探索中，会将项目式学习更好地应用于我们平时的课堂中，给学生带来不一样的体验，让他们获得实质性的进步与提高。

项目式学习在初中化学教学中的实践研究

贾俊　　金聪楠

项目式学习是一种以学生为中心的教学方法，学生在一定的时间范围内，以真实情境为素材，对某个具体的难度较大的问题，通过小组合作的方式进行探究，在解决问题过程中获得知识与技能。在项目式学习中，提出问题、规划方案、解决问题、评价和反思是关键环节，每一个环节都要以学生为主。根据项目主题不同、学生表现不同，调整教师的教学计划和项目进行计划。和传统教学对比而言，项目式学习能够充分发展学生的自主学习能力，培养学生良好的学习习惯。在整个项目式学习过程中，教师是学生学习的协助者，学生才是学习的主人，是基于习得知识、提高能力、形成良好学习品质展开的一种教学引导。

一、学习项目的构建

（一）构建可操作的项目任务

学习项目任务构建是教师需要思考的第一个问题，也是保证项目顺利开展的关键性要素。可操作性强的项目任务，要符合课程标准、符合学生认知能力，这样才能帮助学生有效探究。在实践项目的选择上，可以尝试的可操作构建方式有很多种，可根据不同项目目标灵活设计。

（二）从生活实际中构建项目

例如，人教版教材九年级化学第四单元课题 2"水的净化"一节，教师可以为学生设计"自制简易净水器"的项目式学习。该部分的核心知识点有 3 个：一是水在自然界的分布；二是自来水厂的净水原理，包括每一步的净水过程及其作用；三是实验室过滤的基本操作。本项目中的驱动性问题则可以划分为两个：一是对水资源和水资源环境进行保护的本质性问题；二是如何将自然界中的水资源转化为人们日常生活中可用的水资源。在驱动性问题的引领和带动下，学生按小组分配任务，通过课前查阅资料、调查走访自来水厂、参观自来水博物馆等方法，了解自来水厂净水步骤及每一步的作用。然后小组合作自制净水器，由教师对学生的项目完成情况进行评价，各小组之间也可以进行相互评价，使学生的社会性实践能力与技术性实践能力得到提高。

（三）从学生兴趣中构建项目

学习项目的建构需要紧密联系学生的兴趣点，激发学生的自主学习热情。例如，在看了来自中国空间站的太空授课后，学生对航天员在空间站中对二氧化碳的处理很感兴趣，教师设计了"空间站中的碳循环"项目式学习课程，以此为情境复习二氧化碳的相关性质。项目被拆解为3个部分：一是讨论地球上的碳循环，在此过程中归纳二氧化碳的产生途径和二氧化碳的减少途径，复习生成二氧化碳的化学反应和二氧化碳参与的化学反应；二是讨论空间站中二氧化碳的吸收方法，学生查阅资料，小组合作设计实验验证不同试剂的吸收效果，最后确定吸收二氧化碳的药品；三是从元素守恒的角度归纳总结整个过程，学生意识到二氧化碳的产生过程即含碳物质转化为二氧化碳的过程，二氧化碳的减少过程即二氧化碳转化为其他含碳物质的过程。学生在整个项目式学习过程中提升了化学学科思维能力，增强了小组合作意识。

二、项目式学习过程中的策略

（一）合理分组

项目式学习有一定的难度，所以在项目式学习过程中，需要4～6名同学合作完成。分工的时候注意组内同学的搭配，考虑到要进行交流展示，所以内向的和外向的搭配，擅长画的和不擅长画的搭配；考虑到要查阅资料和进行动手实验，所以要进行计算机操作能力和动手能力的强弱搭配；考虑到要提出驱动性问题和制订计划等，需要进行综合能力强的和弱的搭配。

（二）项目式学习过程中教师的作用

项目式学习虽然是学生合作学习，但是在学习过程中，还是需要教师根据具体情况进行帮助和引导。尤其是学生在项目开展过程中遇到一定困难时，教师也可以适当地引导。但是，这种引导并不是将正确的答案及直接的解决思路告诉学生，而是靠间接性的引导让学生自己顺着教师的思路想到解决的方法。在学习初期，可以引导学生提出几个驱动问题，引导学生进行方案设计。比如，在《空间站中的碳循环》一课中，首先提出问题——地球上的二氧化碳是如何循环的，让学生从地球上的碳循环逐渐迁移到太空中。当学生不清楚水、石灰水及氢氧化钠哪个吸收二氧化碳更好的时候，引导学生进行实验探究和分析，以使项目顺利进行。

搭好支架后，教师要给予学生充分的信任，给学生充足的时间和空间解决问题，兴趣是最好的老师，求知欲会带领学生一步步探索，找到更好的答案。例如，在《易拉罐中的金属》一课中，学生根据不同金属的性质选择适合制作易拉罐的金属，然后以易拉罐中的金属为材料探究金属与酸的反应。学生需要查阅资料，了解金属的密度、硬度、耐酸性、抗腐蚀性等性质，还要综合考虑金属价格、是否易回收、是否环保等条件。在不断查阅资料、讨论、改进、实验过程中，学生学习了化学知识，掌握了化学探究基本思路和方法，练习了基本实验操作，还培养了社会责任感，真正做到了用化学方法解决实际问题。

（三）使用合适的评价工具

项目式学习的成果可以是制作一个成品、设计一个海报，也可以给出解决办法等。不管最终展示什么成果，教师都要让学生梳理学习过程中的收获，以最合适的形式展示，然后给予评价。评价方式可以有多种，如学习日志、学习档案、量化表等。为了保证项目顺利进行，需要对项目进行合适的评价工作。教师评价应以正面为主，主要是鼓励学生积极和自主学习。评价不是注重最终结果，而是关注不同阶段的动态，支持学生发展。

三、项目式学习应用于初中化学课程的意义

（一）义务教育"双减"的需要

"双减"以来，北京市下发一系列措施，总体来说，就是要"减负、提质、增效"。这对教师提出了新的要求：教师需要在有限的课时内完成授课任务，同时培养学生的学科思维，为高中学习打下坚实的基础。项目式学习模式能够深度挖掘教学内容，以实际问题和热点事件作为入手点，让化学与生活相贴近，促进项目中知识的渗透，激发学生的学习热情。

（二）学生化学核心素养发展的需要

项目式学习法的运用对学生核心素养的发展具有重要意义。学生对教师所选择的活动或学习主题进行自主学习，自行制订学习计划，包括提出猜想、设计方案、进行实验、得出结论、反思评价等，学生的推理、探究、创新等素养会得到极大的发展，而活动中的这些能力与素养恰恰是学习化学学科所需要的。同时，通过合作学习，学生的团队合作、交流沟通等素养也会得到进一步发展。

总之，项目式学习有利于化学学科素养的培养，我们应该让学生意识到生活中处处充满化学、处处应用化学，通过学习化学能真正解决生活中的实际问题。项目式学习为教师提供了抓手，为学生提供了平台，也只有这样，我们培养的学生才会成为真正的富有创造力和责任心的现代化人才。

高三化学工业流程复习课中深度学习实施策略

隋娜

2020 年修订的《普通高中化学课程标准》明确了普通高中的教育定位。我国普通高中教育是在义务教育基础上进一步提高国民素质、面向大众的基础教育,任务是促进学生全面而有个性的发展,为学生适应社会生活、高等教育和职业发展做准备,为学生的终身发展奠定基础。普通高中的培养目标是进一步提升学生综合素质,着力发展核心素养,使学生具有理想信念和社会责任感,具有科学文化素养和终身学习能力,具有自主发展能力和沟通能力。普通高中化学课程是与义务教育化学或科学课程相衔接的教育课程,是落实立德树人根本任务、发展素质教育、弘扬科学精神、提升学生核心素养的重要载体;化学学科核心素养也是学生必备的科学素养,是学生终身学习和发展的重要基础;化学课程对于科学文化的传承和高素质人才的培养具有不可替代的作用。化学学科核心素养包括"宏观辨识与微观探析""变化观念与平衡思想""证据推理与模型认知""科学探究与创新意识""科学态度与社会责任"。

高考命题坚持立德树人,促进学生德智体美劳全面发展,加强对其的考查和引导,减少死记硬背和机械刷题的现象,对于高三复习教学有很好的启示。复习备考时如何引导学生自主深入理解知识、运用知识?如何让高三的课堂更有生命力、更有意义?

2022 年 4 月 12 日,在北京市高三教学督导活动中,笔者有幸展示《工业流程解题思路研究》并进行交流探讨,获得肯定。本文以深度学习理论和必备的知识整合作为切入点,结合课堂案例分析,浅谈高三化学工业流程复习策略。

工业流程题以元素化合物为载体,知识点杂乱无章,需要反复记忆、大量练习,但遇到新的情境,依然束手无策。学生知识固化、思维惰化、情感失活,这样的学习是浅层次的。与浅层次对应的深度学习,源于理解,是具有理解认知、高阶思维、整体联通、创造批判、专家建构等特征的学习。简单地讲,深度学习就是建立在理解的基础上,通过解决真实问题所进行的可迁移的学习。

以下结合学情,对高三工业流程题目复习的深度学习进行尝试。

一、制定挑战性的教学目标

深度学习提出将学习目标划分为理解、应用、分析、评价和创造 5 个层次,实际已包含深度学习。本节课的教学目标基于一模学生对于题目的作答及座谈所呈现出来的以下具体问题。

（1）多反应体系不能清晰、准确地界定设问的化学问题。

（2）不能将给出的现象、数据等信息和设问主动关联，不能厘清内在逻辑关系。

（3）不能准确地表达，更不能捕捉答题要点。

基于以上几点，本节课的教学目标为：①通过对海淀区一模工业流程题目复盘，形成分析工业题目的一般思路；提取资料和设问中化学信息——分析设问角度（物质性质、反应规律、反应原理）—思维模型—规范表达。②通过对 2020 年高考工业流程题目分析解释类设问的解答，形成解题流程，精准作答，最终帮助学生完成无机综合试题—任务—结论—证据推理—理解反应体系—运用反应原理—梳理逻辑线条—叙述推理过程。从问题可以看出学生要提高记忆和理解水平。

海淀一模 17 题复盘：示范工业流程题复盘思路

【反应原理】

$MnO_2+2Fe^{2+}+4H^+=Mn^{2+}+2Fe^{3+}+2H_2O$；

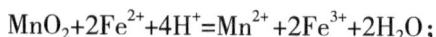

$Mn^{2+}+2HCO_3^-=MnCO_3+H_2O+CO_2$；

$2MnCO_3+O_2=2MnO_2+2CO_2$。

【调控反应】

从速率角度调控，选择 450 ℃、增加空气流速措施促进热解反应。

【分离提纯】

加碱将 Fe^{3+}、Al^{3+} 转为相应难溶氢氧化物，过滤分离实现净化；

海淀一模 17 题复盘：梳理化学工业流程问题结构；

结合原料及产物确定转化途径（物质的转化）；

选择有利于实现高效转化的方法和措施（反应调控）；

选择合适的分离方法、提纯方法（物质分离提纯）。

设计以海淀区一模工业流程题为素材，按照反应原理、调控反应、分离提纯的问题结构进行复盘，引导学生深入分析和讨论，训练其科学思维和使用科学方法的良好素质。对于得分低的两个设问，引导学生分析多反应体系，完善分析模型。解读 2018 年和 2021 年的高考题目，评价学生对于整体思路的把控程度。总结反思要深刻，化学教学过程中适时地引导学生沉下心来思考，对自己的学习过程进行回顾与总结，可以促进学生对知识的巩固、扩展、延伸、迁移，促进方法、策略的内化。化学活动经验的积累，可以让学生在反思中获得成功的体验，增强学习化学的信心。

二、设置挑战性的学生活动

引入不同观点是批判性思维的有效手段之一。在考试题目中设置合理问题，给学生提供各抒己见的机会。学生通过对不同观点进行理性讨论，指出观点的优劣，达到完善自身的认知结构、促进对知识深化理解的目的。

驱动任务：以如下情景为载体，在工业流程题目分析思路指导下，设计 2 个合理问题，考察学生的相关知识能力，并阐述命题意图。

MnO_2 是重要化工原料，由软锰矿制备 MnO_2 的一种工艺流程如下：

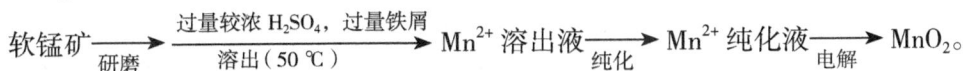

软锰矿 $\xrightarrow[\text{研磨}]{}$ $\xrightarrow[\text{溶出（50 ℃）}]{\text{过量较浓 } H_2SO_4\text{，过量铁屑}}$ Mn^{2+} 溶出液 $\xrightarrow[\text{纯化}]{}$ Mn^{2+} 纯化液 $\xrightarrow[\text{电解}]{}$ MnO_2。

资料：

（1）软锰矿的主要成分为 MnO_2，主要杂质有 Al_2O_3 和 SiO_2。

（2）金属离子沉淀的 pH 值如表 1 所示。

表 1　金属离子沉淀的 pH 值

类别	Fe^{3+}	Al^{3+}	Mn^{2+}	Fe^{2+}
开始沉淀时	1.5	3.4	5.8	6.3
完全沉淀时	2.8	4.7	7.8	8.3

（3）该工艺条件下，MnO_2 与 H_2SO_4 不反应。

学生设计的问题。

问题1：MnO_2 与硫酸不反应，加入过量硫酸的作用是什么？

问题2：电解 Mn^{2+} 纯化液的总反应方程式是什么？

问题3：已知 $K_{sp}[Mn（OH）_2]$，$K_{sp}[Fe（OH）_2]$，溶液中的 pH 值是多少？

问题4：如何调控反应速率？

问题5：除杂时 pH 范围是什么？用什么试剂？

从学生设计的问题来看，集中考查物质用途、物质转化、分离操作，此时教师引导学生进行反思总结，题目最终都会回到物质性质和化学反应认识中来，这就是高考要考查的核心内容。在这个过程中要考查对于信息的提取和运用能力、基于证据的推理能力、对原因进行分析解释的能力，而这些也是学生的困难点，因此课堂就顺利转化为对困难点的解决。在这个活动中学生对碎片化的知识、信息进行处理和整合，建立起知识间的联系。训练学生通过分析、归纳、整合与学习相关的零散知识点，完善知识体系，明白当前学习的意义。

在核心问题解决过程中，询问老师的思维方法、学生的思维方法有什么异同？引导学生比较辨识，深入理解其相同点。不同点在于物质转化依据思维路径的长度、完整度、严谨性。在进阶的问题引导下，学生积极思辨，使知识结构化，强化知识和方法的内在联系，深刻地体会物质转化的思维方法在解决问题过程中的应用。先放手让学生用前面的方法尝试解决，然后引导学生思考如何解决并展开讨论，这样的教学过程以问题为导向，让学生主动学习，促使学生联系相关内容思考问题。

　　本节课的教学设计能促进学生深度思考，这是送给学生最好的礼物。促进学生更积极地思考并逐步想得更深入、更合理、更清晰，是化学教学的主要目的之一。化学课堂只有指向了思考，才能体现学科最本质的追求。课堂教学以数据为支撑，以解决学生的问题为教学目标，使学生主动学习，具体的情境教学过程关键是在新旧知识的连接处、思维转折处设计富有探索性的学习活动，驱动学生深度思考，我们的课堂就应该从基于教转向基于学，从知识本位转向以能力为主，从教师的讲堂转变为学生的学堂。在学生掌握规律、经验并对思维方式深入研究的基础上，设计丰富的教学活动，为学生提供足够的学习时间和空间，引导学生充分观察思考、想象、假设、论证、描述、验证活动过程。让学生在协作交流互动当中学习，放大学生的"学"并不等于弱化教师的"教"。教师要有"让学"的勇气，更要有与时俱进的智慧，在点拨关键点、强化重点、突破难点、澄清矛盾、辨析错误等时机，站出来，展开适度的、多形式的引导，帮助学生实现对学科知识的深度理解。

浅谈对高中生物"深度学习"的认识

李娟

"深度学习"项目是由教育部基础教育课程教材发展中心自 2013 年开始推进的教学改进项目。"深度学习"旨在让学生真正成为学习的主人,它以培育学生核心素养作为教学目标追求,对学科知识进行深度加工,促进教与学方式的根本性转变。我们所谓的"深度学习",是指在教学中学生积极参与、全身心投入、获得健康发展的、有意义的学习过程。在此过程中,学生在素养导向学习目标的引领下,聚焦引领性学习主题,展开有挑战性的学习任务与活动,掌握学科基础知识与基本方法,体会学科基本思想,建构知识结构,理解并评判学习内容与过程,能够综合运用知识和方法创造性地解决问题,形成积极的内在学习动机、高级的社会性情感和正确的价值观,成为既有扎实学识基础,又有独立思考能力,善于合作、有社会责任感、具备创新精神和实践能力、能够创造美好未来的社会实践的主人。

一、将课堂打造成"学堂"

要让学生成为学习的主人,教学内容就应从脱离学生的生活经验转向回归社会生活,教学方式应从单向灌输转向师生双边互动、共同探究,教学应从无"趣"到有"趣",激发学生的学习兴趣和学习动机。在此过程中使学生从被动变主动,真正回归"学习主体"角色,进而学会理解世界、解决问题、学以致用。在讲授"孟德尔的豌豆杂交实验(一)"一节内容时,介绍红色矮牵牛花与白色矮牵牛花杂交,后代全是粉色矮牵牛花,提出融合遗传。引导学生讨论融合遗传是否正确,并举例说明,激发了学生的学习兴趣和学习动机,学生为解决该问题展开对本节课的深入学习。

二、核心素养是教学目标

"深度学习"项目致力于引导教师把教学目标定位在国家各学科课程标准所确定的学科素养目标上,借助知识载体,通过设计引领性学习主题和挑战性学习任务 / 活动,让学生超越对知识的简单掌握,实现理解学科本质和独特思想方法、形成正确的价值观念及必备品格和关键能力的学习目标,这是学生知识、能力、情感态度与价值观的综合体现，包括生命观念、科学思维、科学探究和社会责任。落实学科核心素养是生物学课程的根本任务，完成这一任务需要教师对每本教材、每个单元要落实的学科核心素养有深入的理解。下面以"孟德尔的豌豆杂交实验（一）"一节为例。

首先，要厘清必修二"遗传与进化"模块的育人价值：本模块选取的减数分裂和受精作用、DNA分子的结构和功能、遗传和变异的基本原理及应用等知识主要是从细胞水平和分子水平阐述生命的延续性；选取的现代生物进化理论和物种形成等知识，主要是为了阐明生物进化的过程和原因。本模块内容对于学生理解生命的延续发展、认识生物界及生物多样性、形成生物进化的观点、树立正确的自然观有重要意义；同时，对于学生理解有关原理在促进经济与社会发展、增进人类健康等方面的价值，也是十分重要的。

其次，要厘清"孟德尔的豌豆杂交实验（一）"一节的育人价值：亲子代间性状遗传的背后是遗传因子的传递；孟德尔研究工作体现出的科学方法和科学态度对学生有教育价值。希望学生在学习过程中体会假说–演绎的科学思维方法，体会跨学科的融合对人的影响，知道科学是透过现象揭示本质的过程，体会数学作为工具在自然科学中的应用；人类在解决问题中发展科学知识，孟德尔定律的发现起源于对作物培育品种的生产实践需要，同时反过来应用于预测子代性状，对育种工作和人类健康都有指导作用。

挖掘科学家的故事，呈现科学家的论文，设计"挑战性学习任务/活动"是落实核心素养和深度学习的策略之一。

以"孟德尔的豌豆杂交实验（一）"一节为例，主线为展示孟德尔实验过程，提出"孟德尔是蒙的吗"。教材提供的事实，不足以体现孟德尔的伟大，要看他的论文及他的评论。在进行如此规模宏大的杂交工作之前，如果没有一个深思熟虑的假说和一个明确的计划很难进行工作，1863—1865年，孟德尔种植和检测了超过28 000棵植株，并分析了7对性状。在介绍孟德尔杂交实验的过程中，出现很多细节，帮助学生体会什么是严谨，什么是科学论证。如果按照教材内容讨论孟德尔成功的原因，不能让学生完全体会到他的伟大。

三、深度加工学科知识

"深度学习"项目立足于引导教师站在学科体系之上，选择本学科最为核心的知识内容，进行"削枝强干"与结构化处理，对学科核心知识的价值和意义有更深刻的理解，体验学科本质，充分领悟学科的功能作用。防止引入碎片化的知识，否则学生学得累，教师教得也累。

分析《遗传与进化》教材编写的逻辑——遗传学发展（图1），教材浓缩了遗传学百年发展的成就和经典的科学故事，彰显了科学的本质特征。逻辑一：理解关于遗传和进化的大概念，内容定位在基因水平上。遗传从本质上说是基因的代代相传，可遗传的变异本质上是生物体基因组成的变化，进化的本质是种群基因频率在自然选择作用下定向改变。逻辑二：按照科学发展的历史进程来安排，孟德尔→魏斯曼→萨顿→摩尔根→沃森和克里克；拉马克→达尔文→现代生物进化论；个体水平→细胞水平→分子水平的遗传学知识。教材在讲述故事，讲述发现基因和探索基因的故事，也是遗传学发展100多年来的科学故事。学生学习必修2的过程相当于经历了100多年来科学家孜孜以求的探索过程，会受到科学方法、科学态度和科学精神等多方面的启迪，深刻领悟科学的本质特征。

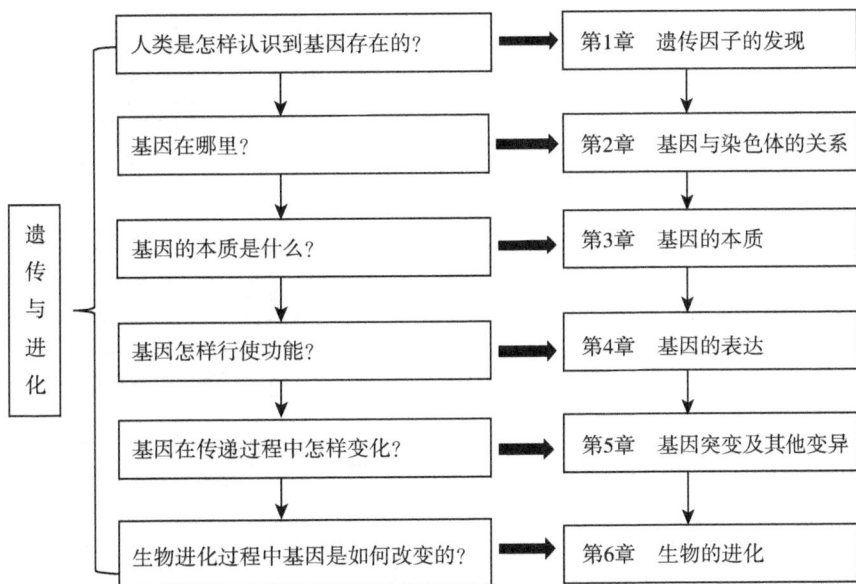

图1 《遗传与进化》编写逻辑

分析"孟德尔的豌豆杂交实验（一）"一节的课程标准要求，产生大概念：生物通过生殖、发育和遗传实现生命的延续和种族的繁衍，通过进化形成物种多样性和适应性，进化的本质是遗传物质的改变。重要概念：亲子代间传递性状的实质是传递控制性状的遗传因子。杂合子中控制相对性状的遗传因子相互独立，互不沾染，在产生配子时，成对的遗传因子分离，控制不同性状的遗传因子自由组合，进入配子中遗传给后代——孟德尔定律。孟德尔定律的精髓是生物体遗传的不是性状本身，而是控制性状的遗传因子（遗传学：基因的颗粒性是孟德尔遗传学的精髓）。

教师需要思考：为什么课程标准会设计这样的核心概念？

戴灼华在《遗传学》的绪论中这样解释：每一代都有自己的亲代，这样一代代追溯，连绵不断形成了一条开始于生命起源的长链，这条长链是处于自然选择压力下的不断出现突变的基因流，是日趋复杂的遗传信息流，是一条生物进化的长链，也是系统发生长链；发育是基因在时间和空间上选择性表达的结果；基因组学从生物世代相继的纵向上深刻揭示基因的结构和功能间的因果制约关系。同样也在个体发育的横向上弄清遗传信息到性状之间的细节；遗传学的应用主要是育种（作物、家禽家畜）、人类健康（遗传病、高血压、肿瘤、哮喘、糖尿病等）。

在此基础上设计"孟德尔的豌豆杂交实验（一）"一节的"挑战性学习任务/活动"（图2），让学生超越对知识的简单掌握，实现理解学科本质和独特思想方法、形成正确的价值观念及必备品格和关键能力的学习目标。

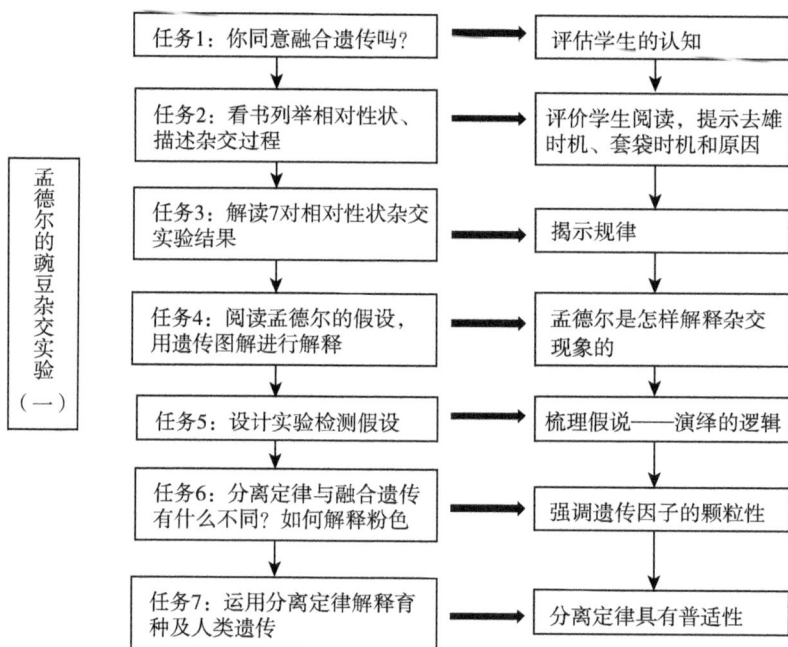

```
孟                任务1：你同意融合遗传吗？        →    评估学生的认知
德
尔                任务2：看书列举相对性状、        →    评价学生阅读，提示去雄
的                描述杂交过程                          时机、套袋时机和原因
豌
豆                任务3：解读7对相对性状杂交      →    揭示规律
杂                实验结果
交
实                任务4：阅读孟德尔的假设，        →    孟德尔是怎样解释杂交
验                用遗传图解进行解释                    现象的
（
一                任务5：设计实验检测假设          →    梳理假说——演绎的逻辑
）
                  任务6：分离定律与融合遗传        →    强调遗传因子的颗粒性
                  有什么不同？如何解释粉色

                  任务7：运用分离定律解释育        →    分离定律具有普适性
                  种及人类遗传
```

图2　学习任务流程

四、设计持久性的学习评价

深度学习要求教师关注学生的学习过程和效果，能对学生的表现给予精准、有效的指导和评价。教师需要留给学生提问的空间，对生成性问题能及时反馈，并做出教学进度的调整。课堂任务的完成可以分为小组完成和个人独立完成两种类型。持久性的评价贯穿于整个学习任务中，可以是小组间互评和师评，个人完成任务过程中可以设计互评和自评。教师能给予学生自评和互评的机会，促进信息交互。在教学过程中，教师还可以精心设计课堂的最后5分钟，进行提升和总结，让学生来表现，让学生进行小结、互评与补充完善，学生的高阶思维被有效激活，能够获得感想。

五、精心设计课后作业

作业是学生学习过程中必不可少的一个重要环节。那么，如何让作业成为学生课堂深度学习的延续呢？要从"留"上下功夫。作业可以分成几类：一类是随着教学的进度需要同步完成的，我们姑且把这类作业称为常规性作业，需要学生在作业本上完成；另一类是教师根据需要对课程做的一些延伸或能力迁移，如课外阅读、观赏、实地测量、小实验等，这类作业被称为拓展性作业；还有一类属于体验性作业，主要是需学生通过亲自参加一些活动来完成。该不该留作业？留什么样的作业？留多少作业？这些是保证作业有效的关键。对作业情况的信息收集，是安排下一节课内容的依据，需要时要做出调整。以"孟德尔的豌豆杂交实验（一）"一节的作业设计为例，常规性作业：优先选课本后的练习题，选择有代表性、层次性的习题；体验性作业：性状分离比模拟实验，分别用黑、白围棋的棋子代表两种类型的配子，取两个牛皮信封，每个信封里放 10 个黑棋子、10 个白棋子，2～4 人一组，按教师要求采集数据、汇总数据。

基于核心素养导向的初中生物作业设计

华子暄

学校是学生学习的主阵地，作业是学校教育教学管理工作的重要环节，是教师教学活动的必要补充，是检验学生课堂学习效果的主要工具，是学生巩固课堂所学知识的重要手段。学生应该能够在作业中找到利用所学知识解决问题的成就感，也能够在作业中找到自己掌握得不是特别扎实的相关内容，从而逐步攻克。但是现在很多学生提起作业时的态度是"无聊""枯燥""无用"……这是为什么呢？最大的问题在于他们的时间被大量的作业和刷题任务占满，纸笔作业是最常见的一种作业形式，"刷题"一词近些年被广泛使用，其实跟多年前的"题海战术"有着异曲同工之处，是最常见、使用最普遍的一种被广泛认为可以有效提高成绩的方式。纸笔作业虽然多年"经久不衰"，被老师们甚至家长们使用，但也有着不可回避的一些缺点。

首先，易受时间和空间的限制，学生做完作业后，需要第二天把纸质作业交给老师，等待老师批阅后再返还，对于初中生物这种一周只有两课时的科目来说，作业交上来、返回去，再等到下一次课上去做反馈和讲解，学生们可能都已经忘光了曾经做过的题目，还要回头看题、回顾，无疑大大降低了学生的学习热情，而且浪费了宝贵的学习时间；其次，比较耗费时间，会有很多的重复类型题和重叠的知识考察点，学生会有一部分时间是在进行无用功的消耗；再次，师生一直面对的都是没有情感的文字，乏味、单调，又枯燥，长此以往，即便分数可以提升上来，但是大部分学生更多的还是只掌握了理论知识，而没有掌握实践能力，绝大部分还都是停留在纸上谈兵的阶段，如果题目稍微考察得灵活一些，能力的欠缺就会显露无遗；最后，大量枯燥、乏味的作业会导致儿童、青少年学习兴趣降低，从事其他活动的时间减少，阻碍其全面发展，让学生丧失了学习热情，很大程度上打消了学生们学习的主动性。

学习科学表明，学习成绩与学生的兴趣、动机和参与度等息息相关。只有对作业量进行"瘦身"减负，提高作业质量，创新作业形式，才能最大限度地发挥作业的检验功能，起到事半功倍的效果①。如何解决作业质量问题，笔者认为一定要让学生自主地进行深度学习，以发展学生的思维能力为目标导向。作业真实化与体验化，突出学科特点，才能实现通过作业有效检验学习效果的目标。《中国学生发展核心素养》提出科学精神的基本要点，强调的第一个素养就是理性思维，重点是崇尚真知，能理解和掌握基

---

① 孙延娥 ."双减"背景下初中语文作业创新设计策略 [J]. 现代农村科技，2021（12）：78.

本的科学原理和方法；尊重事实和证据，有实证意识和严谨的求知态度；逻辑清晰，能运用科学的思维方式认识事物、解决问题、指导行为[1]。

作为初高中跨头教师，笔者结合生物学科的学科特点，在积极响应国家政策的同时，兼顾初中生生物学科素养的培养，为学生们下一阶段进入高中学习或是进入职业学校，乃至进入社会后依旧能够利用理性思维和科学探究的素养去解决实际生产生活中的各种问题，按照创新理念进行了作业设计的创新实践，力求使作业能够实现"减负增效"的目的，现就实践过程中效果还不错的一些创新作业设计谈几点策略。

一、初中生物作业要"轻理论、重实践"

俗话说："实践出真知。"学生只有通过亲自动手实践，才能对所学的知识记忆牢固，也才能将课程标准和教材中的知识点活学活用。因此，在设计生物作业的时候，一定要贯彻落实并突出实践性这一点。这里说的轻理论不是说理论学习不重要，而是在理论学习的基础上要重视学生们是否能够合理利用所学理论去解决实际生产生活中的问题。学生需要有基础性作业来巩固知识与技能，更需要实践性作业甚至跨学科作业来参与学科探究活动，经历构建知识、运用知识、解决问题、创造价值的过程，体会学科思想方法的应用模式。因此作业要注意加强知识学习与学生经验、现实生活、社会实践之间联系的设计，不断增强学生认识真实世界、解决真实问题的能力[2]。生物学科最大的学科特点就是实验，所有的理论都必须经过实践的检验。学生自主创新实验不仅可以加强其对知识的理解，而且能在实验过程中有效提升其生物学科核心素养。实验探究的过程就是学生进行深度思维的学习过程，也是自主构建知识体系的过程。教师在与学生的交流过程中，可以实时对学生外显的思维进行评价，这不再是一般意义上对作业的评价，而是通过语言直接评价，这样的评价更加凸显评价的过程性，而纸笔方式的作业只注重评价的结果性。评价是为了促进学生的全面发展，教师要充分发挥评价的诊断、激励和发展功能，在评价中不仅要关注学生对"双基"的掌握，而且要关注学生终身发展需要的探究、沟通与合作、批判性思维、提出问题及解决问题的能力等，帮助他们认识自己，建立自信，激发内驱力，激活潜能[3]。

作业实例与分析1："种子萌发的环境条件"这一部分内容的理论基础是：种子的萌发需要一定的水分、适宜的温度和充足的空气。以往布置纸笔作业让学生去答，准确率是非常高的，但是将作业分层改成"初级版——发豆芽，进阶版——设计实验探究种子萌发所需的环境条件"，很多未在家长指导下完成的学生都反馈在初级版就卡住了，这

① 秦晓文，等.基于学生发展核心素养的学业标准（初中物理）[M].北京：北京师范大学出版社，2020.
② 任学宝.为学生设计合理有效的作业 [J].浙江教学研究，2021（5）：2.
③ 韩滨岳，黄超凡.借作业设计、促学生发展：浅谈初中生物作业设计 [J].中学生物学，2020，36（9）：3.

个"一定的水分"中"一定"究竟是多少呢？适宜的温度到底是多少度？充足的空气主要在哪个阶段发挥作用……这些问题只有在自己实践操作的基础上才能有更准确、更直观、更感性的领悟。另外，在未来的漫漫人生路中，相比于"种子的萌发需要一定的水分、适宜的温度和充足的空气"这个标准答案来讲，还是"自己能够生出好吃的豆芽"更重要。看到小小的种子萌发出的幼根能够坚实地插入培养托盘的孔洞，或者是深深插进纱布中间很难拔出的现象，学生体悟出生命力量的强大。

二、初中生物作业要注重引导学生分享与质疑

分享与质疑是初中生学习过程中非常好的学习品质，也是培养学生科学探究和理性思维的必备素养之一，更是我国长远悠久的良好品德之一。作业虽然是教师布置给学生在非教学实践中完成的学习任务，但究其实质还是一种学习活动，其目的是指向育人，即促进学生的身心发展。杜威曾说："只要着眼点在于外部的结果，而不在于包含在所达到结果的过程中的心理和道德的状况和生长，这种工作可以叫作手工的工作，而没有理由称为一种作业"[①]。全面育人、促进学生的全面发展是中小学作业改进的基本导向和根本目的。这种发展不是学生通过作业中的反复练习获得高分的表面发展，也不是在完成纸笔作业过程中掌握知识和认知能力提升的单一发展、片面发展，而是通过作业促进学生身心真正发生积极变化的发展，不仅能在认知能力、实践创新方面有所进步，更能在情感品质和生活方式等多个维度发生实质性的成长。

作业实例与分析2："种子萌发的环境条件"的进阶版作业——设计实验探究种子萌发所需的环境条件，让学生们通过阶段性的实践作业整理实验报告进行分享展示，分享过程中其他同学可以对实验报告中的任何问题提出质疑。学生们不但能够掌握这一内容的理论知识，也更深刻地理解了生物探究实验设计的三原则，更能够在分享中学会合作和倾听，在质疑中收获更多的思维模式和多角度思考问题的方式。这些都对学生生物学科素养的培养至关重要。

三、初中生物作业要注重学生的创新精神和解决实际问题的导向

大部分的学生思维固化，对于老师教的1+1=2可以非常熟练地掌握，但是如果问1+？=2就不会了，根本问题在于学生的知识迁移能力、创新能力比较弱，稍微变形之后就不会了，甚至还会出现不知道问的是什么的现象，主要跟大多数作业都是非常固定的纸笔作业、题目都可以进行归类、"照葫芦画瓢"按照模板答题有关，适当总结归纳是有必要的，但是创新精神在当今的社会也是至关重要的！另外，学生总是会觉得学的

---

① 哈里斯·库帕，王建军，林明. 美国中小学生家庭作业研究 [J]. 上海教育科研，1995（6）：31-32.

知识除了用来做题外没有什么用，不知道为什么要学习这些内容，学习在作业中体会到利用自己学习的知识解决了困扰自己的问题或自己比较感兴趣的问题是非常重要的。

作业实例与分析3："神经调节的基本方式"这一节内容中有一个非常有趣的实验"测定反应速度"，但是单纯的实验没有什么趣味性和价值，所以笔者改成让同学们自己设计探究课题，要求有创意、能够解决实际的问题，同学们的设计都非常好，其中一组探究"睡眠时间是否会对反应速度产生影响"，根据实验结果提出充足的睡眠有助于反应速度的提升，为充足睡眠的重要性提供了有力支撑。

四、初中生物作业要重视生物模型的制作

模型具有直观、生动的特点，容易引发学生的兴趣和共鸣。爱因斯坦说过："兴趣是最好的老师。"在设计初中生物作业时，教师必须关注学生的兴趣点，模型的制作恰恰可以提高学生的学习热情和创作欲望，而模型又要体现出合理性，所以弄清楚理论知识是模型制作的必要前提。初中生的特点是好玩好动、动手能力强，但由于生理年龄和心智发育的局限，对于抽象概念及原理的理解并不擅长。而模型制作可以把抽象的知识或原理具象出来，便于学生学习枯燥、难以理解的知识或原理，同时激发学生的学习兴趣。可以采取以个人为单位或以小组为单位制作模型等多种作业完成方式，既可以培养学生独立思考的能力，也可以培养其团结合作的精神，充分发挥学生的主观能动性。

作业实例与分析4：对"运动系统的组成"中"肌肉牵动骨运动"这一内容，学生对于运动形成的学习，若只停留在书本内容和纸笔作业上，很难理解透彻，也非常容易遗忘，所以教师布置作业让学生们去完成模型制作，在模型制作的过程中，加深了学生对课堂上教学重难点的理解，也有助于学生形成生物学的结构与功能这一生命观念。同样的作业思路也可以应用在"呼吸运动"中吸气和呼气时对应的呼吸肌运动方式上。有趣、新颖的生物作业会提高学生做作业的主动性和积极性，学生也会由"怨学"变成"愿学"。

五、初中生物作业要注重培养学生的社会责任

《义务教育生物学课程标准（2017年版2020年修订）》中明确指出要培养学生的核心素养，通过对本课程的学习逐步形成正确的价值观、必备品格和关键能力。生命观念包括生态观及探究实践、态度责任。探究实践源于对自然界的好奇心，解决真实情景中的问题；态度责任指在科学态度、健康意识和社会责任等方面的自我要求和责任担当，关注身体内外各种因素对健康的影响，形成健康生活的态度和行为习惯[1]。对这些能力

---

① 王军起，章策文. 以写促读的探究式课堂：主题语境下的深度学习 [J]. 基础教育课程，2019（14）：44–49.

和素质的培养不单单是为了在学业考试的时候拿到还不错的分数，更重要的是培养学生会生活、懂生活、热爱生活的能力，毕竟国家要培养的从来就不是只会做题的学习机器，而是希望所有的学生在离开校园、告别这一科目的学习后依旧能够拥有影响他们一生的思维和观念。

作业实例与分析5：对于"爱护植被，绿化祖国"，可以安排学生课下去看一些纪录片并设计宣传小报，或者制作环保的购物袋等进行义卖或宣传，动员更多的人加入绿化祖国的行动中来。《病毒》一节，结合这两年肆虐的新型冠状病毒，设计作业，让学生普及该病毒的相关基础知识，宣传如何有效预防病毒的感染和控制病毒的传播。

作业不仅是巩固知识的手段，更是培养学生创新能力、实践能力和合作能力等关键能力的有效途径。所以，教师在设计作业的时候，既要考虑学生的个体差异，又要考虑作业的形式多样性，还要考虑学生通过该作业的实际获得。早在2021年3月，教育部在新学期开学新闻发布会上，提出了做好中小学教育教学工作的八项举措，其中明确要求着力强化学生作业管理，鼓励布置分层作业、弹性作业、个性化作业，坚决克服机械、无效作业，认真分析学情。2021年4月25日，教育部办公厅印发了《关于加强义务教育学校作业管理的通知》，要求创新作业类型方式，针对学生的不同情况精准设计作业，根据实际学情精选作业内容，通过作业精准分析学情，鼓励科学利用信息技术手段进行作业分析诊断。要实现个性作业、分层作业，还要通过作业精准分析学情，这在大班额制和学生学习时间恒定的情况下，仅靠教师的努力是无法达成的，需要借助一些信息技术的帮助，那么创新作业便成为我们改善学生作业、实现减负增效的突破口。

在"双减"大背景下全面落实育人要求，通过作业创新设计为作业改革提供了一种新的途径，为学科作业减负增效提供了可能。作业的创新可以促进学生对理论知识的学习，引导学生认识、理解并认同学科文化的内容与本质，在促进学生知识技能学习、思维方法获得、价值情感认同中加深生物学科核心素养。另外，作业的改进还可以促进学生对自我的认识与理解。相对于课堂教学而言，作业更多反映了学生独立自主的学习过程，它既影响着学生的学习兴趣与学习自信，又有助于培养学生的责任心、自律性及持之以恒的意志力，促进学生自我管理能力的发展。创新改进作业的目的在于通过作业引导学生更好地认识自己，实现对自我的理解与管理。最后，作业改进应促进学生的个性化发展，应在充分尊重学生个性化发展需求的过程中，消解学生对被动完成作业的无奈感、对作业统一要求的沮丧感、对自我需求得不到关注的孤独感，实现学生个体生命的成长与成熟。

作业是检验学生学习情况的工具，不能成为学生的学习负担。这就督促和要求我们教师要发挥智慧和能动性，不忘教育的初心和使命，深入研究作业，让学生进行深度学习，这样才能培养具有未来视野的建设者和接班人。

基于图文转换的高中生物学深度学习方法探究

——以神经调节过程中化学物质对神经系统的影响为例

郝迎霞

新课程改革将教育的目的从知识本位逐步转向核心素养。随之而来的就是生物学高考和其他各类考试将从注重知识的考查，逐步转向以检测学科核心素养为主要目标。而生物学科的学习和考试总是离不开图解，无论是细胞结构、细胞代谢、遗传与进化，还是生物技术流程等，都需要我们正确理解且能够进行灵活转化。图文转换的过程可以帮助学生更加高效理解知识的核心主干，增加学习兴趣，同时有助于发展学生观察和解析的科学思维，适应新高考的要求；对教师而言，可以丰富课堂教学形式，利于更好开展教学活动。

神经调节是高中生物的重要内容，也是考察的重点。神经元之间的信号更是让学生"如鲠在喉"，理解难度较大。我以"化学物质对神经系统的影响"一节为例，进行图文转换在课堂教学中促进深度学习的方法探究。

一、创设情境，旧图新看，引导学生以全局站位深入情境

生物学学科素养是学生在解决真实情境中的实际问题时所表现出来的价值观、必备品格和关键能力。知识的学习重在解决实际问题，因此创设适宜的情境，并让学生在特定情境中解决问题，有利于落实核心素养。吸烟问题是普遍的社会问题，二手烟带来的影响几乎涉及每一个人，而尼古丁对多巴胺奖赏系统的影响是吸烟成瘾的主要原因。

多巴胺与人脑的奖赏系统密切相关，奖赏系统对学生来说是陌生的，但脑结构和神经元则是已有知识。学生对此图的认识是大脑、脑干、小脑、下丘脑等划分形式，本节课则在已学脑结构图的基础上重新进行区域划分，弱化脑部结构分区，突出与多巴胺奖赏系统相关的脑区，通过文字的引导辅助学生理解，为后续的分析奠定基础。

二、有效选择图示内容，将繁杂图重点化处理

高中生物图的变化形式多样，但万变不离其宗，这正是考查学生对核心主干内容的理解。教师应在训练识图能力时选取较为符合的教学内容，并指导学生对图示信息进行

识别和判断[①]。例如，在元认知的基础上简单覆盖更综合的材料，或者将多个资料进行叠加呈现，增加对学生综合分析的思维考察。

一个神经元可以接收其他多个神经元传递的信号刺激，而其电信号的变化也是多个神经元综合信号的结果，因此我选取的图 1 展现的是神经系统局部，对神经元进行了简化，将分泌多巴胺的神经元归为多巴胺神经元并进行简化，具体表现为：弱化了较长的轴突，突出轴突末梢的突触小体；弱化了复杂的树突，仅以携带受体的椭球形表示接收信号的胞体和树突端。简化图中保留了受体的信息，考查学生对突触结构的理解，进而判断神经信号的传递过程。在提示部分给学生信息：乙酰胆碱、谷氨酸、多巴胺均为兴奋性递质；γ- 氨基丁酸为抑制性递质。学生可以利用这些信息在图片上以箭头形式表现出各神经元间的关系，从而为建立流程图奠定基础。

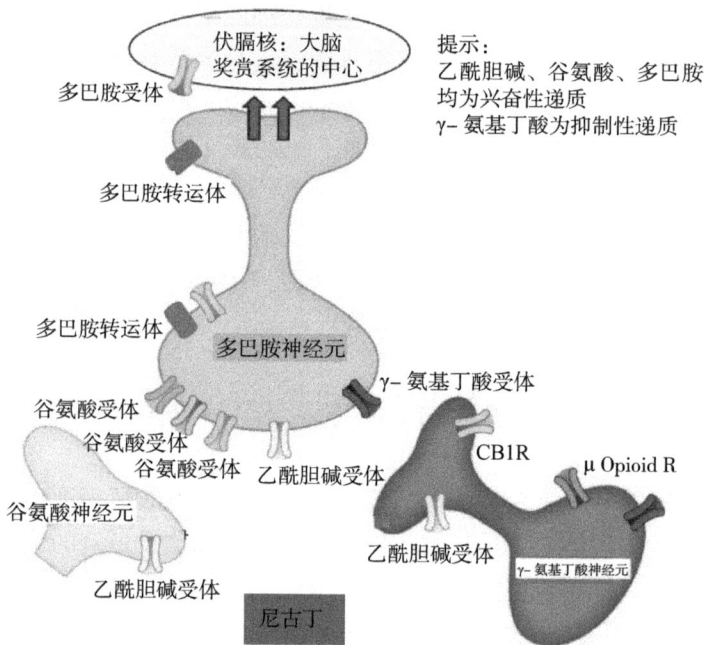

图 1　神经系统局部

三、构建流程图，实现学生深度学习

编制流程图作为一种学习策略，可以有效展示学生的认知结构，梳理学生对复杂图像的理解，使学生实现对神经系统调节的复杂性及其原理的认知。在图文转换过程中，"图转文"平时练习的机会较多，其实就是看图说话，学生并不陌生，看懂图表所包含

---

① 李建明 . 高中生物学教学中提高图文互换能力的策略 [J]. 课程教育研究，2020（37）：57-58.

的生物学原理，用生物学术语表述出来，训练学生获取信息的能力和语言组织能力。为实现学生的深度学习，我要求学生通过小组活动的形式自己构建流程图：在明确神经递质的种类及其受体位置的前提下，将图片信息转换为文字与箭头的形式，并用"+""–"表示各神经元的相互关系，最终以简图(图2)形式针对性地展现出图示信息的核心内容。

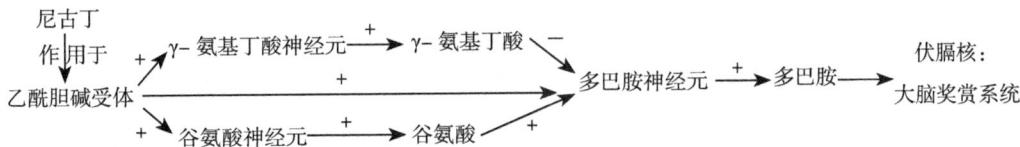

图2 各神经元之间的关系

要想完成这种作用机制的流程图，学生需要完成三大步骤。首先，学生必须知道不同的神经元轴突末梢可以分泌不同的神经递质作用于突触后膜的特异性受体，且能够在图上补充突触小泡；其次，结合兴奋性和抑制性神经递质的作用结果分析其对多巴胺神经元的作用；最后，小组需要调和绘制图形、自身理解和图像内容的冲突部分，并综合分析可能的原因构建出流程图。教师展示学生的流程图并让其他小组提出问题：谷氨酸神经元引起多巴胺神经元兴奋，但γ–氨基丁酸神经元会抑制多巴胺神经元，为什么多巴胺神经元还能兴奋？

学生通过课堂讨论分享自己的想法：可能是各神经元的兴奋程度不同，造成其累加效应中兴奋效应大于抑制效应，从而引起多巴胺神经元兴奋。教师可给出横纵坐标，让学生尝试绘制谷氨酸和γ–氨基丁酸的数量变化，最后在学生猜测的基础上给出实验证据（图3）。在此过程中，进行了一个简单的"文转图"的训练——"文转图"学生感觉比较难，学生的文转图能力不太好，主要原因是没有读图、用图的意识习惯，对于文字信息，更是没有将其转换为图像信息的意识。要实现"文转图"能力的提升，需要学生不断总结、掌握各种图表类型，理解生物原理和生物概念的内涵和外延，把图表中的生物知识用准确精练的语言文字表述出来，把生物原理的文字转变成直观的图像。

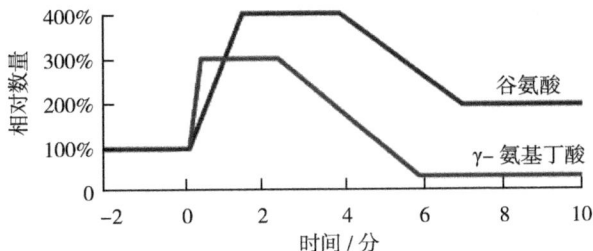

图3 谷氨酸和γ–氨基丁酸数量变化

通过图文转换的过程，学生不仅具备了连贯的基本知识，提升了图文转换能力，同时具备了逻辑思维能力及对信息的敏锐洞察力，实现了对生物学概念的深度理解及深度应用[①]。

四、立足实践进行追问，促进学生深度理解

深度学习的核心素养是学生对知识的意义建构和理解，通过图文转换生成的机制流程图将复杂抽象的图片信息变得直观、层次明晰，这既是一种思维方式，也是处理生物学问题的一种重要手段。吸烟面临着普遍的戒断反应，这也是学生熟知的社会现象。可以让学生利用戒断反应机制加深对流程图的理解，促进学生知识的内化。

教师给出新的文字资料：科学家将吸烟者的大脑与不吸烟者的大脑进行比较时，发现不仅尼古丁受体（乙酰胆碱受体）数量发生了改变，乙酰胆碱受体敏感性下降，而且产生多巴胺受体的 mRNA 的数量也下降了。教师要求学生以小组为单位解释尼古丁让人上瘾的原因（图4）。

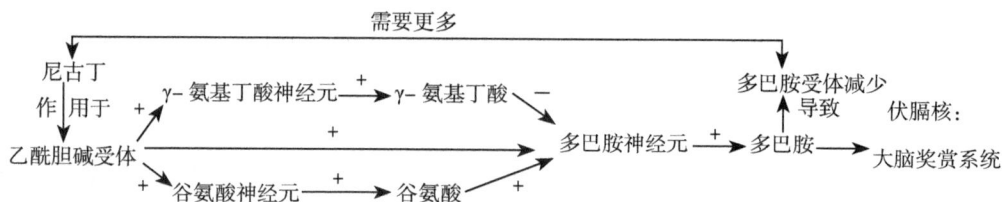

图4 尼古丁让人上瘾的原因

在很多图像分析中，我们既要弱化整体、关注局部，从而理解其分子机制和细胞机制，又要关注个体、环境，从进化和适应的角度理解这些生命现象发生的意义。此外，一个生命活动往往受到多因素综合作用，因此在分析复杂生命现象时，要梳理出不同的路径及各路径之间的关系，理解叠加效果。

五、一图多变，触类旁通，助力学生迁移能力发展

多角度看事物往往更加透彻，一图多变能很好地提升学生图文互换的能力。在实际教学过程中，如果能把同一知识点用不同的图表表现出来，将能加深学生对知识点的理解和对生物知识的记忆，有效提高图文转换能力。深度学习可以赋予学生"以一敌三"的技能。

学生通过前面的学习已经对此图有了很深刻的认识。化学物质对神经系统的影响多发生在突触处且有高度相似性。此时出示图5，学生可以很轻松地总结这些化学物质通

---

① 张星星. 图文转换, 提升生物学教学有效性 [J]. 新课程教学, 2021（1）: 65-66.

过促进神经递质的合成和提高释放速率、干扰神经递质与受体的结合、影响神经递质的分解或回收等方式调节突触处信号传递，造成神经麻痹或药物成瘾，危害人类健康。

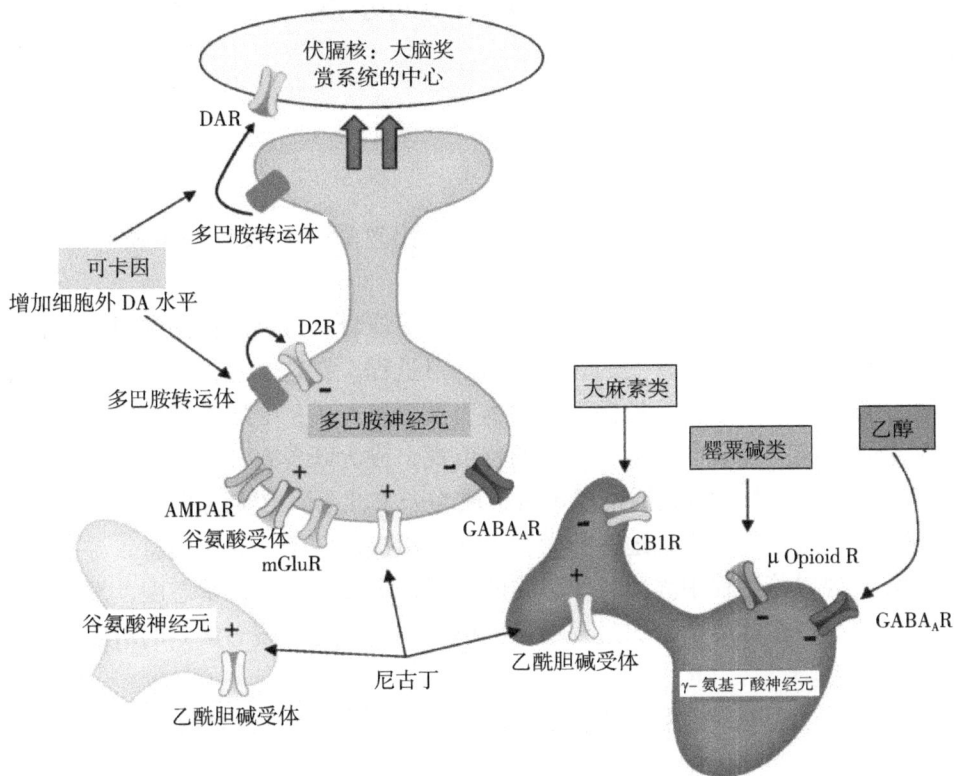

图5　部分化学物质对神经系统的影响[①]

① 金宇.尼古丁介导的 VTA DA 神经元谷氨酸能突触可塑性的研究 [D].南京：南京医科大学第一附属医院，2010.

基于深度学习的生物教学探索

刘静

深度学习的提出，目的是实现立德树人，让教学回归教育的本质和教育的真正价值。

所谓深度学习，就是指在教师引领下，学生围绕着具有挑战性的学习主题，全身心积极参与、体验成功、获得发展的有意义的学习过程。在这个过程中，学生掌握学科的核心知识，理解学习的过程，把握学科的本质及思想方法，形成积极的内在学习动机、高级的社会性情感、积极的态度、正确的价值观，成为既具有独立性、批判性、创造性又有合作精神，基础扎实的优秀的学习者，成为未来社会历史实践的主人[①]。

生物学课程要求学生主动地参与学习，在亲历提出问题、获取信息、寻找证据、检验假设、发现规律等过程中养成科学思维的习惯，形成积极的科学态度，发展终身学习及创新实践能力。在深度学习的过程中，完成对学生生物学核心素养的培养，落实立德树人的根本任务。

笔者在教学过程中，依据深度学习的教学理念，做了一些探索与尝试。

一、深入挖掘教学内容背后的学科观念

生物学科是一门自然科学，在长期对生命现象的研究过程中形成了一些观念，如结构与功能观、进化与适应观、稳态与平衡观、生命的物质观、生命的非自然起源观，这些观念比较抽象，而正是这些抽象的东西反映出了生物学的本质，所以教师在教学过程中一定要深入挖掘教学内容背后的生命观念，做到深入理解生命现象。

"细胞中的元素和化合物"是人教版高中生物学必修1《分子与细胞》第二章第一节的内容，这节内容知识层面比较简单，主要包括3个部分内容——细胞中的元素，细胞中的化合物，检测生物组织中的糖类、脂肪和化合物，因此在教学过程中是常常被忽视的，惯有的教学处理就是利用几分钟的时间将其作为一个概念模型呈现给学生，但是在笔者看来，这节简单的内容背后蕴含着太多的育人价值，所以在设计这节课的时候就明确教学重点和教学目标为"生物学的观念——生命的物质性及生命的统一性"。

---

① 田慧生，刘月霞.深度学习：走向核心素养[M].北京：教育科学出版社，2021.

1. 生命的物质性——生命起源于非生命

导入：地球诞生之初是没有生命的，但随着时间的推移和环境的演化逐渐形成了生命，那么生命和它所处的非生命环境之间有什么联系和差异呢？

教学活动：带领学生看一组数据——组成地壳和组成细胞的部分元素及其含量（表1），它们代表的是非生命系统，细胞则是最基本的生命系统。引导学生从两个角度分析这组数据。第一，两个系统组成元素的种类。表中所列约占细胞96%的元素在地壳中都存在，其余4%的元素也都能够在无机自然界找到，没有一种元素是生命系统所特有的，这一事实主要说明生命和非生命在元素组成上具有统一性。第二，同种元素在两个系统中的含量。学生通过分析数据可以得出生命系统和非生命系统的差异性体现在元素的含量上。

但是学生并没有意识到为何C在细胞中的含量远高于在地壳中的含量。

教师在此基础上总结提升：C在细胞中的含量远高于在地壳中的含量，这是由C元素本身的化学性质决定的，一方面容易与O、N、H等元素结合，另一方面依靠其稳定的共价键可以形成很长的C链，进而形成生物大分子。所以，C被称为生命的核心元素。与此相对的是，地壳中含量很高的Si，在细胞中极少，这是由于Si的共价键不如C稳定，无法形成较长的链，也就无法形成生物大分子。

表1 组成地壳和组成细胞的部分元素及其含量

单位：%

元素	地壳	细胞
O	48.60	65.0
Si	26.30	极少 *
C	0.087	18.0
N	0.03	3.0
H	0.76	10.0

*：Si在某些植物细胞中含量较多，如硅藻、禾本科植物。

价值：通过这样的数据分析和处理，将学生的浅层认识逐渐深入，让学生认同是生命系统从非生命系统中选择了一些元素来构建生命体，即生命和非生命存在着质上的统一，它们仅仅是量上的差异，生命起源于非生命。

2. 从演化的视角认同生命的统一性

在生命系统内部，不同元素的含量也是存在差别的，同一元素在不同生物体中的含量也不一样。教师引导学生再次观察表1中的注释，Si在细胞中的含量极少，但是在硅藻等某些植物中含量还是很高的。

随即教师提出问题：这又是为什么呢？该问题的抛出引发学生的深度思考和讨论。经过讨论，得出这与生物体所生活的环境有关系，与经过自然选择遗留下来的元素种类有关系。在此基础上，教师带领学生将视角转向生物的两大类——动物和植物，引导学生思考二者表现出不同的生命活动，是不是也与它的元素差异有关，进而进入对第二组数据——玉米和人体细胞的部分元素及其含量（表2）的解读。

表2　玉米和人体细胞的部分元素及其含量

单位：%

元素	玉米细胞	人体细胞
C	43.57	55.99
H	6.24	7.46
O	44.43	14.62
N	1.46	9.33
K	0.92	1.09
Ca	0.23	4.67
P	0.20	3.11
Mg	0.18	0.16
S	0.17	0.78

教师提出任务：运用分析上一组数据的方法来解读这一组数据，你能归纳出哪些结论？

学生会从以下两点达成共识。

（1）不同种类的细胞在元素组成上具有统一性。

（2）不同种类的细胞在元素含量上具有差异性。

教师再次发问：这些认识又带给我们哪些启示呢？学生会在这个问题的指引下，将思考问题的视角从数据升华到对生命的解释。玉米细胞和人体细胞化学元素种类一致，说明动物、植物起源的一致性，这为动植物具有共同的祖先提供了证据。正是由于生物界有一个共同的由来，才使得生物在结构、细胞等水平上存在高度的一致性。

教师继续发问：不同细胞中含量较多的4种元素为何都是C、H、O、N呢？这说明什么？

这4种元素就是构成生命物质的基本元素。糖类、脂肪、蛋白质等物质是动植物体的主要成分，这些物质都含有C、H、O，蛋白质中还含有大量的N，表明不同生物具有共同的物质基础。

通过解读数据和教师的层层发问，让学生深度学习，挖掘出数据背后的东西，从演化的视角认同生命的统一性。

二、基于深度学习，设计单元整体教学中具有挑战性的学习主题

单元整体教学指教师在对课程标准、教材、学生等进行深入解读的基础上，对教学

内容进行分析、整合、重组，构建指向核心素养的单元教学主题，并以一个完整的单元教学主题作为整体，以情境创设、问题引领、任务落实为依托，使学生在学习的活动过程中发现问题，在解决问题的过程中习得和运用知识，形成正确的价值观和关键能力。

"细胞的结构"是人教版高中生物学必修 1《分子与细胞》第三章的内容，按照第一节细胞膜、第二节细胞质、第三节细胞核的顺序编排。笔者在教学分析和学情分析的基础上，将教学内容重组、融合，以"细胞的各部分结构如何与其功能相适应"这一核心问题贯穿始终，形成 5 节基于单元整体设计思路的新课，呈现出"总→分→总"的单元教学设计思路：

第 1 课时　细胞的结构和功能

第 2 课时　生物膜成分和机构的探索历程

第 3 课时　细胞组分间的协同配合

第 4 课时　观察叶绿体和细胞质流动

第 5 课时　细胞的整体性

第 1 课时为整体分析，将第三章中细胞膜、细胞器和细胞核的结构和功能抽提出来，引导学生思考各部分结构如何与其功能相适应，渗透系统整体观、结构功能观。

第 2、第 3、第 4 课时，围绕对细胞膜成分和结构的探索、分泌蛋白的合成和运输、观察叶绿体和细胞质流动，对教学内容进行部分分析，培养学生的科学思维和科学探究能力，将结构功能观、物质能量信息观融为一体。

第 5 课时从结构、功能、调控上，利用大量实例，解析细胞膜、质、核的相互关系，说明细胞是一个统一的整体，实现整体总结，形成系统整体观，体现社会责任。

同时，以"糖尿病和胰岛素的相关知识"设置了一条贯穿整个单元的情景主线。开篇以"我国科学家合成结晶牛胰岛素"导入本章学习；各个课时之间以糖尿病问题为情境过渡且相互呼应。第 2 课时导入"科学研究发现葡萄糖不能进入细胞的原因与细胞膜功能异常有关"。请回顾一下，细胞膜具有什么功能？进而引入对生物膜结构和成分的探究历程。第 3 课时以糖尿病现状分析及"胰岛素泵"治疗为情境导入对分泌蛋白的学习；章末通过分析 1 型和 2 型糖尿病的致病机制及治疗方案，使知识由内因指向治疗，落实社会责任。

教师进行单元教学设计时，需要系统思考单元学习活动的安排和意图，是单元学习任务设计的顶层架构，围绕一个具有挑战性的学习主题，使得学生全身心积极参与、体验成功、获得发展，形成有意义、有深度的学习过程。

三、教学中落实科学思维方法，追求科学精神

生物学要求学生在学习过程中养成科学思维的习惯，形成积极的科学态度，发展终身学习能力。这就要求教师在教学过程中，注重科学思维方法的培养，不仅要让学生知其然还要知其所以然，真正做到深度学习。

在"光合作用"一节"光合作用的过程"教学内容（表 3）中，笔者通过引导学生分析讨论科学家的实验，启发学生积极思考，从而提高学生实验分析能力、推理能力及表达能力；通过设计实验，提升学生实验设计的能力、分析和解决问题的能力，培养学生的科学思维和科学探究习惯，同时让学生体会科学家不断探索的科学精神。

表 3 探究光合作用的过程

探究光合作用的过程		
探究光反应的过程	1.1 分析希尔实验，试说出在实验中有光无 CO_2 条件下发生的反应（水的光解） 1.2 提出问题，引发思考，借鉴科学家的同位素标记法，讨论探明有 CO_2 条件下 O_2 的来源的实验设计思路 1.3 出示阿尔农实验，说出有光无 CO_2 条件下还发生的反应 1.4 小结，有光无 CO_2 条件下，叶绿体中发生的物质变化和能量变化	通过设计实验，提升学生的实验设计能力
探究暗反应的过程	2.1 提出问题——CO_2 如何转化成糖类，引出卡尔文实验，分析实验，构建该过程中 C 的转移路径 2.2 阅读卡尔文继续研究的实现现象，小组讨论，推理分析 CO_2 到 C_3 的反应中还有什么物质参与该反应，最终探明 CO_2 转化成糖类的过程中 C 的转移路径，点出此路径为卡尔文循环。再次分析卡尔文实验，引发下一个问题——该过程必须在有光的条件下才能进行吗？ 2.3 出示阿尔农的另一个实验结果，根据实验现象，层层设疑，不断追问，完善知识的构建 2.4 提出问题，展示资料，得出光反应、暗反应的场所 2.5 小结暗反应发生的物质变化和能量变化	通过分析讨论有关实验、资料，提高获取信息的能力，训练学生科学思维的方法
构建光合作用的完整过程图	在完成光反应和暗反应过程探究的基础上，独立构建光合作用的完整过程	通过自主构建过程图，巩固对光合作用过程的掌握

总之，深度学习是教师充分发挥主导作用的活动，是学生全身心积极参与、体验成功、获得发展的有意义的学习过程。教师是这场旅行的策划者，所以教师要做的就是挖掘资源带领学生开启一场有灵魂的教学。

深度学习，不仅是一种学习方式，更是师生共同经历的一场智慧快乐之旅，是有灵魂的教学。深度学习的双方在这个学习过程中都应该是愉悦的。"学习如果具有思想、感情、创造、美和游戏的鲜艳色彩，那它就能成为孩子们深感兴趣和富有吸引力的事情"，苏霍姆林斯基说。同样地，于教师而言，成功的教学能够令人沉浸其中，并从中体会到一种幸福感、成就感，那它就同样能成为教师深感兴趣和富有吸引力的事情，让教师的个人价值和国家的育人使命联系在一起。这样的教学，是我们不断追求并不断实践的。

深度教学下的初中生物大单元教学

——以"甲流的预防和治疗"为例

张莹

2022 版义务教育阶段生物学课程标准要求教学以核心素养为宗旨，学生通过生物学课程的学习能逐步形成生命观念，发展科学思维，掌握探究实践的能力，具有探索自然奥秘的科学态度，形成健康的意识及社会责任。要发展学生的生物学科核心素养，深度学习是重要路径之一。深度学习相对于浅表学习、机械学习而言，其优势体现在不仅突出学习者对学习内容的深度理解和个体建构，而且强调学习者在真实情境中迁移应用知识。深度学习是个体将学习的知识从一种情境应用到另一种新情境的过程，即迁移知识。深度学习也是在教师引领下，学生围绕着具有挑战性的学习主题，全身心积极参与、体验成功、获得发展的有意义的学习过程[①]。掌握生物学科的知识，建构有效的认知体系是生物学科的教学重点，学生是学习的主体，所以必须发挥学生的主体作用。要真正构建有效认知体系需要学生在一定的情境当中去学习并建构这些知识，当学生进入这样的学习状态时，其实就已经进入了深度学习的状态。由此可见，情境的创设与深度学习有着密切的关系，创设出基于真实情境的学习过程，就可以让学生处于深度学习的状态当中[②]。生物教学一直重视新情境的运用，在进行初二年级复习工作时，通常以一个新情境引入复习内容，用新情境回顾课本的重要概念、把握主干知识、构建知识网络、提升学生的核心素养[③]。

单元教学是一种高于课时教学、具有整合性的教学方式，它注重知识间的有效联系，能有效弥补学生在课时教学中知识建构与应用的不足，提升学生的学习力[④]。

本文以"人体的生理与健康"为主题，进行了大单元教学设计，本单元的教学设计思路如下：以人体的相关疾病为新情境，通过相关材料的阅读，再结合问题串复习对应

---

① 孙松松.基于真实情境的初中生物深度学习策略：以"植物种子的萌发"教学为例[J].新教育，2023（1）：65-67.

② 夏静.基于深度学习的高中生物学单元教学设计：以"生物的进化"单元教学为例[J].中学生物学，2022，38（6）：8-10.

③ 安代红，乔文军.2018 年北京生物学中考对生物学总复习教学的启示[J].生物学通报，2019，54（2）：32-34.

④ 周晓燕.大概念统领的初中生物单元教学设计：以"生物与环境"为例[J].新课程导学，2023（12）：59-62.

的生物学概念，每一节课的疾病都涉及人体的两种及以上系统，最后使学生形成人体是一个整体的生物学观念，养成良好的生活习惯，关注自身及家人的健康。总结完课程内容后，可以实操练习相应题目以达到巩固效果。

一、大单元教学分析

"人体的生理与健康"主题聚焦了两个大概念：一个是人体的结构与功能相适应，各系统协调统一，共同完成复杂的生命活动；另一个是人体健康受传染病、心血管疾病、癌症及外部伤害的威胁，良好的生活习惯和医疗措施是健康的重要保障。它包括消化系统、循环系统、呼吸系统、泌尿系统、神经系统、内分泌系统、生殖系统、免疫系统八大系统的相关重要、次位概念。

二、单元教学目标

生命观念：通过对甲流感染人体的过程和奥司他韦到达肺部的路径的分析，能够说出呼吸系统及循环系统的各器官结构及其功能；通过对一过性氮质血症的分析，能够说出食物的消化和营养物质的吸收过程，并且进一步分析后，能够描述泌尿系统的组成，概述尿液的形成和排出过程；通过对渐冻症的了解，能够说出神经系统组成，概述人体神经调节基本方式是反射，通过对患者运动功能的丧失分析，概述神经系统是如何调节运动的，并将神经系统和运动系统建立联系；通过红斑狼疮孕妇怀孕过程分析，复习生殖系统的器官及其功能，并通过文中新生儿红斑狼疮的实例加深对胎盘和脐带功能、新生儿患有红斑狼疮病因的理解，可以复习免疫系统重要概念。最终通过这些疾病实例，建立人体各系统间的紧密联系，使学生形成人体是一个统一的整体的生命观念。

科学思维和探究实践：通过对科普阅读文的阅读和分析及拓展提升任务的完成，学生能够在新情境中逐步深入地探究并尝试利用所学知识解决新情景中的问题，培养了阅读、分析的能力和知识迁移的能力。

态度责任：通过本单元的学习，学生能够关注身体健康，具有健康意识，养成良好的生活和卫生习惯。

三、教学流程

教学流程如图 1 所示。

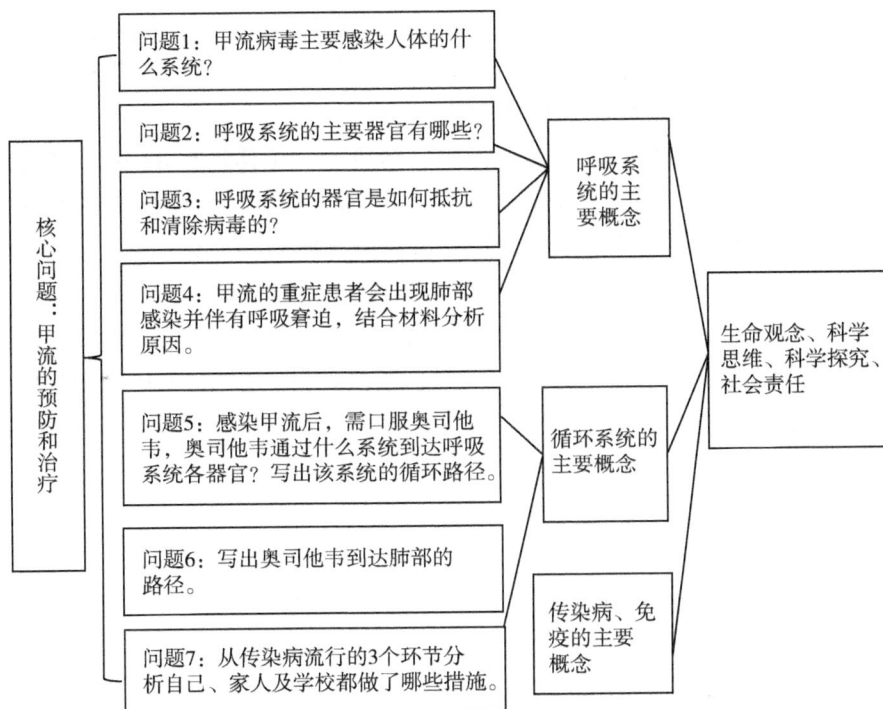

图1 教学流程

四、教学过程与实施

（一）创设情境，激发兴趣

教师提问：最近是什么疾病的高发期？班里有多少同学得过甲型流感或疑似甲型流感？大家都有什么症状？是否去医院就医了？医生为你开具了什么药物进行治疗？学生依次作答。

教师继续提问：甲型流感高发，我们应该如何去预防及治疗甲型流感呢？顺利引出本节授课内容。

设计意图：创设真实情境，激发学生的探索兴趣。

（二）初探科普文，分析甲流症状，回顾呼吸系统主要概念

科普文："甲流"是甲型流感的简称，是由甲型流感病毒感染引起的急性呼吸道传染病。甲流主要以发热、头痛、肌痛和全身不适起病，体温可高达 $39 \sim 40$ ℃，可有畏寒、肌肉关节酸痛、乏力、食欲减退等全身症状，常有咽喉痛、干咳、鼻塞、流涕等症状。重症病例可出现病毒性肺炎、继发细菌性肺炎、急性呼吸窘迫综合征、休克、弥散性血管内凝血、心血管和神经系统等肺外表现及多种并发症，甚至死亡。

甲流病毒可以通过口鼻、眼睛和喉咙等部位进入人体，一旦病毒进入体内，就会迅

速进入人体的上呼吸道和下呼吸道，开始感染人体的细胞。当甲流病毒感染肺部细胞，会导致肺部炎症反应；病毒感染会激活免疫系统，使免疫细胞大量聚集在肺部，释放大量炎性因子和细胞因子，导致肺部组织损伤。

一般感染甲流，可用奥司他韦来进行抗病毒治疗，尤其是在48小时内用，效果最佳。奥司他韦在口服30分钟后被胃肠道吸收，大部分被肝、肠酯酶转化为活性代谢产物，至少75%的口服剂量以活性代谢产物的形式进入体循环，2～3小时后血药浓度达峰，其在体内可以定向分布至肺部、支气管、鼻窦、中耳等部位。

甲流主要通过飞沫传播，对于甲流的预防，我们要做到勤洗手、戴口罩、室内勤通风等，平时还要保持营养均衡，吃好、喝好，适当运动，以增强体质。如出现症状，应居家休息，感染者在体温恢复正常、其他症状消失48小时后可根据医生建议上班或上课。

阅读后，教师引导学生完成以下问题。

（1）甲流病毒主要感染人体的什么系统？

（2）请写出该系统的主要器官。学生根据挂图完成这两个问题，教师根据回答补充呼吸道的概念和呼吸系统概念。

（3）这些器官是如何抵抗和清除病毒感染的？学生分析鼻、气管、支气管及肺的结构特征在抵抗和清除方面起到的作用。教师总结呼吸道对气体起到清洁、湿润和温暖的作用，顺势提出能不能随地吐痰的问题，帮助学生形成良好的卫生习惯。

（4）重症患者会出现肺部感染情况，并伴有呼吸窘迫，请你结合材料分析原因。学生能够从原文中找到相应文字，对其进行分析，并总结重症患者由于肺部受损进而影响肺泡处气体交换的过程。这个问题既能让学生形成结构和功能相适应观，又能锻炼学生从原文中找到答案并进一步分析的能力。

设计意图：阅读材料可以更好地帮助学生进入情境，在阅读完材料后，学生对甲流有了初步的认识，通过完成层层递进的问题，复习呼吸系统的主干知识，从浅层学习逐步进入深度学习，尝试解决新情境中的问题。

（三）深入科普文，分析药物循环途径，回顾循环系统主要概念

（1）感染甲流后，需要口服奥司他韦进行治疗，奥司他韦通过什么系统到达呼吸系统各器官，使它们发挥作用？请补充该系统的循环路径。学生在这里会因为奥司他韦是口服药物首先想到消化系统，教师加以引导指出，药物能通过消化系统直接到达呼吸系统各器官吗？学生能够准确说出是要先进入小肠的毛细血管，进而引出循环系统，写出该系统的循环路径。在此过程中展示人体循环系统挂图，教师引导学生指认挂图结构，学生将自己的答案对照挂图进行讲解。

（2）标出奥司他韦到达肺部的路径。由上一问题，学生很容易想到药物在循环系统的起点为胃肠道的毛细血管，与之对应，在循环路径中是全身的毛细血管，进而推断出完整途径。挂图上从胃肠道毛细血管进入后都经过了肝脏的肝门静脉汇集到下腔静脉，

教师引导学生找到这个问题并特别指出，同时让学生思考为什么总说药物很伤肝，学生经过分析能够准确找到原因。

设计意图：阅读材料可以更好地帮助学生进入情境，在阅读完材料后，学生对甲流有了初步的认识，通过完成层层递进的问题，复习呼吸系统的主干知识，从浅层学习逐步进入深度学习，尝试解决新情境中的问题，同时可以形成人体是统一整体的生命观念。

（四）回归情境，联系生活，回顾传染病、免疫主要概念

教师从传染病的角度提出问题：甲流作为呼吸道传染病，自己、家人及学校都做了些什么来预防和控制传染病？学生能够回答出自己会在家休息，严重时家人会去医院，学校会消毒，但对学校做的措施还是印象不深，教师补充班主任的辛苦付出，最后让学生将相应措施对应传染病流行的 3 个环节并进行总结。

设计意图：呼应课堂导入环节，从实际生活出发，让整节课更加完整，从保护易感人群的角度呼吁大家养成良好的生活习惯，拥有健康的身心，从切断传播途径的角度让学生能够爱护班级卫生，养成良好的卫生习惯。

（五）立足学考，实战检测

学生在对主要知识进行回顾后，教师展示以新型冠状病毒为情境的学考改编题，学生完成后讲解答案。

设计意图：立足学考进行真题检测是为了让学生能够迁移知识、学会总结。

五、教学反思

（一）创设新情境，促进学生核心素养提升

本节课创设了一个在实际生活中出现、未曾呈现在课本上的新情境，学生深有感触。结合科普阅读材料，学生能够充分发挥复习的主动性，积极解决出现在自己身边的问题，有效回顾了呼吸系统、循环系统、传染病和免疫的主干知识，构建了相应的知识网络，帮助学生形成了人体是一个统一整体的生命观念。例如，关于奥司他韦药物到达患处发挥作用，教师并没有直接讲述，而是通过问题引导学生自主分析，在分析过程中学生不仅能够准确说出循环系统，还能联想到口服药物需要经过消化系统进入血液，加深了学生对人体是一个统一整体的认识。

（二）以问题为导向，推进教学

本节课围绕情境共设置了 7 个主干问题，问题层层递进，并且逻辑清晰。前 4 个问题是与甲流引起的呼吸系统症状、感染甲流后服用药物等内容相关，使学生复习呼吸系统相应主干知识，再利用药物循环的两个问题使学生回顾循环系统，第 7 个问题则是通

过身边人做的事情让学生来复习传染病及免疫相关主干知识。一个简单的情境，通过连贯的 7 个问题能够将很多的主干知识联系起来，符合北京学考复习的要求，同时让学生将知识迁移至新情境并学会解决问题。

（三）充分发挥学生主观能动性

在整节课中教师并未给过多提示，仅仅是学生根据已学内容对问题进行分析和推断。在活动过程中，学生可能会出现问题，组内学生一起讨论、互相帮助，形成了"一帮一带"的学习氛围，小组间的讨论也是十分激烈。在小组成员展示结果不够完整的情况下，其他小组也会积极帮助，最终形成完整丰富的成果。课程的形式充分调动了学生学习的主观能动性，使学生能够深入复习相应主干知识，从而有效突破重难点。

深度学习在细胞呼吸教学中的应用

孙娟

学生在高中生物必修一"分子与细胞"模块的学习中，细胞的能量供应和利用是难点之一，其中"ATP 的主要来源——细胞呼吸"又是学生最容易混淆的知识点之一。因此，如何能够有效利用课堂时间，充分调动学生思维，激发学生用活跃的思维去认识事物的本质，并理解每个"呼吸环节"之间的联系，是值得我们每一位老师思考的问题。在此，将通过一些案例，对细胞呼吸的深度学习策略进行阐释，这些策略有助于打造更加生动的课堂，促进学生的思维发展，实现深度学习的目标。

一、形象→抽象

细胞呼吸的原理是非常抽象的内容，但是，呼吸的现象是我们司空见惯的，将这些现象进行抽象化处理，即可攻克细胞呼吸难点之一：有氧呼吸和无氧呼吸总反应式。

初中阶段，学生已经学过人体呼吸相关知识，即吸入 O_2，呼出 CO_2。为什么会这样？因为我们机体的每一个细胞都在吸收 O_2，释放 CO_2。除了人体的细胞，其他的细胞在呼吸过程中也可以利用 O_2，并产生 CO_2，如酵母菌细胞。加入活酵母的面团在非密闭容器中发酵后会变得非常蓬松，切开面团后能够看到密集的蜂窝状结构，还可以闻到少许的酸味，而且，随着发酵时间延长，面团的湿度会逐渐增加，变得越来越软，温度也会有所提升。为什么面团会发生这些变化？同学们利用化学知识即可以推测出，酵母菌呼吸的产物包括 CO_2 和 H_2O，同时伴随着能量的释放。那面团的作用是什么呢？学生通过对细胞中化合物的学习，会想到面团是为酵母菌提供营养物质，而细胞可以直接利用的物质是葡萄糖。有氧呼吸的总方程式也就推理完成了，即

$$C_6H_{12}O_6+（6H_2O）+6O_2 \xrightarrow{\text{酶}} 6CO_2+6H_2O+（6H_2O）+ \text{能量}。$$

由此可见，形象的实例展示，有助于学生深刻理解并识记抽象的反应式。除了以上实例，我们还可以向学生出示酿酒装置，并介绍其操作原理。例如，容器必须密闭，容器要定期拧松释放气体，学生则可以根据这些现象总结出酵母菌无氧呼吸的总反应式，即

$$C_6H_{12}O_6 \xrightarrow{\text{酶}} 2C_2H_5OH+2CO_2+ \text{能量}。$$

学生经历了思维上由形象到抽象的转变，对这一知识点的掌握程度大大提高了，为了帮助学生更好地运用知识，还可以出示密闭环境保存后散发酒味的苹果、教授学生醪

糟（米酒）的制作方法，让学生运用自己推理的方程式去解决生活中的问题。

酵母菌、苹果等经过无氧呼吸产生了酒精和二氧化碳，其他生物经过无氧呼吸也是如此吗？通过乳酸菌酿制酸奶（现场展示，酸奶表面和内部均光滑）、马拉松长跑后腿会酸痛（提示：跑步只能跑酸，而不是跑醉）等现象，可以引导学生"抽象"出另一个无氧呼吸的总反应式，即

$$C_6H_{12}O_6 \xrightarrow{\text{酶}} 2C_3H_6O_3 + \text{能量}。$$

从以上事例可以看出，充分利用学生熟悉的现象，合理提出问题，引导学生将形象化的事例抽提为抽象的专业知识，可以有效地促进学生思维的发展，达到深度学习的目标。

二、总体→具体

学生经过对生活现象的分析，推导出了细胞呼吸的总反应式，但是，有氧呼吸和无氧呼吸产生的能量哪个更多呢？能量又以何种形式存在呢？这两个问题将会引导学生把反应式中的问题具体化分析，可以帮助学生更加透彻地理解细胞呼吸的反应式。

"能量的多少"如何来算？给出数据是最直观的方法，但是，不利于学生的理解，如果我们把问题的核心转移到产物酒精，就迎刃而解了。学生能够想到酒精依然可以燃烧，应该还蕴含着一部分能量，因此，无氧呼吸释放的能量应该小于有氧呼吸，而乳酸，虽然学生没有看过其燃烧，但是知道乳酸属于有机物，而有机物的特点之一就是可以燃烧，再次佐证上述推测的正确性。

"能量的形式"包括什么？可以设问：体温是如何维持的？细胞中的化学反应式如何顺利完成？学生可以将能量的形式具体化为热能和ATP中的能量。

经过总体→具体的深化加工后，学生对方程式的细节有了更加明确的认识，有利于其发散思维的形成，发散思维的培养和提升也是深度学习的关键目标之一。

三、孤立→融合

学生在学习知识过程中，总是会不断地遗忘。根据艾宾浩斯遗忘曲线，我们知道遗忘在学习之后立即开始，而且遗忘的进程并不是均匀的。最初遗忘速度很快，以后逐渐缓慢。因此，不断地将相对孤立的章节和知识点融合起来，将其纳入新的情境中去使用，有助于学生将短时记忆转变为长时记忆。

例如，在细胞呼吸的讲解中，我们可以进一步针对总反应式追加提问：CO_2、O_2、$C_6H_{12}O_6$等物质是如何跨膜运输的？酒精是如何被运出细胞的？如果酒精不能及时被运出细胞会产生什么后果？为了使反应速率变快，细胞会采取什么策略？从而帮助学生回忆物质跨膜运输方式、蛋白质变性、酶的催化作用等相关知识。相信类似这样的问题能够有效促进学生将孤立的知识逐步融合起来，从而逐渐培养学生对知识综合运用的能力，

提升深度学习的效果。

四、复杂→简化

在细胞呼吸这一板块，分步反应和对应的场所对学生而言，复杂而困惑，但是，我们可以通过简化策略帮助学生理解其具体步骤。

首先，根据细胞吸收葡萄糖的路径进行细胞呼吸场所的分析，结合图解，学生可以观察得出细胞呼吸场所由外而内分别是细胞质基质、线粒体基质和线粒体内膜。

其次，针对不同场所的反应，可以简化为"原料""条件""产物""能量多少"等部分。学生根据已知的总反应式和生物化学知识可以一步步推导出三部分反应的步骤，具体内容如下。

Ⅰ：葡萄糖在第一阶段生成了丙酮酸和 [H]（还原氢），丙酮酸的化学式是什么？学生可答出 $C_3H_4O_3$，之后顺理成章得出，在这一过程中少量的 H 转换成了 [H]，而且，由于葡萄糖分解得不够彻底，释放的能量也是比较少的。那么，[H] 的作用是什么呢？学生猜测是与某种物质发生氧化还原反应，而氧化还原反应通常会释放出大量能量。这一氧化性物质是什么？学生可以推测出是 O_2。但是，这一过程产生 [H] 的量还是很不足的。细胞接下来的任务是什么？学生猜测，生成更多的 [H]。

Ⅱ：丙酮酸进入线粒体基质后，在相应酶的作用下会产生 [H]，但是，丙酮酸全部的 H 贡献出来也不够多，这时候细胞将会寻找一种含 H 比较多的物质来生产 [H]，这种物质可能是什么？学生推测是 H_2O，原因由学生讨论得出，即细胞内水的含量最丰富。丙酮酸和水生产出了大量 [H]，剩下的元素组成了什么物质？学生通过化学式分析，可以得出，另一种产物为 CO_2，同时，由于丙酮酸进一步分解为了无机物 CO_2，应该也会产生少量能量。因为有了水的参与，有氧呼吸的总反应式更正为，反应物和产物分别添加 6 个 H_2O。

Ⅲ：通过观察，学生发现只有 [H] 仍在"备战"，第三阶段的反应也就顺理成章得出了，即 [H] 和 O_2 结合生成 H_2O，并释放大量能量。

通过问题串的设置，将复杂的反应式变成了有逻辑的推理，实现了"授人以渔"的效果。当然，在这一部分，我们还可以提出引起思维冲突的问题："所有能够进行有氧呼吸的都是真核细胞吗？"学生猜测不一定，因为有酶即可，此时，可举例说明蓝细菌进行有氧呼吸；"而真核生物的某些细胞，如哺乳动物成熟的红细胞却是无法进行有氧呼吸的，为什么？"学生从细胞结构的角度出发思考，可以想到哺乳动物成熟的红细胞没有线粒体，而从功能的角度出发，可以知道红细胞的任务是运输氧气，为了更好地实现功能，便采取无氧呼吸的方式完成自身的能量供应。至此，学生很快可以想到，生物的以上特点也体现了生物学基本观点之一——"结构功能相适应"。

至于无氧呼吸的部分，简化处理为一张图——"有氧呼吸和无氧呼吸的异同比较"，让学生通过观察，发现无氧呼吸与有氧呼吸的异同之处，自主完成知识的学习。

我认为，将复杂知识内部的联系寻找出来并加以阐释，有利于学生形成连贯的思维，从而更好地把握核心知识，简化而不失条理。虽然复杂知识简化了，事实上是在学生的知识体系中形成了更加清晰的脉络，有利于学生在后续学习中更好地提取知识并加以运用，为后续的深度学习奠定良好基础。

五、案例→规律

在有氧呼吸和无氧呼吸过程中，我们以葡萄糖为例进行了详细的阐释，但是，细胞能够利用的营养物质不止葡萄糖。以"荒野求生"为例，学生可以分析得出，人们首先利用的是葡萄糖，当葡萄糖消耗殆尽，则会进一步消耗糖原、脂肪、蛋白质等物质。可见，各种有机物中存储的能量都可以经过细胞呼吸释放出来。因此，我们可以将细胞呼吸的实质由案例推广至规律，即分解有机物，释放能量。

这一过程对于学生非常重要，规律的生成有助于学生更好地理解这一过程发生的本质和意义，促进学生形成基本学科素养，达成深度学习的高阶目标。

六、小结

在以上授课案例中，我将细胞呼吸的深度学习策略初步划分为 5 类，分别是形象→抽象、总体→具体、孤立→融合、复杂→简化、案例→规律，这些学习策略对于我们打造更加生动的深度思维的课堂是非常有效的，当然，还有更多符合学生年龄特征的深度学习策略需要我们去思考和发掘，期待这些策略能够卓有成效地帮助学生建立更好的科学探究能力。

人文与综合

打造学生互评的课堂　促进深度学习的发生

刘丽

教师在教学中积极组织学生互评是促进课堂深度学习发生的有效手段。通过互评，能够激发学习热情，深化对知识的理解和掌握，提升思考力和创新能力，还可以培养合作意识和规则意识，使学生之间的合作更加紧密、教学氛围更加和谐。因此，实施课堂同学互评是课堂促进深度学习的重要一环。

一、课堂学生互评在提升学生学习能力方面的作用

课堂学生互评在提升学生学习能力方面有着诸多具体作用。这种评价方式鼓励学生积极参与课堂活动，促进彼此之间的交流和合作，从而有效提高学生的学习效率和质量。

首先，课堂学生互评有助于提高学生的问题分析能力。在互评过程中，学生需要仔细倾听并思考其他同学的发言，对其进行客观、全面的评价。这一过程要求学生具备深入的问题分析能力，能够从不同角度审视问题，发现其中的优点和不足。通过不断的实践，学生的问题分析能力会得到显著提升。

其次，课堂学生互评有助于提升学生的语言表达能力。在评价其他同学时，学生需要用准确、流畅的语言表达自己的观点。这要求学生具备清晰的思路和良好的语言表达能力。通过互评活动，学生可以锻炼自己的口才，提高表达的准确性和流畅度。

再次，课堂学生互评有助于培养学生的倾听和辨析能力。在互评过程中，学生需要认真倾听其他同学的发言，理解其观点，然后进行比较和分析。这要求学生具备良好的倾听习惯和辨析能力，能够准确捕捉关键信息，做出合理的判断。通过互评活动，学生可以逐渐养成良好的倾听习惯，提高辨析能力。

最后，课堂学生互评有助于增强学生的反思和改进能力。在评价其他同学时，学生需要反思自己的学习过程和方法，发现自身存在的问题和不足。同时，通过接受其他同学的评价和建议，学生可以及时调整自己的学习策略、改进学习方法，从而提高学习效果。

课堂学生互评在提升学生学习能力方面具有显著作用。通过互评活动，学生可以锻炼自己的问题分析能力、语言表达能力、倾听和辨析能力，以及反思和改进能力。这些能力的提升将有助于学生在学习中取得更好的成绩和进步。

二、课堂互评的依据——评价指标的制定

课堂互评是教学活动中一种重要的评价形式。学生之间的相互评价，不仅能够提高学生的参与度和积极性，还能帮助学生更好地理解和掌握学习内容。而制定合理、有效的评价指标，则是确保课堂互评能够发挥其应有作用的关键。如何制定科学合理的课堂互评评价指标呢？

首先，明确评价目的。在制定评价指标之前，我们需要明确课堂互评的目的，是为了检查学生对知识的掌握程度，还是为了评估学生的表达能力、合作能力等非认知方面的表现？明确评价目的有助于我们更有针对性地制定评价指标。

其次，梳理评价内容。根据评价目的，我们需要梳理出需要评价的具体内容。例如，如果评价目的是检查学生对知识的掌握程度，那么评价内容就应该包括学生对知识点的理解、应用等方面；如果评价目的是评估学生的表达能力，那么评价内容就应该包括学生的语言表达、思路清晰度等方面。

再次，确定评价指标。在梳理出评价内容后，我们需要将评价内容转化为具体的、可操作的评价指标。这些指标应该具有明确性、可衡量性和可操作性。例如，对于知识点的理解程度，我们可以制定"能够准确解释概念""能够举例说明应用"等评价指标；对于语言表达能力，我们可以制定"表达清晰、流畅""用词准确、恰当"等评价指标。

此外，在制定评价指标时，我们还需要注意以下几点。

第一，指标要具有全面性，能够涵盖需要评价的所有方面。全面性意味着评价指标应该涵盖学生表现的各个方面，包括但不限于知识掌握程度、技能应用、学习态度、合作能力、创新能力等。只有全面考虑，才能避免评价结果的片面性，从而更准确地反映学生的整体表现。例如，在评价一个学生的课堂表现时，除了考虑其回答问题的正确率，还可以包括其参与讨论的积极性、提出问题的质量、与同学的合作情况等多个方面。

第二，指标要具有针对性，能够针对不同学生的不同表现给出准确的评价。针对性意味着评价指标应该根据评价目的和学生特点进行制定，能够针对不同学生的不同表现给出准确的评价。不同的学科、年级或学生群体可能需要不同的评价指标。例如，对于初中低年级学生，评价指标可以关注基础知识的掌握和学习习惯的养成；而对于高中学生，则要更注重高级思维能力和问题解决能力。

第三，指标要具有可比性，能够使不同学生之间的评价结果具有可比性。可比性是指评价指标应该能够在不同学生之间进行比较，以便了解学生在群体中的相对位置。这要求评价指标具有明确的量化标准或等级划分。例如，在评价学生的写作能力时，可以使用具体的评分标准，如文章结构、语言表达、内容深度等方面的评分细则，以便对不同学生的作文进行客观比较。

第四，指标要具有灵活性，能够根据教学实际情况进行适当调整。灵活性意味着评价指标应该能够根据教学实际情况进行适当调整。教学环境和学生需求的变化可能要求

对评价指标做出相应的调整。例如，在课堂教学过程中发现学生对某个特定话题特别感兴趣，教师可以临时增加与该话题相关的评价指标，以更全面地评价学生的表现。

第五，制定评价指标后，我们需要通过实践来检验其有效性。这可以通过观察学生在评价过程中的反应、分析评价结果与学生实际表现的吻合程度、收集师生的反馈等方式进行。通过实践检验，可以发现评价指标可能存在的问题和不足，进而进行修订和完善。

制定课堂互评评价指标是一项需要认真思考和细致工作的任务。只有在明确了评价目的、梳理了评价内容、确定了具体指标，并经过实践检验后，我们才能确保课堂互评能够发挥其应有的作用，为学生的全面发展提供有力支持。

三、有效地组织和实施课堂学生互评的策略

有效地组织和实施课堂学生互评是教学过程中的一个重要环节，它不仅能够帮助学生深化对知识的理解，还能提高他们的批判性思维和沟通能力。为了确保课堂学生互评能够达到预期的教学目标，以下是一些策略。

1. 合理分组与角色分配

为了充分发挥学生互评的效果，教师可以根据学生的学习水平和性格特点进行合理分组。每个小组的人数应适中，以确保每个学生都能充分参与。在小组内，可以设立组长、记录员等角色，明确各自的职责，促进小组内的有效合作。

2. 提供互评示范与指导

在开始互评之前，教师可以先进行一次示范评价，让学生了解如何评价他人的作品或表现。同时，教师还可以提供具体的指导，如如何分析作品的优点和不足、如何提出有针对性的建议等。这样可以帮助学生更好地掌握互评的技巧和方法。

3. 鼓励积极参与和正面反馈

在互评过程中，教师应鼓励学生积极参与，勇于表达自己的观点和建议。同时，教师应引导学生以积极、正面的态度进行互评，避免批评或指责他人。教师可以强调互评的目的是相互学习、共同进步，而非简单地评价他人。

4. 及时总结与反馈

互评结束后，教师应及时对互评过程进行总结和反馈。可以邀请部分学生分享他们的互评体验和收获，也可以对互评中出现的问题进行点评和指导。此外，教师还可以根据学生的互评结果和反馈调整教学策略，以更好地满足学生的学习需求。

5. 注意保护学生的隐私和自尊

在互评过程中，教师应尊重学生的隐私和自尊，避免将学生的个人信息或作品公之于众。同时，教师还应引导学生尊重他人的劳动成果，避免恶意评价或攻击。

总之，有效地组织和实施课堂学生互评需要教师的精心设计、组织和引导，课堂教学中积极组织学生互评能够促进课堂深度学习的发生，培育核心素养，促进学生的全面发展。

构建活动型学科课程的几点思考

鹿美丽

　　《普通高中思想政治课程标准（2017 年版 2020 年修订）》明确提出，构建以培育思想政治学科核心素养为主导的活动型学科课程。本课程力求构建学科逻辑与实践逻辑、理论知识与生活关切相结合的活动型学科课程。学科内容以思维活动和社会实践活动等方式呈现，即通过一系列活动及其结构化设计，实现"课程内容活动化""活动内容课程化"。那么，如何将活动型学科课程的教学理念切实地落实到思想政治课堂的教学实践中，需要教师围绕一定的议题，开展活动设计，使学校成为"学习共同体"，在教室中实现"活动的、合作的、探究的学习"，让学生在实践活动中历练，在自主辨析中感悟，自觉践行社会主义核心价值观。

一、从生活到议题，从目标到素养

　　活动型学科课程的构建需要立足于学生的生活情境，真实还原现实生活，以此作为教学情境。活动型学科课程与活动课程最大的区别在于，它不是围绕生活中的主题而开展探究活动，而是课内议题活动的延伸、拓展和深化，其实质是促进学生学习方式的转变，即引导学生开展学科内的探究性学习[①]。所以活动型学科课程是教师借助学生真实的生活情境设置冲突，学生围绕议题展开探究。近年来，反校园欺凌倍受关注，这又与学生的校园生活紧密相连，我以班级红五月参赛时师生激情共唱、选手评委积极互动的场景导入，营造温暖和谐的班级风貌，继而观看视频，2018 年 1 月 3 日，宁都县思源学校 7 名女生因怀疑同班同学向老师举报她们吸烟，对该同学进行殴打，造成其脸部和嘴角受伤，教师以前后鲜明的反差激发学生的情感，寻求反校园欺凌之路，进而开始以"公民参与立法有什么意义、有哪些途径"为议题，探究推进科学立法、民主立法、依法立法，以良法促进发展、保障善治的意义，理解公民依法行使民主权利的制度。

　　活动型学科课程如何处理三维目标与核心素养的关系？高中思想政治学科核心素养是学生在接受思想政治教育过程中逐步形成的知识、能力、情感态度价值观等方面的综合表现，是学生通过高中思想政治学习能够体现出的、带有本学科特性的必备人文品质和关键综合能力。可见，三维目标是核心素养形成的要素和路径。教学设计中教师需

---

① 朱志平. 基于核心素养的思想政治活动型学科课程 [J]. 思想政治课教学，2016（5）：5.

要将服务于学生发展核心素养的学科核心素养目标落实到课程目标中，而学习目标的确定既要基于课程标准，又要研究学情。基于《普通高中思想政治课程标准（2017年版2020年修订）》模块4"哲学与文化"中"1.4描述世界是普遍联系的、永恒运动的，领会全面地、发展地看问题的意义，学会运用矛盾分析法观察和处理问题"，我确定了"用对立统一的观点看问题"的议题，锁定学生感兴趣的电影题材《复仇者联盟3》为生活情境，开展问卷调查，发现学生对矛盾举例时，仅将矛盾理解为对立的两个方面；而且认为机器人的应用是未来的事情，不是当下的问题；甚至受影视作品影响，多数学生认为机器人对人具有威胁。基于以上情况，指向核心素养的目标设计为：在人与机器的关系中掌握矛盾的同一性和斗争性，运用对立统一观点观察事物，分析问题，解决矛盾，做出科学的解释、判断和选择；就未来人类与机器人的关系走向展开辩论，培养学生"更有秩序生活"的意识；创设情境模拟活动，为中国企业建言献策，展现学生的责任担当。

二、从选材到用材，从兴趣到价值

习近平总书记指出，中华优秀传统文化是我们最深厚的文化软实力，也是中国特色社会主义植根的文化沃土。为此，我们需要大力传承发展中华优秀传统文化，坚定文化自信。无论是个人全面素质的提高，还是文化振兴繁荣、文化自信，抑或是推动整个社会健康全面地发展，思想政治课都起着非常重大的基础性作用。思想政治课堂理应承担传承中华优秀传统文化、加强德育和美育的多重功能，在思想政治课堂中，以中华优秀传统文化为载体，帮助学生培养审美意识和创造精神，正确理解和善于欣赏中华优秀传统文化的艺术美与现实美，增强传承与传播、创新与发展中华优秀传统文化的能力，重在审美教育、塑造健全人格、陶冶高尚情操。

思想政治课堂所涉及的广泛的理论均是人类从实践活动中获得的，是对客观事物及其运动和变化发展规律的反映。知识本身具有丰富生动的实际内容，而呈现它的语言文字则是抽象和简约的。中华优秀传统文化有利于激发传统文化情感，在践行中华优秀传统文化的行为中感悟体验经济道理、哲学思维，所以我也尝试着挖掘传统文化资源作为开展思想政治课堂教学的有效情境。在《企业的经营》一课中，我以北京传统手工艺鬃人的振兴与发展为教学情境，活动开展过程中深入用材，效仿2017年高考题的形式，设计"传统手工艺品调查问卷"，在了解学生学情、市场行情的基础上，开展小组活动，模拟部门，出谋划策。针对北京传统手工艺鬃人发展的现状，结合公司的组织机构、公司经营成功的因素等知识支撑，探寻市场部门的职责、技术部门的举措、品牌部门的宣传及需要注意的问题，以及销售部门销售不利可能带来的后果、总经理如何综合各部门情况做出决策等。通过对选定情境的深入挖掘，引导学生从探究北京传统手工艺创新发展的过程中理解领会企业成功的关键因素，培养科学选择的意识，体验理性决策的意义。通过生动有趣的传统文化资源，教师作为师生平等互动中的"首席"，别开生面地开展"活动的、合作的、探究的"议题，调动学生积极参与的态度、主动表达的欲望，使其融入教师创设的情境氛围，在认识中华优秀传统文化基础上形成价值观念，并转而指导自身在生活中践行社会主义核心价值观。

三、从活动到内容，从问题到思维

以培育核心素养为主导的活动型学科课程力求通过"活动"把"内容目标""教学提示"有机整合起来，通过选定的议题开展活动，使"知识内容依托活动""活动过程提升素养"。在《文化传承与创新》一课，借助美国波士顿友好学校来访，组织学生分组竞标校国际部的接待企划书，要求展现北京独具的文化特色。学生在实地考察过程中，真真切切地展现着古都、文化、长城、奥运等线路，并针对传统与现代有机结合的故宫文创发起"文化故宫我创意"活动，从文具产品、宫廷饮食到儿童玩具、宫廷饰品等，有写有画，最具创意奖的是将各朝代的皇帝做成俄罗斯套娃的形式，简单明了地展现历史朝代顺序。通过活动学生深入挖掘故宫丰富的文化资源，研究人们的生活和需要，创造更多的机会让人们了解、体验中华优秀传统文化，透析文化的传承、发展和创新，做中外文化交流的使者。

问题的设计需要走出引导性问题、知识性问题的框架束缚，探索尝试高度开放、引导思维、没有标准答案的核心问题，问题的目的是让学生持续进行探究，核心问题的目的是意义建构，并非简单知识陈列。在《企业的经营》一课中，由最初简单的知识性问题，如什么是企业、什么是公司、公司的组织机构是怎样的，研磨为以老北京传统工艺鬃人的振兴发展为情境，逐层分析问题："假如你是一名企业经理人，你是否会选择投资鬃人传承人？理由是什么？""鬃人传承人更适合哪种形式的公司？如何运行？"问题是相对开放的、有冲突的，没有唯一固定的标准答案，答案合理即可，而且学生之间的思维碰撞、观点质疑，渗透着科学精神、创新精神。依据调查结果设置问题，你认为品牌部在运行过程中应该注意哪些问题？根据上述问卷结果的反馈及自身的购物经验，探究销售部如何有效提升业绩（参考销售地点、销售途径、销售人员、社会影响等），同时给出思考的路径，为学生分析形成观点提供"脚手架"、搭建台阶。经理部的质疑恰到好处，引起不同部门的建议交锋，在企业的经营与发展策略上出现不同的声音，其中有部门质疑茶艺文化与鬃人文化结合的可行性，质疑物流问题，为实际问题的解决提供了极有价值的想法与建议。

而在《用对立统一的观点看问题》一课中，我遵循捷克教育学家夸美纽斯的自然适应法则，循循善诱，逐层分析，针对学生习惯侧重于原理，为原理去配分析，缺乏对材料的感悟和体会的情况，问题设计时去除设问中的原理限定，引导学生先针对背景材料去探讨对话，在对话的基础上归纳关系，从而自然地形成知识。将"知识为先，配加分析"转换为"对话为先，体悟知识"，从而使学生明确是"用哲学"而非"背哲学"，以此引导学生形成辩证的思维方式，在今后的社会生活中遇到复杂问题，能下意识地运用哲学方法去思辨问题，拨开已有认知的迷雾。设置情境，让学生作为不同企业的经理，回复董事会的两个提议，分析不同企业使用机器人代替人工的利弊。明确小组活动要求、评价规则，预设蝴蝶式图形，从优与弊两个维度给出学生思考的角度，培养学生全面分析问题的系统思维。

伴随着新课程改革的发展，我已然由一名默默无闻的关注者成长为一名饱受考验的参与者，我勇敢地开放自己的课堂，探索着中华优秀传统文化滋润下的情境沃土，尝试着开展不同形式活动发挥学生的主体作用，寻求着培育学生思想政治学科核心素养的有效方法，努力提升师生践行社会主义核心价值观的能力，表达着师生对北京、对祖国的热爱与自豪。

基于核心素养的任务型教学策略

刘君花

随着中考改革的不断深入，道德与法治课不仅做了全方位的改变，而且于 2022 年出了全新的课程标准，这对初中道法与法治课的教师而言是福音。但是道德与法治的重要地位也越发凸显，怎么守好自己的主阵地——课堂，如何进行高效教学和学习更是摆在我们面前的挑战。

道德与法治学科有其特殊性，不仅承担着中考选拔人才的功能，而且承担着培养担当民族复兴大任的时代新人的任务，这就要求教师在教学中以学生为本，把育人功能充分发挥，要激发学生的学习兴趣，提高学生各方面能力。所以，笔者认为在道德与法治课堂中"任务型学习"是不错的选择。

任务型教学模式是适合学生发展的以"任务"的提出为基础、以学生为中心的，要求学生从做中学的教学模式。通过对任务型教学的研究，能够进一步了解当前学生在道德与法治教学中的重点和难点，提出"任务驱动型"教学模式，帮助学生更好地转变学习方式、提高学习能力，在提高学习能力的同时，帮助学生更好地发挥自身潜力，实现核心素养的培养。

使用任务型学习模式，首先学生得能读懂问题。此处的读懂问题不仅是问题本身，更重要的是与问题相关的材料。每一个问题都会基于一定的材料而提出，因此，读懂问题就转化成了阅读材料的能力。

学生阅读能力欠缺主要表现在读不懂内容，看不明白题目要求，答非所问或答题有遗漏，语言组织能力较弱等。阅读能力弱的原因主要有以下几个。

第一，缺乏原有知识。现在各科要求的阅读量都相当大，如果一个孩子从小缺乏对阅读的培养，那么他在初中阶段就会在阅读中表现得相当落后，以至于影响成绩。

第二，缺乏阅读方法。有些学生虽然有一定的阅读基础，但是在面对新要求和阅读量大及复杂的情况时，就会表现出阅读欠佳的问题，所以需要进行阅读方法的指导。

第三，缺乏阅读兴趣。有些学生一看到阅读量很大的内容，就会产生厌烦的情绪，这种情绪会直接成为阅读的障碍。所以如何提升阅读能力成为实现道德与法治学科中任务型学习的关键因素。

一、教会学生学会阅读教材，建构新知

新课程改革的理念之一就是倡导由"道德教育"向"道德学习"转变，重视学生的全面参与、亲身践行、主动思考、自己感悟。而且现教学重视回归课本，要达到这一教学目标，就应该教给学生阅读教材的方法，准确分析材料所隐含的信息及所要表达的政治观点。

（一）自读教材，建立知识结构

这一环节以自学为主。首先让学生浏览一下教材的大框题，初步了解本节课知识结构，然后根据小框题内容自我整理知识结构图，知识结构要条理清晰、一目了然，整理完后，对比教材进行查缺补漏。对重点知识细化结构，对难点要做出标记，并积极主动地思索，找出不懂的地方，以便和其他人讨论。

（二）小组阅读，完善知识结构

这一阅读方式主要以小组讨论交流为主。学生在初读教材的基础上，自我总结归纳出本节课的知识结构图，这样难免有疏漏和不完整的地方，通过小组的交流与讨论，再次阅读教材、研究教材，感悟教材的本质内涵，总结出较为完善的知识结构图，为升华教材奠定基础。

（三）拓展阅读教材，丰富知识面

阅读不能局限于课本知识，应该增加课外阅读量，如时事政治、国内要闻、法律法规等，从而丰富学生知识视野，为学生解题时提供更多、更翔实的生活素材。对这些素材来说，学生解决不了的再由教师做讲解和点拨。例如，我国实施科教兴国战略的意义是什么？国家应如何实施科教兴国战略？我们中学生应该承担什么责任？这些问题的提出、探讨和解决有助于学生从宏观知识体系中把握、理解教材，也训练了学生的逻辑思维，拓展了学生的分析思路，从而有助于学生可持续发展能力的养成。

上述的阅读训练，既能锻炼学生的主动思考、分析归纳、总结概括等能力，又培养了学生的团队合作精神，使其学会了对教材的加工与处理，为考试理解题意、做答提供了知识储备，又在学习过程中提高了学生的探究合作能力，从而变"要我学"为"我要学"。

二、引导学生学会阅读生活素材，实现学以致用

道德与法治课应该落实从教材到生活、从课内到课外的教学理念，既使学生将学到的书本知识运用到生活实际中，提高了学生认识生活、理解生活及解决实际问题的能力，又使他们在丰富多彩的生活中与他人、社会和谐相融，提升了他们的学习兴趣和

热情。

陶行知先生说过，生活是教育的中心，用生活来教育，教育要通过生活才能发出力量而成为真正的教育。道德与法治课程有一定的生活素材，但其内容与学生的年龄特点、社会实际情况还有一定差距。为达到好的学习效果，更好地理解教材内涵，要从生活方方面面解读课程，尤其是中考考查的题目，多是联系生活实际的材料，学生只有学会阅读生活，才能客观把握题目观点，提高学生实践应用能力。

三、教会学生学会读题，找准关键词，提高学生的解题技巧和答题能力

在教学过程中，很多学生平时学习成绩不错，但考试结果往往不如人意。其原因主要是审题不清，抓不住题眼，答题时出现很多不应有的失误，漏洞百出，缺乏严谨性。针对学生这一弱点，在平时教学时，我注意加强对学生的阅读指导，教给学生审题技巧，要求学生做到读懂后再做题。

对于简单的题目，第一遍读题时就要找准关键词，及时做出正确的判断，不能出现明明会做却因审题不清、答非所问丢分的情况，应做到会做的题目保证不能丢分。

对于复杂点的题目，第一遍审题不清，第二遍读题时要抓住题材的重点。尤其是那些材料分析题和辨析题，学生读着很熟悉，做起来挺简单，就是答不到点子上，找不到重点，导致失分较多。这时通过具体试题，教给学生阅读方法，找出关键点，并能使其快捷地找到答案的切入点，同时使答案目标明确，重点突出。例如，有人认为，对西部来说最根本的就是发展经济，所以以牺牲环境为代价也是可以的。请问这个观点正确吗？为什么？读完题目可以得出这样的观点：西部地区发展要以经济建设为中心，为发展经济而牺牲环境也未尝不可。但细细审题并加以分析可知：此题的重点并不在于"西部也应发展经济"，而是指出"可以牺牲环境来发展经济"的错误观点，这样答题思路就明确了。要用发展的眼光看问题，西部经济建设作为中心没问题，但决不能以牺牲环境为代价，相反必须保护好环境，保护环境就是保护和发展生产力，实施可持续发展战略。

四、激活学生的兴趣

兴趣决定阅读效果，这是不争的事实。初中生的心理特点告诉我们，课前激趣是很重要的，教师应在学生学习每一篇文本前设计一点精美的导语来调动学生的情感体验和求知欲望，这一环节是阅读教学的优秀传统，我们不能以把一切空间都还给学生为借口而放弃这一有生命力的东西。当然，仅这一点方法还远远不够，初中生的身心特点还告诉我们，他们的注意力很难保持。教师在阅读教学过程中还需注意采用多种手段让学生始终保持激昂的情绪，如不断锤炼自己的语言，力求语言亲切精练幽默，并适当辅之肢体语言；多鼓励、多肯定学生，经常性地让学生品尝发现的快乐；灵活运用变式教学，

教学方法和教学辅助手段要灵活多变等。总之，教师要能调控课堂节奏和情绪，力求让学生在亢奋状态下完成阅读任务。

例如，教材中关于"珍爱生命"的一节，讲述了一个伐木工在森林里伐木，被锯倒的树压在了他的腿上，为了生存，他不得不用电锯截肢爬回家而脱险的故事，外加题为"生命的渴望"的小草在乱石堆中顽强生长的图片，学生在阅读过程中兴趣高，且由于静心阅读，情感体验深，在讨论"当遇到如此艰难的抉择时，你能果断地选择生存吗?"时，学生的积极性被充分调动起来，对生命的敬重和珍爱有了更深的认识。

综上所述，道德与法治课的阅读对提高学生的理解、分析、解题等能力至关重要，也是实现任务型学习的条件，通过阅读指导，不仅能培养学生的终身学习意识，提高学生的综合运用能力，更能收到很好的教学实效。

深度学习视觉下的作业设计

杜琰

新课程标准指出，政治教学要面向全体学生，注重对其政治能力的培养。政治作业练习是培养学生政治能力的有效途径之一，政治作业的设计应着眼于当前社会发展和高中学生成长的需要，增强针对性、开放性、时政性、研究性、主体性，建构新的政治作业设计模式，促进学生的全面发展。

为进一步贯彻落实"双减"政策，全面推进素质教育，切实减轻学生的作业负担，我校政治学科组聚焦于学生的日常作业，通过对学生个性化作业的设计，进一步实现了"减负、提质、增效"目标的落实。

思想政治课的一大特点是时效性很强，其生命力在于理论联系实际。在教学中，应重视对学生时政素质的培养和训练，适时布置一些时政作业。例如，开"两会"期间，给高三学生布置作业：①我国现时的国家主席、全国人大常委会委员长、国务院总理、全国政协主席、中央军委主席、最高人民法院院长、最高人民检察院检察长分别由谁担任？这些职务是怎样产生的？据此说明我国的政体属于哪一类。②全国人民政治协商会议和全国人民代表大会分别是哪一天召开？这样安排有何重大意义？③我国的国家机构如何设置？它们之间的关系怎样？学生通过报刊、网络等查阅搜集这些时政资料，了解到我国现时的政治、经济制度和政策，拓宽了学生的视野，使其进一步理解党和国家的方针政策，提高了其分析和解决现实问题的能力。

在过去，政治作业多以文字为主，侧重于知识考查，重结论轻过程，只是简单回答是或不是。新课程标准指出：要倡导研究性学习方式，鼓励学生独立思考、合作探究，为学生提供足够的选择空间和交流机会，使其能够从各自的特长和关切出发，主动经历观察、操作、讨论、质疑、探究的过程，富有个性地发表自己的见解，以利于培养求真务实的态度和创新精神。所以在进行作业设计时，千万不能走老路而违背新课程的要求，要使作业形式多样化，如进行社会调查、撰写时政小论文、开展社会服务、举办辩论赛等，只要是有利于学生发展的都可以为我所用。

一、前置性作业

1. "前置性作业"的布置

目的在于通过新颖的方式让学生提前对课堂内容进行自主或合作式探究性学习。在本学期前置性作业的实践中，我们探索出几种行之有效的作业设计方式，如时政新闻收集与课前分享。

设计意图：提升学生关注时政的热情，逐步学会运用所学知识点评时政热点，培育学生政治认同、科学精神等核心素养。

2.制作知识卡片

设计意图：在学生生活经验较少时或进行较难知识的学习之前，以个人或小组为单位，通过网络查询或阅读相关书籍等方式收集资料并制作知识卡片，以达到提高课堂效率的目的，培养学生合作、探究能力。

3.情景剧设计与表演

设计意图：由学生进行分工与合作，使其通过对情景剧的设计与编排，将知识主题或两难问题结合生活经验转化为课堂表演，让学生在情境中获得观点，在真实体验中提升道德修养、法治观念和责任意识。

二、课后作业

突破传统习题训练的课后作业模式，以学生为主体，将个性化设计融入其中，用学生喜闻乐见的形式提高学生的学科素养。

1.思维导图

设计意图：通过自主设计并梳理思维导图，激发学生深刻且富有创造性的思考，在创作过程中锻炼学生的逻辑思维能力与动手能力，同时加强对知识的理解和概括能力。

2.小小宣讲员

设计意图：主要以宪法常识讲解和宪法知识交流为主，让学生成为宪法的"讲解员"，加深学生对宪法知识的理解，提高学生的宪法意识与政治认同，同时提高其表达能力与社交能力。

3.拓展阅读

设计意图：使学生结合课本所学知识，通过推荐阅读书目和相互交流的方式，进行相关主题的阅读与知识拓展。

个性化作业设计让学生真正成为学习的主人，不仅激发了学生的学习兴趣，而且满足了学生的多样化需求，展现了学生的优势与特长，为学生的健康成长和全面发展提供了更为坚实的支撑，让学生切实体会到学习的乐趣。

三、评价反馈合理，重视主体性

新课程标准的一个重要理念是建立促进学生发展的评价机制，改变过分注重知识性和单一的纸笔测验的评价方式，建立能够激励学生不断进步的评价机制。

改变政治作业的评价主体。新课程标准强调学生既是评价对象，也是评价主体，要采用多种方式培养学生的自我评价意识，发展其自我评价能力。例如，对学生在集体生活中的各种表现、各自不同的学习观念和学习效果，都可给学生相应的自我评价的机会。在学生完成作业后，不必把作业交给老师，先让学生自评，然后小组互相传阅已自评的作业，进行互评、修改。通过自评和互评，学生能以老师的身份审视自己的作业，也有机会评阅对方的作业，从而相互学习，取长补短，增加合作、交流的机会。

坚持对学生的能力发展给予肯定性评价。新的课程标准要求对学生的沟通、合作、表达能力，搜集与筛选多种社会信息、辨识社会现象、透视社会问题的能力，自主学习、持续学习的能力等，都要注重从积极的方面、用发展的眼光给予评价。因此，在对学生作业的批改中，要多采用激励的方法，让学生感受到老师的鼓励、赞赏与帮助；教师对学生的努力、成绩和进步，要在评语中表现出发自内心的赞赏与喜悦；而对于学生作业中的过错要以恰当的方式指出，批评要委婉，重在鼓励。

总之，新课程标准要求教师以全新的理念来关注教学。作业的设计和反馈是教学中不可缺少的一个环节，我们要认真学习新课程标准，设计出一些较好的政治作业，真正提高学生的学习效率，发展学生的各种能力。

历史学科基于单元主题教学的深度思考

安海燕

"深度学习"就是指在真实复杂的情境中，学生运用所学的本学科知识和跨学科知识，运用常规思维和非常规思维，将所学的知识和技能用于解决实际问题，以发展学生的批判性思维、创新能力、合作精神和交往技能的认知策略。

《中外历史纲要》具有纲要式、内容多、体量大的特点，教师要在有限的教学时间内，既能完成教学任务，又能让深度学习真正发生，必须对教科书文本进行深度解读，把握客观历史的演变逻辑和学生认识历史的思维逻辑，勾勒单元学习主题的时间与空间范围，归纳核心知识，淬炼单元内容主旨，再由此出发设定符合学情的单元教学目标，进而统摄单课的内容主旨与教学目标，力图在一个单元内实现学生学习内容的体系化。主题教学是指围绕一个核心内容展开的教学程序，带有鲜明的属性特点。在历史学科教学中，教师要精选主题内容、设定明确的教学目标、推出多种主题活动、延伸主题教学训练设计，为学生提供更多学习选择，让深度学习自然发生，促进学生学科核心素养的成长。教师进行深度学习视域下的主题教学，需要有融合意识，将主题教学内容与深度学习结合，这样才能有效地提升教学适配性。

一、精选主题教学内容

在历史教学中，教师要深入教材，对教学内容进行深度解析，找到主题教学设计的起点。教师确定主题内容后，要有意识地渗透深度学习教学设计，让主题教学与深度学习有机结合，其助学效果会更明显。历史学科内容具有系统性的特点，教师在选择主题内容时，要做好分解工作，对主题内容取向做出相应的研究，针对学生实际学习能力，选定主题延伸方向。深度学习是从学生角度设计的，教师在具体教学过程中，需要借助主题教学程序推出深度学习任务，让学生自然地进入深度学习环节。学生只有明确了学习任务，才能够积极地行动起来，对相关信息进行观察分析，对问题展开深入解读，在这个过程中学生能收获全新的学习体验，符合深度学习特点的要求。

二、设定主题教学目标

教师进行主题教学设计时，需要精选主题教学目标，体现因材施教原则。教师在设计目标时，要对学情有更多的把握，这样才能掌握设计目标的主动权。历史学科内容极为丰富，涉及的知识点众多，教师在设计主题时，要集中进行教学突破，确定主题方向，其设定的目标也要有贴近性，才能让学生自然地进入深度学习环节。教师在教学设计时，要对教学目标进行梳理和筛选，根据学生学习实际做出理性安排，以提升教学适切性。例如，在教学"走向'大一统'的秦汉政治"相关内容时，教师给学生制定的主题教学目标是：阅读文字资料和插图，了解秦王朝集权政治制度的表现形式；在互动交流中明晰历史事件的内涵；运用自主合作探究形式进行分析，采用图示法、问题法、情景法展开学习。教师利用多媒体展示这些目标内容，并给学生做出具体的解读，要求学生针对目标要求展开学习和思考。教师要围绕这些目标开展教学，学生才能跟随教师的指导开展学习，学习氛围才能逐渐建立起来。特别是图示法、情景法的应用，给学生带来了更多直观学习的机会，并且对学生学习情况做总结，给学生提供了更多认知内化的机会。为激发学生学习热情，教师布置了信息搜集任务，引导学生借助多种信息渠道，搜集一些典故、成语等素材信息，对春秋战国时期诸侯争霸的情况做概括。高中生有比较强的独立学习意识，教师提出目标后，学生都能够顺利进入学习探索环节。学生主动学习体现了深度学习的特点，学习效果良好。教师可以鼓励学生参与信息搜集活动，将主题学习活动推向更深处；教师还可以借助多媒体推进深度学习进程，给学生提供更多深入感知体验的机会，让教学渐入佳境。

三、贯通单元教学主旨

深究课程标准、破解课文标题、研读单元导言、抓出核心知识都是淬炼单元内容主旨的有效方法。《中外历史纲要（上）》第二单元"三国两晋南北朝的民族交融与隋唐统一多民族封建国家的发展"下设4课，时间跨度大、知识内容多。每个单元有一个导语，概述单元内各课的核心内容，帮助学生了解学习本单元各课的目的。学生在学习了单元导语后，可大致掌握本单元基本内容。研读单元导言，可提炼出两大主题。一是在纵向时间维度上呈现历史进程中的变化与延续、继承与发展。在把握三国两晋南北朝"民族交融"与隋唐"大一统"的基础上，建构起这两个历史时段内在的联系与发展，即"三国两晋南北朝长期处于分裂状态、政局动荡、战火连绵。与此同时，少数民族与汉族交流、交融，南方区域开发，政治与经济制度发展变化，思想文化也有建树，为隋唐统一多民族封建国家的盛世局面奠定了基础"。二是在横向空间范围中，即在横跨南北、覆盖多民族、辐射周边国家与地区的时空里，多角度审视三国至隋唐时期的特定历史面相，"在分裂到统一、民族交融、区域开发、制度创新、思想文化新成就等方面把握此时期的时代特色。尤其是隋唐时期，统一多民族封建国家得到高度发展，国家统一、疆域开阔，制度创新、政治清明，经济发展、社会繁荣，文化高峰、辐射周边"。基于两大主题，本单元的内容主旨可以确定为"从三国两晋南北朝至隋唐历时七百多年，前三百多年虽大分裂、大动荡、大战乱，但民族交融、区域开发、制度发展，为后三百多年的国家统一、制度创新、文化高峰奠定基础。在历史的继承与发展、交融与创新中,统一多民族封建国家得到高度发展"。"一堂课应该有中心、有重心、有核心、有灵魂,而不是面面俱到、事无巨细和漫无目的地展开"。在单元视域下,把单元内容主旨分解,再分配到每个单课中落实,学生学习的知识内容形成结构化,有利于学生对历史发展的整体认识与深度思考。

四、培养深度历史思维

钟启泉教授认为:核心素养区别于应试学力的最大特质在于真实性,真实性是核心素养的精髓。历史是过去的事情,要让学生了解过去,就要感受、体会真实的历史情境和当时人们面临的实际问题,只有这样才能更好地理解历史。课堂教学离不开情境教学,基于历史情境设计有深度的问题,学生在解决问题的过程中才能更好地掌握知识,发展思维。例如,在教授第 18 课《挽救民族危亡的斗争》"戊戌变法"过程中,教师引入"上谕"作为史料,"上谕"是研究清朝历史的一手史料。根据"上谕"创设历史情境,让学生真切理解和感悟 19 世纪末的那段历史。以下是使用"上谕"设计问题的片段节选:"工部候补主事康有为,结党营私,莠言乱政,屡经被人参奏,着革职,并其弟康广仁,均着步军统领衙门,拿交刑部,按律治罪。"[1]

问题 1:为什么说康有为等人是"结党营私"?(引出维新变法)

问题 2:康有为等人是如何结党营私的?(引出公车上书)

问题 3:为什么康有为等人能够"结党营私"?(引出民族危机的加深、民族资本主义经济的发展和民族资产阶级力量的壮大)

问题 4:为什么说康有为等人的思想是"莠言"呢?(引出维新变法的内容)

问题 5:康有为等人"乱政"了吗?面对"结党营私,莠言乱政",清政府做出了怎样的反应?这种反应说明了什么?(引出维新变法的影响并对其进行反思)

上述的问题设计围绕"结党、莠言"展开,仿佛把学生带入 19 世纪末的那个历史现场,抽丝剥茧、由表及里,最大限度地接近历史的真实,探究历史的真相,体悟历史的智慧。

深度学习与主题教学有很多对接点,在历史学科教学中,教师要有意识地引入深度学习机制,围绕主题内容开展教学,才能够让学生在深入学习研究中形成学科核心能力。教师作为教学的设计者、组织者、参与者,要发挥主导作用,积极整合主题教学内容、优化主题教学设计、推出主题教学活动、延伸主题教学训练,为学生开展深度学习创造条件,实现学习效果的最大化。

---

[1] 朱寿朋.光绪朝东华录 [M].北京:中华书局,1958.

基于核心素养的初中历史大单元教学

——以"资本主义制度的确立与扩展"为例

宁鑫

学科大观念处于学科的核心地位，能够统摄和整合较为零散的学科知识，揭示学科的核心本质，反映学科的核心观点。学科大观念引领下的大单元教学，旨在摆脱以知识掌握和技能训练为核心的"浅层学习"，引导学生走向深度学习并形成核心素养。因此，与知识点的记忆不同，大单元教学需要学生在具体、真实的情境中，通过反复探究、实践而逐步形成。因此，学科大观念引领下的教学需要教师创设大单元、大任务。

具体而言，教师需要根据学科大观念建构学习内容，提炼单元教学主题，设定明确的学习目标，规划大单元教学，并设计相应的大任务，帮助学生全面理解历史的重要性和意义，更好地形成解决真实情境中复杂问题的能力与素养。大单元是将教材中的单元作为一个整体通盘考虑，突破原来的知识框架结构，围绕某一主题或任务，对教学内容进行整体设计和组织实施。它有 3 个典型特征，即大观念统领、大情境创设和大任务驱动。大任务的"大"不是指内容多、范围大或时间长，而是指能够帮助学生有力解决真实情境中的复杂问题，通过完成一个个"子任务"感受学习的价值，形成对历史学科核心、本质内容的概念性理解。大单元教学需从以下几个方面入手，层层递进。

一、依据课程标准，明确学习任务

"资本主义制度的确立与扩展"是九年级上册第六单元"资本主义制度的初步确立"与九年级下册第一单元"殖民地人民的反抗与资本主义制度的扩展"两单元的结合，具有时空范围广、史实容量大、理论性强、逻辑关系复杂的特点，涉及 5 个主要资本主义国家，综合了 6 个课时的内容，大单元的复习除了对基础知识进行梳理之外，还要挖掘两单元之间的内在联系，同时要满足中考考查知识点及题型的需要。基于上述分析，首先我研读了课程标准，明确了重点，2022 年版新课程标准要求掌握英国 1640 年革命、美国独立战争和法国大革命的进程，了解《权利法案》、《独立宣言》、1787 年宪法和《人权宣言》、《拿破仑法典》等文献的主要内容，初步认识这些资产阶级革命的历史意义；通过了解美国内战、日本明治维新、俄国 1861 年改革等史事，初步认识资本主义世界体系的形成。通过对课程标准的整合，基本明确了学生的学业要求方向：能够了解世界近代史上的重要事件、人物和现象，找出重要史事之间的关联，以及历史发展的基本线索，同时能够利用并分析可信史料，初步理解近代政治、经济和思想文化之间的关系以培养学生的唯物史观、史料实证、历史解释等核心素养。基于以上目标，我概括了两个单元的内容主旨，设置了四大学习任务，并且根据学情，每个学习任务都通过具体的学习活动来达成（下文会有列举）。

单元主题：资本主义制度的确立与扩展

单元内容主旨：资本主义制度的产生、确立和扩展是 17—19 世纪西方社会发展的趋势。13—14 世纪西欧社会出现新的生产经营方式，农村出现租地农场，城市出现手工工场，这两种生产经营方式的出现预示着欧洲出现了资本主义萌芽，且催生了新的阶级，即资产阶级，资产阶级的发展壮大促进了文艺复兴、启蒙运动等思想解放运动的产生，新航路的开辟与早期殖民掠夺又为资本主义的发展提供了原始资本积累，这些重大历史事件引发了一系列社会变革，资本主义逐渐发展，资产阶级要求建立符合自身利益的资本主义制度，于是资产阶推翻封建统治的资本主义革命在欧美主要国家相继发生，资本主义制度相继建立，并从局部向全球扩展，对世界历史发展产生深远影响。基于对自身国情和文化的选择，各国资本主义制度又呈现多样性。比如英国推翻了封建君主统治建立了君主立宪制，法国推翻了封建君主专制建立了共和体制，而美国则摆脱了英国的殖民统治，建立起三权分立的联邦共和制。资本主义制度的确立推动资本主义获得极大发展，18 世纪中期后资产阶级通过工业革命极大地解放了生产力，并开始加紧对外扩张与侵略，资本主义制度也在广度和深度上得到了一定程度的发展，俄国、日本通过自上而下的改革走上了资本主义道路，美国通过独立战争进一步完善了资本主义制度。围绕资本主义制度的确立与扩展，我设计了如下五个学习任务。

学习任务一：在地图中标注 17—19 世纪资本主义制度确立和扩展的国家和开始时间。

学习任务二：阅读材料，思考资本主义制度确立和扩展的原因。

学习任务三：比较《权利法案》和美国 1787 年宪法的异同点。

学习任务四：仿写题练习，从图文资料中任选两张图片，说出这些图片共同反映的历史事件，并对该历史事件做简短介绍。

学习任务五：选择合适的材料，说出拿破仑的相关历史事件，并谈谈对拿破仑的看法。

五大学习任务由浅及深，由面到点，使学生在夯实基础知识的同时，深刻理解资本主义制度确立的原因及影响。同时按照课程标准要求，将资产阶级革命中涉及的重要考点（如相关历史事件、法律文件、历史人物的理解与评析）以学习任务的形式让学生复习。

二、创设多样情境，激发探究兴趣

多样的学习情境有利于学习兴趣的提升，并借此培养学生的史学素养。课堂的开始即应以新颖的导入形式吸引学生注意力。本课采取人物肖像的形式以动态导入，让学生在分辨不同历史人物的同时按照"资本主义制度的确立""资本主义制度的扩展"两个主题对人物进行分类，学生则能通过这一情境更好地识记不同主题下涉及的人物，由此引出学习主题。学习任务一与导入环环相扣，顺势让学生在地图中标注 17—19 世纪资本主义制度确立和扩展的国家和开始时间。通过世界地图的展现，学生能直观地标出相应国家及革命时间，识记更为直观，在夯实基础的同时培养了学生的时空观念。在任务三中，我展示出了以下几段材料，并要求学生根据材料完成我所出示的示意图（图 1）。

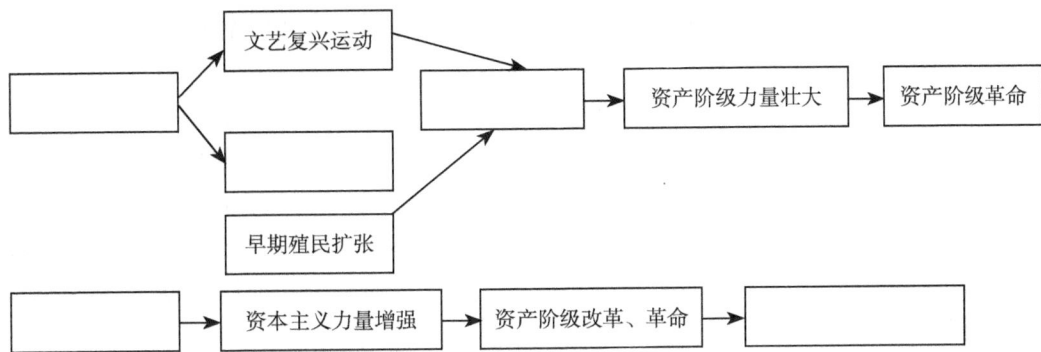

图 1　补充框架示意

材料：

14—15 世纪，西欧资本主义工商业萌芽并逐步发展，欧洲开始酝酿一场重大的变革。文艺复兴是资本主义经济发展在精神文化领域的反映，极大地促进了人们的思想解放，推动了资本主义经济和政治的发展。

新航路的开辟及欧洲殖民者在美洲、亚洲和非洲的殖民掠夺，促进了资本主义的发展，打破了世界各地区相对隔绝的状态，为世界市场的形成创造了重要的条件。

17—18 世纪，随着资本主义经济的发展，资产阶级日益壮大，要求冲破封建统治的束缚。英国、美国和法国先后爆发反对封建专制或争取民族独立的斗争。

19 世纪中期资本主义力量进一步增强，俄国、美国和日本走上了迅速发展资本主义的道路。

此任务以材料阅读完成框架结构的形式让学生梳理资本主义制度诞生的原因、壮大的线索。通过示意图的归纳，让学生将九年级上册第五、第六单元及九年级下册第一单元知识进行连贯整合，深刻地理解资本主义制度的诞生与发展，并实现了大单元教学，整合相关知识的功能。此任务也成为本节大单元授课的重点内容。完善大单元梳理后，我着重以中考导向聚焦具体知识点的复习。比如，在学习任务二中，将常考的《权利法案》《独立宣言》进行对比，让学生归纳二者的共同点，以此完成此知识点的复习，同时进行比较题的学法指导，总结此类题型的答题方法：采取"角度＋都……"的答题格式，并当堂演练，出示俄国和日本资产阶级改革的相关材料，让学生总结革命发生的相似背景。同理，在学习任务四中，出示资本主义制度确立与扩展过程中教材出现的图片，如"光荣革命"、攻占巴士底狱、林肯、华盛顿、亚历山大二世等图片，让学生仿照示例介绍图片反映的历史事件及历史意义，以此复习重大历史事件及其意义，同时锻炼仿写题的答题能力，并给出这一类题型的答题方法：按照分值分析示例结构，仿照示例用代入法完成题目。学习任务五着重让学生掌握中考试题中人物评价的答题方法，通过展示拿破仑的相关材料，让学生结合所学知识评价拿破仑，从而指导学生回答这一类题型时注意多角度及史论结合评价历史人物。以上任务完成后，最后让学生以"资本主义制度的确立与扩展"作为核心词构建本单元的思维导图，由此对本节课的知识结构进行回顾，对细节知识点进行复习。

以上几项任务环环相扣，由面到线再聚焦到点，最后进行梳理总结，立足大单元让学生对"资本主义制度的确立与扩展"进行深入学习。同时，每项具体任务的设计形式各不相同，有人物动画肖像图的展示，有地图展示与标记，有材料分析理解下的知识框架建构，还有仿写题、比较题、人物评价题等中考具体题型的展示与训练，学生在多种形式的教学下减少了庞大知识复习量的枯燥感，能够参与到每一种具体的情境任务中，完成对知识的深入梳理与理解。

三、历史核心素养的培育

历史课堂采用创设情境与学习任务的教学策略，目标指向历史学科五大核心素养的培育。素养的提升往往是在学生主动参与、积极体验、深入思考的过程中实现的，这个过程也是学生深度学习的过程。设置有挑战性的学习任务与活动，引领学生深度学习，让思维真正发生，是历史核心素养达成的重要方法和途径。

本课中五大核心任务即涉及学生核心素养的培养。学习任务一让学生在地图中标注资本主义制度确立与扩展的国家，以培养学生的时空观念为基准。学习任务二进一步深入，本着培养学生史料实证的能力，让学生根据材料梳理资本主义制度确立和扩展的原因，从而让学生自主梳理大单元框架知识，并深刻理解史实之间的关联性及对史料的运用。同时，学生在梳理资本主义制度确立与扩展的原因时，会发现早期殖民掠夺及工业革命是资本主义制度确立与扩展中资本积累的重要一环，虽然在客观角度上看有利于世界市场逐步形成，促进资本主义发展，但也在侧面反映出资本主义发展过程中的暴力、血腥及侵略本质。学生从这两个角度理解资本主义制度确立与扩展的背景时，不仅培养了自己辩证分析的能力，还能潜移默化感受东西方不同国家发展历程，尤其是资本主义国家和社会主义国家发展的不同模式，从而涵养家国情怀。学习任务三、学习任务四的设计聚焦到具体知识点及考点，通过出示表格与图片等材料训练学生比较题与仿写题的答题能力，并着重复习本单元中相关历史事件、法律文献的颁布等意义，从而培养学生历史解释的能力。最后，人物评价这一学习任务的设计，旨在对学生进行这一类题型的学法指导，总结出评价历史人物时应注意的多角度及史论结合，这在一定程度上让学生树立评价人物的正确观念，也就是论从史出、史论结合的唯物史观核心素养。

　　总之，本课立足课程标准要求，从大单元层面统揽、整合创造学习情境、形成学习任务，激发学生的学习兴趣，使学生在具体情境中完成对知识的整合梳理，深入理解大单元知识线索与关联。本节课程中的五个任务在设计上具有一定梯度，保证大单元教学连贯的同时，引导学生自主学习，认识资本主义制度确立与发展的历史脉络，从而真正做到了从"填鸭式"的"教"走向"启发式"的"育"，引导学生的思维由低层级向高层级发展。

　　大单元教学具有"综合性"，即让学生在获取知识和应试技巧的同时，也要从学科角度培养学生的学科素养。大单元教学就是要引导学生在实践、探究的过程中，既建构本学科的结构化知识，深刻认识历史发展脉络与规律，又培育了唯物史观、历史解释、时空观念、史料实证及家国情怀这五大核心素养，这是历史学科所承担的"教授"与"育人"的双重责任，也是新时期我国培养全面发展型人才的基本要求。

基于深度学习的初中历史大单元教学设计与思考

——以"夏商周时期早期国家的产生与社会变革"单元复习为例

张玉莹

在 6 个维度和核心素养的统摄下，历史教学也正发生着根本性变化，在这新旧交替之际，如何更新我们的教学理念，如何在初三一轮复习中展开高效的、有深度的复习，最终实现历史核心素养的落地，是每一位初三历史教师都在探究的问题。本文尝试以笔者公开课部编版七年级上册第二单元《夏商周时期：奴隶制王朝的更替和向封建社会的过渡》为例，浅谈大单元复习的有效途径，笔者将其归纳为 4 个方面：教学立意要有高度，思维导图要有逻辑，知识框架要有深度，方法设计要有角度。

一、教学立意要有高度

"立意"一词源于画论，清代著名画家方薰曾说道："作画必先立意，以定位置，意奇则奇，意高则高，意远则远，意深则深。"由此可见教学立意是教学的统帅和灵魂，是教学设计的核心与根本出发点。从宏观上来看，教学立意承载着教学内涵与教学目标，体现了历史教育的理念和视野，能帮助学生从更高的角度感悟历史；从微观上来看，它统摄着教学内容的选取和组织，教学过程的各个环节都紧紧围绕着它展开，能帮助学生获得结构化的知识与能力[1]。因此，教学立意的高度决定着教学设计的质量，更影响着课堂教学的深度和广度。因此教学立意的设计不能只停留在培养学生的"知识和能力"的层面，其设计应更加充分体现"育人"的本质。教学立意设计得有高度，使学生有高瞻远瞩之感，具体来说是要实现"三通"的效果。所谓"三通"[2]，就是强调教学立意能使学生"不仅能够贯通该课，而且能够贯通此前和以后"的学习内容。

史学界普遍认为夏商周早期国家的辉煌是相对于世界上平行阶段的其他文明而言的，因为从文明的横向展开上来看，两河流域和埃及文明的产生早于中国，同时我们的文明在吸纳外来文化上不及印度文明，可是夏商周时期早期国家所创造的已经初具统一国家形式的管理方式、政治方式、文化方式却是最辉煌的。因此笔者将本单元的教学立

---

① 侯桂红.试论历史教学立意的概念、确定方法和评价标准 [J].历史教学（上半月刊），2015（4）：18–24.

② 聂幼犁，於以传.中学历史课堂教学育人价值的理解与评价：立意、目标、逻辑、方法和策略 [J].历史教学（中学版），2011（7）：10–13.

意设定为早期文明的辉煌时期，突出此阶段的特征。以此作为主线，将散落的知识点串联起来①。

若历史教学中缺少教学立意，会致使课堂结构散乱，思路走偏，逻辑不当，形式花哨。这让笔者更加清晰：在平时教学中要不断提升阅读素养，增强主线意识，才能准确确定教学立意，抓住历史的精髓。

二、思维导图要有逻辑

"思维导图是一种新的思维模式和思维工具，能够增强思维能力，让思维能力可视化，提升注意力与记忆力，更重要的是能够启发联想力与创造力，开启人类大脑的无限潜能。"②利用思维导图的可视性，在初三一轮复习中尝试打破教材的不足，围绕课程标准和《考试说明》，将零碎的知识点进行有效整合，厘清知识点之间的时间和空间内在的逻辑关系，建立新的历史知识逻辑体系，从而体现本阶段的时序性和专题性③。

思维导图形式可以多样化，如表格、知识树（图 1）或直观图示等，帮助学生用一种新的方式来再现知识，将散落的点以具有逻辑的方式呈现。知识不断刷新再现，那么知识点之间的联系就很密切，从而建立知识和知识的联系、知识和生活的联系，建立了联系，对学生而言才能凸显所学知识的价值。

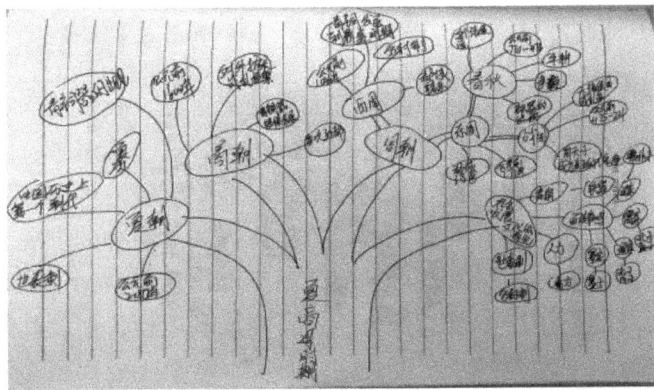

图 1　知识树

例如，一轮复习——夏商周时期的时空思维定位图制作：先请学生按照时间的顺序对重大的事件进行梳理，找出事件之间的逻辑联系，整理出时空思维导图，并分析

① 聂幼犁，於以传.中学历史课堂教学育人价值的理解与评价：立意、目标、逻辑、方法和策略 [J].历史教学（中学版），2011（7）：10–13.

② 陈少谊.运用思维导图，提升高中历史学科素养 [J].福建基础教育研究，2018（10）：2.

③ 同②.

说明。

由上述知识的简单再现到思维导图的呈现，帮助学生树立时空观念的同时，进行了知识建构，有利于学生整体把握夏商周时期。

三、知识框架要有深度

复习的过程就是将以前的知识进行调动并且有序管理的过程。搭建知识框架就是有序管理的过程，这有利于学生多思考，多层次、多视角分析问题，找出经济、政治、思想文化之间的内在逻辑关联，由表及里，锻炼历史思维。中学历史一线老师在复习的时候都会面临的问题是，在复习课中，复习的是一个阶段或一个专题的知识要点，如果只是简单的知识散点呈现，那么无疑会造成学生思绪混乱，缺乏整体感知与复习抓手，所以帮助学生进行逻辑建构，搭建历史知识框架就显得尤为重要。

（一）学生从宏观角度把握夏商周政治制度演变

夏朝政治文明初建，建立了中国历史上第一个国家，世袭制代替禅让制；商朝政治文明进一步发展；西周为了进一步巩固新生政权，强化中央对地方的管辖，周初统治者进行了制度创新，春秋战国时进行社会变革。学生从整体上感知夏商周政治制度的演变。

（二）学生从宏观角度搭建经济方面框架

经济方面可以从农业、手工业和商业方面展开。首先，就农业而言，在复习农业生产工具演变的基础上，我们可以脱离出这部分的史实，请学生思考：除了生产工具，农业的发展还受到哪些因素影响？我们在复习中，每个阶段经济都会涉及农业，如土地面积的开垦、水利工程的修建、物种的发展、劳动力等。以物种的发展为例，从农耕文明的南稻北粟，到宋朝占城稻的引入，再到明朝高产作物从美洲到中国，帮助学生提炼各大要素，而夏商周时期，主要涉及的是生产工具和水利工程，那么其他的那些要素我们在之后每个阶段复习农业的时候一定要关注。其次，就手工业而言，与农业类似，请学生思考：手工业在中国古代主要表现为哪几个方面？如金属冶炼、纺织业、陶瓷业和造船业等。帮助学生意识到复习每个阶段中国古代手工业发展时，需要关注这几个角度。最后，古代经济的另外一个非常重要的行业就是商业，春秋战国时期的商业涉及很少，那在下一个阶段我们在学习商业的时候，我们再来看商业，可以从商人、商品、货币关系、城市等这几个角度去考虑。譬如，明清时期的商业发展首先表现为什么？首先表现为货币白银开始成为主要流通货币，商人出现了商帮，城市方面不再是大都市商业繁荣，而出现了以手工业为主的商业市镇。有利于学生对农业、手工业、商业板块有整体的认知，从而建立知识框架，将以前的知识进行调动与有序管理。

（三）思想文化：经济基础决定上层建筑

经济基础决定上层建筑，一定时代的文化，一定是这一时代经济发展和社会政治关系的表现，这就需要帮助学生建立文化和这个时代特征之间的关联，抛出问题：既然从春秋到战国的社会变革的经济背景、政治背景是一致的，同样面对战争征伐和杀戮，为什么各家的观点差异这么大呢？比如，道家顺其自然、无为而治；儒家主张仁义，忧国忧民，希望建立秩序；墨家主张兼爱非攻，体现路见不平拔刀相助的侠义精神，那么经济变革时代为什么各家不一样？就是因为他们代表了在社会变革时期不同的社会阶层，对于社会现状，每一个阶层所做出的反应是不一样的，所以他们的说法就不一样，墨家代表小生产者，小生产者在一定程度上得不到政策的保护，所以产生互帮互助的侠义精神；儒家代表没落贵族，儒家希望恢复分封制时期等级鲜明的社会秩序；道家代表的是高级知识分子，他们选择的是顺应自然，采用具有哲学思维的解决方法。另外，法家是新兴的社会阶层，他们最适应社会变革这一时期，他们由原来的贵族最底层发展而来，演变为后来新兴的官僚阶层，所以他们是要为统治阶层服务的，因而所有的思想都是一定的社会阶层为解决时代问题而发的声。引导学生从思想文化这个角度进行思考，真正体现核心素养下的唯物史观。

四、方法设计要有角度

笔者站在学生的角度进行方法设计时牢记："教师是培养学生用表现展示理解的能力的指导者，而不是将自己的理解告知学生的讲述者。"[1] 将方法的设计从教师的角度转向学生的角度，这也是和核心素养下关注学生的发展的理念相吻合的。重要的不是方法的形式，而是方法的成效。本次教学设计中无处不在的时间轴，其实就是贯穿整堂课的学法指导。除此之外，本次教学设计通过对春秋战国时期地图的辨别，不断地启发学生掌握读图能力、地图类解题方法，引导学生从国家、战争、边城等多角度思考，发散思维、提升读图能力。

复习课应该更侧重于宏观的东西，因为宏观的东西不是一次能建立起来的。在复习课前，老师可以先确立好自己的复习目标，复习课除落实知识之外，老师们需要思考的是还能"抽离"出什么，如方法与能力，真正考的是学生对于阶段特征、专题趋势的认识，以及他们的解题能力和方法，复习课可以通过符合中考要求和中考题型的题，考察学生能力和方法的落实；或者是搭建框架，当学生下一课再复习到相关内容时，就知道应该将小卡片跟上一课叠加到一块，提升建立联系及分析迁移能力等。

综上所述，笔者通过整合教学内容，以"早期文明的辉煌时期"为立意，宏观上从夏商周时期的政治文明、经济文明、思想文化方面进行了框架搭建，将知识点联系起

---

① 陈少谊. 运用思维导图，提升高中历史学科素养 [J]. 福建基础教育研究，2018（10）：2.

来，同时关注历史学科核心素养的渗透，整个设计涵盖历史核心素养的各个方面，有助于学生深度学习，活跃历史思维、提高历史学科能力、提升历史学科素养；同时将微观历史事件置于大历史视野下进行思考，将夏商周时期的成就置于整个中华文明的长河中来看，它的政治管理方式、经济生产方式、思想文化方式对后续朝代的发展做了铺垫，也更有助于学生长远地学习历史。

基于学生互评的深度学习研究

杨伟

记得有一次，一位同学在帮我梳理试卷的时候，认真阅读了每一位同学的答案后跟我说："老师，如果让我多判几份试卷，我就知道哪些是大白话，不能写在答案中，哪些是核心关键词，应该写在答案中了。"这句话引发了我的思考，如果让学生相互评价学习成果是不是可以获得相互借鉴、合作共赢的效果呢？同时可以在教学评价的环节体现"深度学习"教学模式所倡导的以学生为主体，以自主、合作、探究为主要学习方式，以学生轻松、愉悦、高效地学会学习为目标的要求。

深度学习活动是一种在任课教师的精心引导下，学生围绕着一个富有挑战性的学习活动主题，全身心地参与，感受学习成果，并使其得到进一步发展的一种具有重要意义的学习活动过程。在深度学习课堂中，学生在探究式学习过程中知识系统的建立，更利于促进核心素养的落地。

我在教学评价中逐步融入同学互评环节，也逐步感受到了同学互评的好处。课堂互评就是发生在课堂中的互相评价，指双方或多方就对方在课堂中的具体表现给出相互评价，也就是双方或多方就对方在某一问题上的观点态度、思维逻辑、成果呈现等发表各自的看法，给出各自的评价。这种评价，是相互的，简单讲就是你评价我，我也评价你，在互相评价的过程中，发现自己和对方的优缺点，使双方都有收获。

一、实施课堂同学互评的原因

首先，学习类型不同，评价侧重点会不同。

人们接受信息、进行学习，要借助不同的感觉器官，如凭耳朵听，用眼睛看，用手摸等。不同的人对不同的感觉器官和感知通道有不同的偏爱，有些人更喜欢通过视觉的方式接受信息，也有一些人更喜欢通过听觉了解外在世界，还有一些人更习惯通过动手（身体运动）来探索外部世界，从而掌握有关信息。心理学有关研究表明，不同认知通道的学习效果是有差异的。一般地，只使用视觉通道，仅能记住材料的 25%，只使用听觉通道，能记住材料的 15%，而视听结合，使用多通道参与学习活动，则能记住材料的 65%。不同感知觉类型的学习者，在学习上有不同的表现，所采用的学习策略也各不相同，在进行课堂评价时，也各有侧重。学生互评的评价方式可以使学生发挥自己不同的学习方式上的优势，有利于学生在学习方式上进行互补，能够促进孩子们全方位、多感官参与课堂，提高学习效率。

其次，教学评价环节学生主体地位往往会被忽视。

深度学习课堂强调体现学生主体地位，学生参与课堂，课堂教学中教师往往在教学过程这一环节设置各种活动，抖各种"包袱"，想尽办法让学生参与课堂，有时会忽略教学评价环节学生主体地位的体现，常常为了节约时间，在学生展示学习成果之后，教师给出一个权威性的评价，而所谓的教师的权威性的评价，往往是从成人的角度给出的，更偏重于理论，有一种高高在上，学生够不着的感觉，学生对老师的评价，有时会囫囵吞枣，教师评价的指导效果会大打折扣。如何在教师点评和学生从教师点评中真正获得收获之间搭建一个阶梯，让教师对学生学习成果的点评真正起作用呢？学生互评是个很有效的中间环节。学生互评后教师再进行点评，学生对教师的点评理解得会更透彻，教师对学生的点评也会更有效。

最后，学生更能接受同学之间的点评。

教师点评成人化色彩较浓一些，也就是因为年龄或代沟的问题，教师语言系统和学生语言系统会有差异，学生往往对教师的点评不自觉会有天然的抵触情绪，往往出现"你说你的，我做我的"的现象。而学生互相评价，双方处于平等地位，更像是一种同学间的聊天，气氛会轻松一些，而且有时同学在点评的时候会迸发许多意想不到的智慧的火花和奇思妙想，这样的评价方式，更容易被学生接受。

二、如何进行课堂同学互评

同学互评可以用于试卷讲评课中对学生试卷的评价，亦可用于新授课中对于同学课堂生成的学习成果的评价。我认为要做到课堂同学互评有效，以下几方面的工作要做好。

（一）小组合作

实际操作中，教师要将班级中的同学划分成若干小组，这也是深度学习课堂的基本要求。每个小组的成员最好控制在 4～6 人，其中每个小组成员要有学习基础好的同学，也要有学习一般的同学，此外，可以使用组长轮流上岗的模式。如果是试卷讲评课的话，老师可以将学生的答案发放到每一个小组当中，每个小组中的学生将收的同学的答案先阅读一遍，然后由组长组织小组成员依次对每一份答案进行口头评论，组内成员都要积极表达自己的想法，对同学的答案进行全面评议；口头评议结束后，小组中的每位同学要各取一份同学的答案进行书面评价，根据教师提供的评价标准，写出答案好的地方和不足的地方，并给以评分。如果是在上课过程中，限时对同学学习成果进行评价，那么小组同样要根据评价的规则组内讨论，然后直接给予口头点评。

（二）明确互评规则

如果是试卷讲评课，首先要让学生以小组为单位对标准答案进行分析，从信息提取、调动所学、逻辑思维等方面分析如何赋分。如果是新授课互评，那就要让学生注意三方面：合作评价、倾听评价、规则评价。以下重点分析新授课如何进行同学互评。

第一，合作评价，是对每个小组成员是否积极参与合作过程的评价。小组成员要想使小组合作的成果胜过其他组，就不能浑水摸鱼，要积极参与小组合作，使自己的学习过程在小组合作成果中有所体现，如历史课堂中小组合作的方式一般有思维导图、课本剧表演、PPT展示或辩论等，每个成员根据自己的特长都要在小组合作中找到可以发挥自己特长的学习方式，如绘画、表达、表演、辩论等。

第二，倾听评价，是在一个小组展示之后，对其他小组是否积极进行点评、质疑或补充的评价。要想在本环节中加分，同学们就会在第一个组表演时认真倾听，及时抓住前一个小组可圈可点之处或不足之处，如"新文化运动"一课，扮演李大钊的同学在自我介绍的时候，出现了时间上的错误，接着就被另一组成员发现并指出。还有一个同学平时不戴眼镜，在扮演胡适时特意戴了眼镜，有一组倾听的同学竟然发现了此处的特别设计并在点评的时候表扬了第一组同学。两组同学立刻觉得双方是"知己"。在这样的深度学习课堂上，孩子们的学习兴趣和友谊也随之不断加深。

第三，规则评价，是对小组合作成果的量化评价。小组合作的目的是要突破学习的重难点，让学生的学习思维能力，核心素养等方面得到提升。所以对小组合作成果，要有明确的量化规则。明确具体的规则能帮助学生明确这节课应该掌握的内容、这节课要达到的目标。那么规则如何制定呢？首先，要有体现学习内容的规则。把本课需要孩子们掌握的内容变为规则，不管是思维导图还是课本剧表演，孩子们进行活动最终的目的是理解记忆本课的重难点。例如，在学习"新文化运动"的内容时，如果有小组想采用表演历史剧的方式，就要把新文化运动主张内容完整和准确地在历史剧中再现出来。如果采取思维导图的方式，规则同样适用。其次，要有对活动时间的要求。对每一个活动都要有时间的规定，否则不能保证课堂教学任务顺利完成，每个活动需要的时间是需要老师在课前进行估算的。比如，画思维导图的时间就远小于历史剧表演的时间。再次，要有明确的评分标准，就是知识点突破一个赋几分，小组质疑、点评赋几分，表演展示组表演、展示到位赋几分，或奖励几个小红星，等等。

三、同学互评的好处

（一）有利于学习目标的达成

完成学习目标是一节课的基本要求，评价他人或其他小组学习成果的过程，实际上也就是更加明确学习目标的过程。学生首先要明确评价的标准，也就是这节课我的学习收获要达到什么标准才算完成了学习任务，然后再通过其他同学的学习成果这面"镜子"

看出自己或自己小组学习成果的缺陷和不足，经历了自己学习、进一步明确学习目标、评价他人反观自己的三个过程后，也就基本完成了学生对每个知识点或对整堂课的学习构建。

（二）有利于拓展思维，激发学习热情

学生在互评的过程中，会觉得这种评改方式新颖有效，把自己的学习成果和其他同学的学习成果相互比较、相互借鉴、取长补短，这个自省的过程，会使学生对学习内容有更加通透的感觉，学生学习历史的兴趣会不断随之得到提高。

（三）有利于学生理性思考和思维创新

学生根据老师提供的评价标准理性地评价他人学习成果之后，再反思自己的学习成果，认真体会别人对自己学习成果的评价，就会对某一问题有更加深入的思考，这时对某一问题的思考会逐步从感性化上升到一种理性化的层次，各种思维碰撞之后一些新的想法也会随之产生，也就是亚里士多德曾提到的"创新"，即"产生前所未有的事物"。

（四）有利于促进学生自主、合作学习

在点评过程中，学生全程参与，动脑，动手。在这里，学生是主人，既是写作者，又是评价者，人人可以各抒己见，畅所欲言，各种观点在这里展示、碰撞，这就使学生的主观能动性得以最大限度地发挥。在这个过程中，每个学生既要点评他人的学习成果，又要亲密合作，对培养学生的合作学习意识和能力，无疑都是很重要的。

（五）有利于营造和谐的教学氛围

传统的课堂点评中，学生经常处于被动聆听的位置，即使有想法，也没机会提出，一切以教师的评语为准，容易让学生形成一种思维定式，无论学习过程怎样体现学生主体地位，教师才是最后评判的权威。学生互评学习成果则会使学生的这种意识发生转变，每一个学生既当学生又当教师，既是听众，也是评价者，这样必然能营造出一种既教学相长又充满民主的和谐教学氛围。

（六）有利于学生综合能力的提高

第一，问题分析能力。学生要对其他同学的表达进行评价，就要对这个问题进行深入思考，有自己的见地。第二，语言表达能力。学生在传统的教学中处于被动地位，主要还是教师参与整个教学活动。在教学互评时，学生就要将自己见解展现出来，就会有意识地组织自己的语言从而不断提升自己的语言表达能力。第三，倾听、辨析能力。学生要评价别人的回答表现，就要认真地听，仔细地辨析，有所取舍，重新组织语言，然后进行表述。第四，迅速获取反馈信息、及时反思的能力。当学生表述完以后，又会有其他同学对他进行评价，此时他要认真听取别人的意见，取精去糟，深刻反思，这样才

能改进自己分析问题的方法，提高自己的思维能力。

　　总之，课堂互评能使学生更加明确学习目标、学习方法，彼此之间的思维的不同与差距，会使学生产生学习的欲望，有助于自身潜能的激发，进而有利于实现学生相互督促、相互学习，促进自身多元智能得到协调发展，课堂互评能够助推教学改革，促进学生全面发展。《普通高中地理课程标准（2017年版2020年修订）》明确指出项目式学习可以将学生置于真实的情境中通过解决问题来实现相应地理知识的学习，并在学习过程中培养这些地理核心素养。初中地理八年级下册"西北地区"这一单元的学习以"京新高速"的建设为主题，引入一系列与西北地区自然环境紧密相关的实际问题和情境，精心设计项目活动，学生分组合作，深入探究西北地区的地理特征，在实践活动中掌握和运用相关知识来解决实际问题，初步建立人地协调观。

信息技术学科中持续性学习评价的设计与实施

蔡晓蓓

现在，学习方式、教学方式都在不断变化，以学生为主导的课堂要能激发学生学习的潜力，不断创新，这样就要求教学的评价方式也不能单一，教学评一体化的教学模式已经越来越被大家关注。在信息技术学科的教学过程中，学习评价更为重要。

现在信息技术学科的学习，不应该是死啃书本、找到正确答案、填鸭式学习、死记硬背、完成任务……它应该是刨根问底、讨论、深入思考、言之有理、具有解释观点的能力、思维活跃、具备创新思维、具备学习能力……学习发生变化，那么教学也一定要发生变化，利用持续性学习评价促进信息技术教学的深入，培养学生学科核心素养就是本文所探讨的内容。

一、深度学习与持续性评价

深度学习是指基于理解的学习。学习者能够批判性学习新的思想和事实，并将其融入原有的认知结构，能够将众多思想联系起来，并将已有的知识迁移到新的情境，做出决策和解决问题。深度学习的主要特征是批判性，以及学习内容的有机整合、建构与反思，还有迁移运用和解决问题。

海淀区教师进修学校原校长罗滨的《让经验更有价值——基于"深度学习"的教学改进》专题讲座中提出了"深度学习实践模型1.0"。

"深度学习实践模型1.0"中包含4个关键要素：单元学习主题、单元学习目的、单元学习活动、持续性评价。4个关键要素缺一不可，在学习的过程中，持续性评价贯穿始终。"深度学习实践模型1.0"在不断实践优化的过程中形成了"五要素实践模型2.0"。2.0模型中确认了目标先于内容，评价先于任务，好的教学应该是教、学、评一致的教学。在确定目标和主题后，设计学习活动任务，学生在完成任务过程中学习，同时持续性评价一直伴随其中。

深度学习强调学习的主动性、情境性、创造性。这样就需要持续性评价，对学生学习的评价是一个指向高阶思维与高级心理活动的评价，让学生通过学习能够实现记忆→理解→应用→分析→评价→创造，通过贯穿始终的持续性评价促进更高层的创新、创造。

持续性评价要对知识技能落实、能力水平进阶、问题解决思路进行评价。持续性评价促进深度学习持续发生。持续性评价要包含以下要素。

（1）整个单元学习过程都要对学生进行评价（全过程）。

（2）单元学习中，学生持续"进阶"，需要清楚学生到了哪里（持续性）。

（3）评价内容（学科核心素养导向）：核心知识、思想方法、关键能力、必备品格、价值观念（素养导向）。

持续性评价回答"是否达成了既定目标"的问题。持续性评价是指依据深度学习目标，为学生的深度学习活动持续提供清晰反馈，帮助学生改进学习的过程。

二、持续性评价设计的原则

利用评价在学习的过程中检测学生的学习效果，针对学生学习过程中遇到的困难，通过指导给予帮助与支持，并针对学生的理解与掌握情况进行反馈，以便有效调控后续的学习进程，促进学生完成学习任务。

有效的持续性评价关注 5 个方面。

（一）评价要依据深度学习设计的学习目标，确定评价的标准

以"猜数游戏为例"，在设计单元学习目标后，单元学习活动围绕编写"猜数游戏"展开，第一节课的评价要让学生通过学习达到功能实现、知识运用的标准，通过任务完成评价表，让学生对标自己的学习情况，再进一步提升。

例如，知识与技能目标中涉及正确掌握 Python 程序的多分支结构、掌握对 random 模块的应用，那么在量表设计中就有评价这一学习目标的 4 个对应等级，即优秀、良好、有待提高、没有完成。这样，学生在对标自我评价表时就能够对自己所学目标进行清晰的评价，能够明确自己对相应知识点掌握的程度。

（二）评价要关注过程，贯穿整个学习活动

评价要关注过程，贯穿整个学习活动，及时了解学生的学习状况和学习需求，要让教学过程始终伴随着对学习的诊断和评价。

通过教师评价和学生互评的方式，对学习过程和主题作品进行评价。

评价要素有以下几点。

（1）是否积极思考，主动建构新知识。

（2）是否能结合主题任务，积极主动参与，明确问题求解，明确主题任务功能。

（3）是否能根据需求，选择恰当的算法并编写程序以解决问题。

（4）是否能根据调试结果发现问题，修改算法和程序，最终实现对问题的有效解决。

在课堂上，及时记录学生完成任务的过程，适时表扬，也是对过程的评价，如展示学生学习的状态、肯定学生目前的表现等。

（三）评价要采用多角度和多样化的方式进行

对学生在学习过程中呈现的不同状态，教师要考虑不同学生的特点和个别差异，不以统一标准要求每一个学生，要因人而异进行评价。

（1）对学习过程的评价应该伴随学生学习活动的始终，但不必刻意为之——可以在面对学生个体时进行，也可以在面对学生集体时进行。

（2）评价内容可以指向学生的学习态度、学习方法、学习结果等。

（3）根据评价的目的，评价方案可以是过程性评价、终结性评价、检测性评价、激励性评价、正式评价、非正式评价。

（4）在形式上可以包括学生自评、学生互评、教师评价和专家评价等。

（四）重反思改进，要以"改进与发展"为导向

重反思改进，要以"改进与发展"为导向，反馈意见要详细、具体，应能针对每个重要环节给予持续性的辅导，通过评价促进学生产生持续的学习动力。

表1、表2是主题学习活动两节课的任务完成评价表，评价的两个维度是功能实现和知识运用，在功能实现维度有4个等级，为学生明确了优秀、良好、有待提高和没有完成的评价标准。在知识运用维度，两节课的知识技能学习目标侧重不同，让学生体会不同的学习环节要怎样对标。

表1　第二节课任务完成评价表

					自评师评
功能实现	优秀（9～10分）	良好（6～8分）	有待提高（3～5分）	没有完成（0～2分）	自己设计功能（0～10分）
	预设功能全部实现，能灵活应用所学知识	预设功能全部实现，能准确应用所学知识	逻辑有错误，代码运行出现问题	代码不全，没有任何实现	能不能更新提示区间？能不能控制次数？
知识运用	优秀（9～10分）	良好（6～8分）	有待提高（3～5分）	没有完成（0～2分）	
	能够正确掌握Python程序条件循环结构，程序能够正确运行，对程序控制语句应用充分、恰当	能基本掌握Python程序条件循环结构，程序控制语句应用正确，程序能够正确运行	程序不能够正确运行，不能正确掌握Python程序条件循环结构和程序控制语句的应用	代码不全，没有运用课上知识	
总分					

表 2 第三节课任务完成评价表

自评师评

	优秀(9~10分)	良好(6~8分)	有待提高 (3~5分)	没有完成 (0~2分)	自己设计功能 (0~10分)
功能实现	预设功能全部实现，能灵活应用所学知识	预设功能全部实现，能准确应用所学知识	逻辑有错误，代码运行出现问题	代码不全，没有任何实现	游戏界面还能改进吗？ 还想设计其他游戏
	优秀(9~10分)	良好(6~8分)	有待提高 (3~5分)	没有完成 (0~2分)	
知识运用	能够正确掌握Python程序计数循环结构，程序能够正确运行，对range函数应用充分、恰当	能基本掌握Python程序计数循环结构，对range函数应用正确，程序能够正确运行	程序不能够正确运行，不能正确掌握Python程序计数循环结构和range函数的应用	代码不全，没有运用课上知识	
总分					

（五）师生共同参与的诊断评价过程

共同制订评价执行计划，最重要的是让学生参与到评价过程中，要通过师生共同参与的诊断评价过程，让学生看到自己的进步，改进自己的不足，而非简单进行考核甄别。

自我评价表的设计非常重要，评价内容可以从学习任务是否达标等方面进行设计。这样能够更好地引导学生调动自己学习的积极性，保持持续学习的动力。

在信息技术课上，主题学习活动的评价方案是依据学习目标设计的，为学生的深度学习活动持续地提供清晰反馈，帮助学生改进学习的过程。

三、在信息技术学科进行持续性评价设计的案例

以"运动会报名系统"单元教学设计为例，再进一步分析持续性评价如何设计与实施。

（一）活动主题

设计"运动会报名系统"作为单元学习主题，单元学习分成六课时完成。首先引入项目，明确项目要求；接着从整体上对项目功能进行分解和分析，确定问题解决的基本思路；然后针对不同的功能模块进行详细分析和程序实现，在具体的子功能实现过程中根据需要，学习并运用相关知识解决实际问题，并不断优化。

（二）在信息技术课堂上进行持续性评价设计

1. 过程性评价

通过教师评价和学生互评的方式，对学习过程和"运动会报名系统"这个项目作品进行评价。

（1）学习过程评价

从以下几个方面，对学生的学习过程进行评价（表3）。

表3　自我评价表

评价内容	没有思路☆	需要指导☆☆	主动设计☆☆☆
程序输入提示信息友好			
使用分支结构			
使用 random 模块			
程序输出明确			
程序优化			
还有哪些困惑的问题			

1）是否能结合项目任务，积极主动参与课堂学习，明确问题求解，实现项目功能。

2）是否能根据需求，利用资源，运用恰当的模块函数、方法等并编写程序，解决问题。

3）是否能根据调试结果发现问题，修改算法和程序，不断反思，最终实现问题的有效解决。

4）是否能够对自己设计的运动会报名系统有所创新。

（2）过程评价的形式

1）记录学生完成任务的过程——适时表扬，也是对过程进行评价。

2）交流评价——交流评价更容易突破难点。

对有难度的知识组织学生进行讨论，并回答问题，是对教学的即时评价。学生获得了评价，会很快进入难点的学习和研究中。

例如，学生在这个主题活动之前都没有学习过图像化界面编程，对于图像化界面程序很陌生，这样可以组织学生活动，老师给定一个"探索 Tkinter 模块"程序，学生分组讨论，在讨论的过程中也是让学生去探索，这样的学习就需要即时评价：你说的对，他说的还不够全面……这样的结论学生都能够很准确地给出，这就是交流评价的作用。让学生看到别人在探索过程中的表现，并及时交流探索所得，这样的交流评价方式能够让学生非常快地了解一些全新的知识和内容，为进一步的学习打好基础。

3）信息技术课可以利用教学平台，实时展示优秀同学的作业，也是对学习过程的评价。

信息技术课有一个优势，就是在机房可以很好地利用教学平台，不光利用教学平台组织学习活动，还可以通过平台实时展示优秀同学的作业，在学生完成任务的过程中，利用教学平台让大家看到优秀的案例，对大家既是激励也是引导，同时可以明确评价的标准，这就是优秀的范例。这也是对学习过程的评价，图1就是通过教学平台让大家实时看到优秀作业。

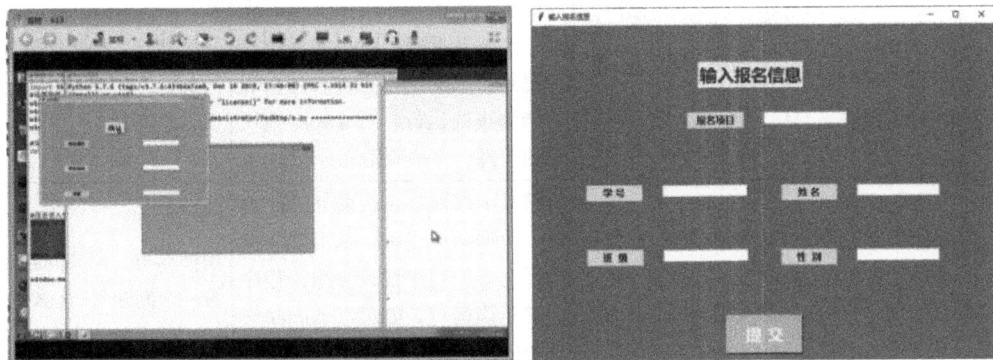

图 1　优秀作业实时展示

4）设计课堂提问，提问学生，掌握学生学习的程度，也是评价。

设计课堂提问是教学环节中非常重要的内容，通过问题，推进学生学习的进度，同时针对学生的回答，老师要及时评价，这样的评价非常重要。对学生发言的评价需要注意以下几点。

第一，评价的过程正是对学生进行训练的过程，如果教师对学生的发言不做任何指导，那训练也就无从体现了。

第二，评价发言能够及时纠正学生不正确的思维方法和表达习惯。

第三，评价发言可以为学生的理解指路，使学生不断反思，在原有水平上继续提高。

因此，教师要合理设计课堂提问，注重对学生的发言进行评价，使提问和评价成为课堂交流、师生互动的形式，是发展学生思维能力的重要手段。

5）每节课的项目任务书。

信息技术课的主题活动任务一般都没办法只用一节课就完成，所以每节课都应该对需要完成任务的情况进行规划，利用项目任务书让学生明确自己每节课要学习和完成的情况，最后设计自评的环节，让学生对自己任务的完成情况进行总体评价，并分析原因。这样在每节课学习之前，就可以通过项目任务书明确学习目标，通过学习目标再对标自己的任务。同时，利用项目任务书也可以为后面的学习做好衔接。

6）每节课的总结任务评价表。

每节课后的任务完成评价标准（表4）是让学生明确评价标准，不断反思，在原有基础上不断提升。任务完成评价表（以第二节课为例）从任务完成、资源利用、技术应用、课堂参与 4 个维度对学生本节课的任务进行总结性评价，分为 4 个等级，即优秀、良好、合格、改进，让学生不断校准自己的学习过程。

表 4　本节课任务完成评价标准

等级	任务完成（20分）	资源利用（30分）	技术应用（30分）	课堂参与（20分）
优秀	能非常好地解决实际问题，界面友好，有独创性	能灵活应用老师提供的各种资源，扩展所学知识，灵活编写程序	能够正确掌握 Python 的 tkinter 模块，能够掌握图形化界面程序设计思想，数据结构正确合理，程序能够正确运行，对 tkinter 模块中的控件、方法应用充分、恰当	积极参与，积极回答问题（回答 2 个问题及以上），认真思考
良好	能解决实际问题，界面明确，有自己的创意	能够准确应用老师所提供的各种资源，准确编写程序	能够基本掌握 Python 的 tkinter 模块、数据结构正确，基本能掌握图形化界面程序设计思想，程序能够正确运行，能运用 tkinter 模块中的控件、方法	积极参与，回答问题（回答一个问题），认真思考
合格	能解决项目问题	根据老师提供的资源，仍有少量代码需要改进	基本符合要求，程序能够运行，数据结构有一定的区别，自己设计或修改的代码不多，个别代码有错误	积极参与，认真思考
改进	没有实现项目功能	没有利用老师提供的资源，代码逻辑有错误，代码运行出现问题	程序不能够正确运行，不能正确掌握 Python 的图形化界面程序设计，没有自己的技术运用	课堂参与不够，不能积极思考问题
分值				
总分				

2. 主题学习活动终结性评价

评价的方式要多种多样，有过程评价，也就一定会有终结性评价，在主题学习活动最终的任务完成后，利用终结性评价标准量化表，如表 5 所示，通过教师评价和学生互评的方式，对项目作品进行评价。

表 5　项目完成评价标准

等级	项目完成（20分）	功能实现（30分）	技术应用（30分）	作品提交（20分）
优秀	能非常好地解决实际问题，界面友好，有独创性	预设功能全部实现，能灵活应用所学知识，能扩展所学知识	能够正确掌握 Python 程序结构，数据结构正确合理，程序能够正确运行，对 time 模块、列表、字符串、字典、格式化输出应用充分、恰当	文件命名、提交作业符合要求

续表

等级	项目完成（20分）	功能实现（30分）	技术应用（30分）	作品提交（20分）
良好	能解决实际问题，界面明确，有自己的创意	预设功能全部实现，能准确应用所学知识	能够基本掌握 Python 程序结构，数据结构正确，程序能够正确运行，能运用 time 模块、列表、字符串、字典、格式化输出的相关技术	文件命名、提交作业符合要求
合格	能解决项目问题	完成基本功能，有少量代码可以改进	基本符合要求，程序能够运行，数据结构有一定的区别，自己设计或修改的代码不多，个别代码有错误	文件命名、提交作业有不符合要求的地方
改进	没有实现项目功能	逻辑有错误，代码运行出现问题	程序不能够正确运行，不能正确掌握 Python 的程序结构，没有自己的技术运用	文件命名、提交作业不符合要求
分值				
总分				

在整个主题学习完成后，设计终结性评价量化表，这和每节课的总结任务评价类似，也是从 4 个维度、4 个等级开展学生自评、互评、师评，让学生对标自己的学习过程、学习效果反思提升，再利用加分项，鼓励学生创新、创造。

3. 设计小组协作互评表

在主题学习活动过程中，在教学目标中的情感价值观维度方面，要注重培养学生的合作意识，鼓励学生合作，培养学生的合作意识。学习活动过程中小组协作完成任务，可以设计小组协作互评表（表6），帮助学生学会合作，促进学生进行合作。学生十分看重学生之间的评价，这样的评价量表能够更好地督促小组成员在集体里更好地与他人合作。

表 6　小组协作互评表

编号	题目	成员 1	成员 2	成员 3	成员 4
1	在大部分时间里他（她）踊跃参与，表现积极				
2	他（她）的意见总是对我很有帮助				
3	他（她）经常鼓励/督促小组其他成员积极参与协作				
4	他（她）能够完成该做的那份工作和学习任务				
5	我对他（她）的表现满意				
6	他（她）对小组的贡献突出				
7	如果还有机会我很愿意与他（她）再分到一组				

注：共30分。

四、持续性评价设计反思

评、教、学一体化的教学模式中，评价至关重要，如何设计评价才能更好地开展教学活动，让学生有更大的收获，是需要不断探索和反思的。

1.持续性评价设计要注意避免的情况

（1）只关注结果性评价，对过程评价的关注不够。

（2）评价缺乏针对性——只有简单的肯定或否定评价。

（3）某一个教学阶段没有任何的评价。

（4）对不正确、不完整的学生学习成果，教师没有及时加以纠正和补充。

（5）对有创意的作品，鼓励不够。

可以利用表7的评价检验提示，设计评价。通过检验评价标准与学习目标是否一致，是否指向学生的理解和思维的发展和提升，评价活动是否贯穿学习活动始终，评价证据是否来自学生的行为、语言和作品，评价的结果是否转化为反馈信息指导或促进学生的学习，评价主体是否多元，评价方式是否多样，来检验持续性学习评价设计是否成功。

表7 评价检验提示

检验提示	是否一致
1.评价标准的设计是否与深度学习目标一致？是否指向学生的理解和思维的发展和提升？	是
2.评价活动是否贯穿学习活动始终？是否向学生公开了评价的标准？	是
3.评价证据是否来自学习活动中的学生行为、语言和作品？	是
4.是否把评价的结果转化为反馈信息指导或促进学生的学习？	是
5.评价主体是否多元？评价方式是否多样？	是

2.有待改进提升——对课堂生成资源的充分利用

（1）课堂生成的不在预设范围内的教学契机（学生的疑惑、观点、卡壳点等），值得更好地把握和利用。

（2）小组活动中，老师可以更多地参与小组观察和讨论，适时评价，发现教学契机。

（3）针对学生出现的困难进行学法指导和任务难度的分层。

以上这些还需要改进提升，对课堂生成资源充分利用，这样的评价效果会更好。

可以看到，学习方式变化会导致评价方式变化，在信息技术学科中进行持续性学习评价设计有难度、有挑战，但这也是必须要做的，评价要促进教学，让我们深入学习、深度学习，积极实践、勇于探索，做有创新、有突破、有勇气、心态好、再发展的教育人。

基于项目式学习的初中音乐课堂教学案例

陈舒翼

在当今高效课堂的模式下，摒弃传统照本宣科的教学方法，改变教师一言堂的教学模式，项目式学习就代表了传统的基于论文的教学模式的转变。它是一种动态的学习方法，主张"先练后讲，先学后教"。实现学生唱"主角"，老师为"配角"的角色换位，它需要更多的准备时间和材料来指导各个小组的学习。在老师的指导下，将一个相对独立的项目交由学生自己处理，信息收集、方案设计、项目实施及最终评价，都由学生自己负责，学生通过该项目的进行，了解并把握整个过程及每一个环节中的基本要求，在这个过程中由一个学习小组进行，学生主动参与，他们扮演不同的角色，而这个角色会不断轮换。学生在项目式教学法的模式下进行学习，可加强自学能力、创新能力，领会到更深刻的知识和技能。

项目式学习最显著的特点是"以项目为主线、教师为引导、学生为主体"，具体表现在：目标指向的多重性；培训周期短，见效快；可控性好；注重理论与实践相结合，是师生共同完成项目，共同取得进步的教学方法。这种教学方法在美国被中小学普遍采用，锻炼了美国中小学生的创造力、团队合作和领导力、动手能力、计划及执行项目的能力。除此以外，对项目的选择也让中小学生更早和更深入地面对和解决现实生活中的问题。那么，这些能力则是在应试教育下孩子们缺少的面向未来挑战的能力。

在项目式学习中有一种"七步法"，包括学习目标、弄清概念、定义问题、头脑风暴、构建和假设、独立学习、概括总结。在应用"七步法"的过程中，学生是通过自己的思考和推理来学习的。本教学案例就是以项目式学习为指导思想，将其渗透到日常教学中。

以新授课《义勇军进行曲》为例。

一、本项目中需要完成的学习目标

（1）欣赏并演唱《义勇军进行曲》，能够用准确的节奏、旋律和饱满的情绪背唱，了解《义勇军进行曲》的创作过程及国歌的历史背景。

（2）记住词、曲作者及其主要贡献。

（3）理解聂耳在歌曲创作中对音乐技法的使用。

二、本项目中需要完成的核心任务

探讨作曲家聂耳在创作中使用了什么技法，使这首歌曲成为抗战期间全国人民战斗的号角，成为抗争不息、独立自强精神的体现？

三、项目式学习的实施步骤

图1为《义勇军进行曲》项目式学习流程。

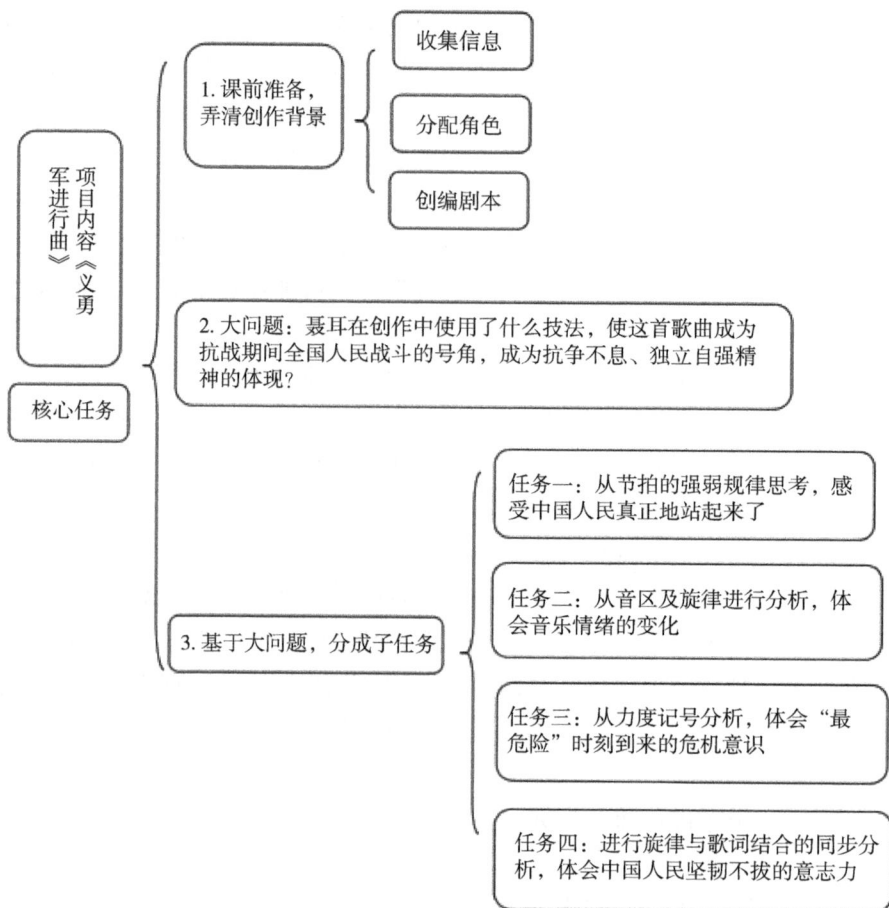

图1　《义勇军进行曲》项目式学习流程

以下为具体实施步骤。

（一）课前准备，弄清创作背景——收集信息、分配角色、创编剧本

全班同学可分为3～4个大组，每组编配小剧本，给每位成员分配具体任务及角

色，让他们用戏剧的方式演绎出作品的创作背景。

以下为相关资料。

1. 《义勇军进行曲》的创作背景

作于1935年，是影片《风云儿女》的主题歌。影片描写20世纪30年代初期，以诗人辛白华为代表的中国知识分子，为拯救祖国，投笔从戎，奔赴抗日前线，英勇杀敌的故事。影片有一首主题歌和一首插曲。它们分别是写于1935年的《义勇军进行曲》（主题歌）和写于1934年的《铁蹄下的歌女》（插曲）。这首主题歌曲在影片的首尾两次出现。给观众留下极为深刻的印象。歌曲内容是号召人们奋起抵抗入侵者，歌曲雄壮激烈，催人奋进。因此，它很快就成为中国最著名的抗战歌曲。

田汉在完成影片故事后即遭反动派逮捕，歌词是他写在一张包香烟的锡纸上的。聂耳在谱曲前，也因受反动派迫害即将离国，在去日本前写成初稿，到日本后不久就把歌谱完成寄回。主题歌在影片中一唱出，立刻产生巨大反响，在中国人民争取自由解放的革命斗争中起过巨大的鼓舞作用！

2. 词、曲作者的简介

聂耳（1912—1935年），人民音乐家、音乐活动家。原名聂守信，汉族，云南玉溪人，生于昆明。代表作有《义勇军进行曲》《毕业歌》《卖报歌》《金蛇狂舞》等，他的音乐创作具有鲜明的时代感、严肃的思想性、高昂的民族精神和卓越的艺术创造性，树立了中国音乐创作的榜样。

田汉（1898—1968年），戏剧作家、诗人，湖南长沙人。组织"左翼剧社"。创作了大量戏剧、电影剧本。他是中国最早革命音乐的组织者和领导者。代表作有《义勇军进行曲》，话剧《关汉卿》《文成公主》等。

3. 地位及意义

在民族生死存亡的紧要关头，《义勇军进行曲》恰如号角，召唤人民用血肉筑起长城，奋勇抗敌。这首歌在国际上产生了广泛而深刻的影响。在战火纷飞的反法西斯战场上，勇敢的战士们经常可以听到美国歌唱家保罗·罗伯逊演唱这首歌。1945年美国国家电台选定《义勇军进行曲》为中国的代表歌曲，称之为"凯旋之歌"。

直到今天，《义勇军进行曲》仍以激昂的音调和巨大的感召力，鼓舞着中国人民为建设和保卫祖国、为民族的复兴而奋勇前进。

4. 历史沿革

1949年9月27日，《义勇军进行曲》被定为中华人民共和国代国歌。

1982年12月4日，《义勇军进行曲》被定为中华人民共和国国歌。

2004年3月14日，赋予国歌以宪法地位。

2017年10月1日，施行《中华人民共和国国歌法》。

（二）项目问题的设定

在确定项目后，定义问题，以小组探究的方式分解问题。

1.定义问题

作曲家聂耳在创作中使用了什么技法，使这首歌曲成为抗战期间全国人民战斗的号角，成为抗争不息、独立自强精神的体现？

2.探究问题的方式

根据乐谱（图2），小组成员组织组内视唱、演唱、分析、探讨。确定问题后对问题进行分析，对一首作品分乐句进行分析，形成多个小任务。

图2 乐谱

（三）基于大问题，分成子任务

任务一：从节拍的强弱规律思考，感受人民真正地站起来了。

确定问题后对问题进行分解分析。先从歌曲的第1、第2乐句进行问题分析。

活动一：小组视唱第 1、第 2 乐句，可从节奏方面进行探讨：

（1）前奏的附点、三连音节奏起什么作用？

（2）找出歌曲中的八分音符，探讨弱拍起唱的作用、表达了怎样的情绪。

引导：假设用正拍起唱，会有何效果？和弱拍起唱哪个更能表现人们真正站起来了？

总结：小组探讨后，进行解读，边唱边用身体律动做示范进行对比。通过假设、对比的方式，大家能更加深刻地理解作者的创作意图。该乐句前奏中的附点节奏具有推进的作用，连续的三连音好比连续不断的机关枪枪声，营造了紧张迫切的情绪，战争的来临，似向人们敲响了警钟。八分音符及弱拍起唱，更能表现中国人民真正站起来英勇奋战。

任务二：从音区及旋律进行分析，体会音乐情绪的变化。

活动二：小组视唱、演唱第 3 乐句，分析并探讨，可从力度记号方面进行分析，并理解作者在此用重音记号的意图（图 3）。

图 3　重音部分

（3）"中华民族到了"几个字加重音记号是否恰当？

（4）试试用两种不同的演唱方法来感受重音记号作用，体会歌曲内涵。

总结："中华民族到了"使用连续的重音记号，唱得铿锵，坚定有力，唱出呐喊的感觉，是在提醒人民到了最危险的时候，代表中华民族不屈不挠的英雄气概。

任务三：从力度记号分析，体会"最危险"时刻到来的危机意识。

活动三：小组视唱，对比分析并探讨第 3、第 4 乐句，可从音区及旋律走向方面进行对比分析。

（5）这一乐句旋律音区（图 4）和别的乐段有何不同？

（6）旋律走向、力度变化、主三和弦分解进行（图 5）。

图 4　片段 1

图 5　片段 2

总结：通过乐句对比分析，中低音区、旋律上行、承上启下、首尾呼应，附点节奏推动，力度记号由弱到强，一次比一次激昂，唱出号召力，把全曲推向高潮。预示中国人民在积聚、在酝酿不可抗拒的力量，发出有力的吼声。

任务四：进行旋律与歌词结合的同步分析，体会中国人民坚韧不拔的意志力

活动四：小组视唱第 5 乐句（图 6）。

（7）齐唱"冒着敌人的炮火"，进一步体会三连音的作用。

（8）"前进"的力度记号的作用是什么？可否把最后一个"进"去掉？歌曲最后多加一个"进"有什么作用？音乐与歌词同步分析。

图 6　片段 3

总结：通过对歌词、旋律的分析，深层次体会歌曲的内涵。三连音在歌曲中五次出现，号角似的，热情奔放地招呼人们奋起战斗。歌曲中的力度记号及"前进！前进！前进进！"的使用使歌曲更有创造性，能够反复连续唱，象征中华民族生生不息，同时加强歌曲终止感，唱出坚定不移、势不可挡之感。

《义勇军进行曲》人人会唱，但这首歌曲为何会成为抗战期间全国人民战斗的号角，成为抗争不息、独立自强精神的体现呢？为了深入理解歌曲，这个课题很有必要拿出来讨论、学习。它伴随着每一位中国人成长。在校园里，每周一升旗仪式上会唱国歌。在社会上，在重要庆典、外交场合、国际性集会、维护国家尊严的斗争场合会唱国歌。在奏响或唱起国歌时，我们应站立，严肃、认真地唱好国歌。它是国家的象征，是民族的心声。"起来！起来！起来！"，这呼号不仅是前辈昨天战斗的号角，也是今天我们每个同学身负重任走向未来、建设祖国的进军号！我们应该继承革命先辈的优良传统，发奋读书，为中华民族的富强而努力！

在教师的引领下确定学习目标，通过自己的思考和推理完成学习，大大提高了同学们的自主性及合作性，改变了以往"教师讲，学生听"的被动教学模式。在项目式教学中，老师的角色是通过支持、建议和引导学生，帮助他们更好地学习。在了解了他们已掌握的知识、即将要掌握的知识，以及如何获得新的有助于解决问题的信息后，帮助学生建立敢于接受挑战的信心，并在必要时帮助他们加深对问题的理解，这样有利于学生主动参与、自主协作，这是探索创新的新型教学模式。

初中美术"设计·应用"领域的项目式教学

——以"世界读书日——招贴设计"为例

许洪杰

从本质上说,项目教学法是通过老师的指导,将一个处于独立状态的项目交付给学生进行自主处理。学生在这一过程中通过相关信息的收集、策划方案的设计、实践项目的实施等完成整个项目。在开展项目教学的过程中,学生们能够接收到许多课本之外的实践知识,同时项目当中的各项突破性环节设置也会激发学生们主观思考、努力挑战的思维。

以平面设计中"招贴设计"这一项目作为核心,开展项目式教学,不仅能够充分与生活相联系,也能够在其中巧妙融合许多关于美术学科的技能和知识,这对培养学生的美术学科素养而言是一次具有极强实践意义的尝试。

课程标准指出"设计·应用"学习领域包括设计和工艺学习内容,既强调形成创意,又关注活动的功能和目的[①]。教学内容的选择应贴近学生的生活实际,将学科知识融入生动的课程内容,密切联系社会生活,关注环境和生态,突出应用性、审美性和趣味性,使学生始终保持浓厚的学习兴趣和创造欲望。

一、寻找设计之源,确定项目主题

在平面设计的综合内容里,招贴设计广泛而深度地融入社会,以丰富和多样的视觉形态促进交流、传播文化、发展创意、服务社会,凸显其人文性和工具性价值[②]。"美育无课堂",招贴设计作品遍布大街小巷,并作为独特的"城市面孔",以其独特的表达形式及广泛性、传播性,已超越了其原有的商业价值,成为体现城市形象、促进文化交流、传播社会主义核心价值观的重要载体。

招贴设计的学习,可以有效启发学生通过识读、甄别、鉴赏各类设计作品,并通过密切联系生活、积极参与创意实践表达人文思想,发展其创新意识和创造能力,进而培

---

① 肖勇,王雅琳. 视觉维度:浅谈招贴设计教学实践 [J]. 中国美术,2012(3):6.

② 黄悦. 学科核心素养下的农村美术鉴赏教学 [J] 新教育时代电子杂志(教师版),2020(6):134,155.

养学生核心素养和正向价值观 ①。

随着信息技术化时代的到来，现代人对手机的依赖性越发突出，尤其是青少年对于游戏和网络的痴迷程度越发明显，从而忽略了最原始也是最有力的知识获取途径。笔者的用全球阅读量调查报告具体数字，告诉学生国人在读书方面的匮乏、知识对我们的重要性，为了让大家多读书，确定以设计招贴"世界读书日"为主题的项目式学习。

二、分析教学内容，做到知己知彼

在开展项目式教学前，首先要解读课程标准中对设计的要求，同时将教材内容进行整合，使设计课程有效衔接，可以使学生更充分地掌握设计语言和技法。同时要了解学情，前期对 100 名学生的调查问卷进行分析，发现学生对于更深度地学习招贴设计的兴趣达到了 85%；在学习招贴设计中，缺乏创意的竟然达到了 90%，认为自己绘画能力薄弱的学生也达到了 40%，由此确定本节课的教学重点与难点内容，可以更加有效地开展项目式教学。通过以上分析发现，学生最缺乏的就是创意思维，因此本节课的重点就是从学生实际出发，培养学生的创意思维，并安排实践活动，这能够极大调动学生的创作热情，而教师要做的是在这一过程中引导他们主动思考、主动探索并进一步提高其思维发散能力。

三、教学过程规划与实践策略

笔者将项目式教学分为 6 个阶段（图 1）。

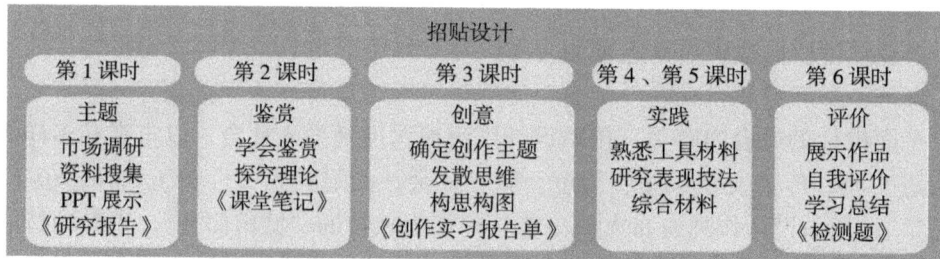

图 1　教学流程

1. 主题确定与资料收集、准备

课程活动以小组方式（3～4 人）进行，每个组由组长带领协同合作。

收集资料，如有关世界读书日的背景、调查报告、国际影响情况和统计数据，目的在于加强学生对该题材的认识。

---

① 范紫辉. 核心素养下九年一贯制学校体育课程教学方法研究：以篮球项目为例 [J]. 山西青年，2020（10）：171-172.

（1）收集海报、图片资料。收集有关世界读书日的国际、国内视觉设计素材，为初步创意提供形象的依据和可想象的基础。

（2）收集特定资料。该资料指的是独特的、有内涵和象征意义的形象化资料，也许与公益无关，但有可能成为创意的灵感和来源。

（3）课堂讨论。各小组将从不同角度对不同信息资料进行汇总和分析，探讨将各种素材进行不同配合的意义，从而产生初步的主题或创意。

在案例中，组织学生在社会生活实践中进行招贴设计的素材搜集，引导学生从生活实际入手，参与招贴设计的市场调研，通过走访与考察街头巷尾、公共交通、户外广告等，引导学生在课堂上通过对招贴设计作品图片资料进行整理、罗列、展示，自主探究什么是招贴，以及招贴的艺术特征等内容。

2. 招贴的创意探讨

（1）由每个小组分别在课堂上进行展示，感受招贴的造型、色彩、材质、肌理、空间等形式特征，进而探究招贴基本理论：招贴的概念、构成元素、类别与艺术价值。通过分组合作，设计出研究方案，并通过 PPT 进行交流与展示。强调开放性的思维方式，激发创意者潜在的最具价值部分，形成具象化的格式和手段，初步确定创意的表现形式。

（2）探讨创造力的表达方式。要引导学生打破各种素材之间自然的组合关系，寻找其潜在的关联，使它们产生全新的组合。

（3）创意要新颖，能够吸引眼球，产生共鸣。

3. 招贴的构思设计

项目式教学的关键是项目过程，学习小组利用课堂展示中获取到的意见将收集的数据和材料进行整合、提炼，通过具体的设计任务驱动，引导学生围绕"世界读书日"主题搜集资料，进行发散思维训练，有效运用三种图形创意方法进行视觉创意、整合，实现招贴主体图形的创意构想。根据主题确定不同的表现手法，寻找材料、动手创作，综合运用电脑、手绘、摄影、综合（材料）等工具和技法不断尝试探索，对招贴作品进行改进完善[1]。

（1）明确设计的侧重点。学习小组在研判后，在组与组之间探讨绘制的草图，发现绘制的草图主要分为两大类，文字为主的设计和图文结合的设计同时强调色彩的重要性。所以要明确设计的任务，要注意把握设计草图的精髓，确定图形、标题、文字内容、文字字体及大小、中英文的位置和长度，以及文字之间的距离。应鼓励学生不断尝试不同图形、字体效果和视觉效果的搭配和协调。

（2）笔者将招贴作品呈现出来，对作品进行讲解，提示学生要考虑字的数量、字的装饰、位置的摆放和色彩，以烘托主题。文字语言的构成包括标题、标语和正文。诉求

① 张晨辉.美术学科核心素养中关键能力的培养途径研究：以高中美术鉴赏课《走进意象艺术》为例[J].文艺生活·中旬刊，2019（10）：262.

不同，文字构成的要素也不同。当然，在招贴设计中，文字不是必需的，可以是完全为文字的招贴，也可以是完全为图形的招贴，也可以是二者有机结合。

（3）将图形和文字结合设计时，把相关的形象分解、整合、处理，寻找创意的突破点，创造新的视觉形象。图形是超越文字局限的，具有视觉传达的图形和符号，可以是摄影作品，也可以是拼图，或者是绘画及电脑后期加工作品。最主要的是利用符号和图形来传达自己的诉求，给予视觉张力，这也考验着设计师的综合审美能力。

（4）色彩的设计主要是为了在视觉上打动人，利用色彩的对比与配置，让人产生强烈的色彩美感，激发欣赏者对主题的共鸣。

同时强调在设计构思中，也应注意以下几点。①构图：文字、图案的位置在视觉传达中起到举足轻重的作用。②文字：表情达意的重要工具。它有横式、竖式、斜式、图形结合几种形式。③图案：有代表性，鲜明夺目，可适度夸张变形。④色彩：是吸引观众的第一要素，既要合理搭配，又要烘托主题。例如，可以尝试不同形式的构图，文字与图案不同色彩、不同位置搭配组合，从而达到更具合理性的效果。

（5）设计方法。笔者呈现运用不同方法设计的招贴作品，通过学生对招贴作品的分析，总结出三种创意方法都可以应用在招贴设计的创意中，利用正负、同构、变异三种方法形成强烈的视觉冲击力，给予观者丰富的心理感受。

四、创意实践的跨学科式教学

为了使学生了解设计师是如何将作品呈现在我们眼前的，学习小组将草图通过电脑软件 Photoshop 设计制作出来并完美呈现。美术教育是灵魂，信息技术是辅助，二者的有机结合让学生感受到一幅招贴的完整设计过程，教师亲身示范，"举一"而让学生"反三"，引导学生掌握围绕主题进行创意的步骤。

五、采用多元化评价方式，认识自我

"世界读书日"主题招贴设计模拟提案比稿会，通过单元总结与招贴设计作品展示交流，结合《美术学习手册》，引导学生进行自评、互评及过程性评价，最终形成设计展。

本课采用多种评价手段，在评价方式上鼓励学生大胆进行展示交流，并采用相对专业的语言来评述创意、对个人在课堂中的学习态度和整体表现进行评价，强化美术核心素养在项目式教学中发挥的重要作用。

1.过程性评价

在不同阶段中的总结中，学生完成属于自己的过程性评价（表1）。过程性评价可以帮助学生在课上随时了解自己对知识的掌握程度及课堂参与度，也可以帮助老师掌握自己授课的情况。

表1　过程性评价

评价项目	自我评价						组长评价
	图像识读（10分）	审美判断（20分）	美术表现（20分）	文化理解（10分）	创意实践（20分）	课堂参与（10分）	组内参与（10分）
	识别设计种类，能够从色彩、构图方面进行评价	根据设计原则辨识优秀的设计，对不好的设计提出质疑	使用搜集的素材，通过交流联系实际生活设计作品	能举例说明设计作品与文化传承的密切关系	尝试对身边不好的设计作品进行改变	积极参与课堂讨论，积极完成活动调研，搜集素材	积极参与课堂讨论，积极完成活动调研，搜集素材
评分							

2. 学生互评

在课堂作业基本完成后，学生对展示板上所有的招贴作品的创意方法归类是否正确逐个给予评价，如"这幅招贴作品归类是正确的，使用的是什么创意方法"等。

3. 学生自评

教师鼓励已展示自己作品的学生自评，每组有一位同学结合本课重点知识点讲解个人招贴作品使用的创意方法，以及如何表现主题。

4. 教师讲评

教师逐个讲评按照创意方法进行归类的招贴作品，并对学生运用的创意方法和画面效果进行总结性评价（表2），既关注教师的教学活动，又重点注重了学生学习过程的评价，使学生能够在掌握知识的同时学会建立师生、同学之间的合作关系。

教学全程使用《评价手册》进行评价。发挥监控与评价作用，提高美术课堂"教"与"学"的效率，对学生学习和教师教学产生双向的影响。《评价手册》将纸笔测试、表现性评价、成长档案袋等评价方式统一成一个整体。它是评价的有力依据，使评价常态化和具备交互性。

表2　总结性评价

课题名称				
班级：	姓名：		模块：	日期：
评价项目（活动）	评价内容		评价方式	评价等级（优/良/达标/待达标）
学习态度与方法（20分）	积极参与体验活动的全过程，目标明确地进行探究活动，具有合作精神，主动展示本组的创意作品并进行交流与分享		自评	
			组评	
			师评	

续表

		自评	
课堂参与（20分）	能够通过小组合作的方式勇于承担任务	组评	
		师评	
作业评价（60分）	1. 作品基本符合作业要求，运用课堂所学表现形式，能表现自己的所见所闻，内容积极向上（15分）	自评	
		组评	
	2. 构图饱满，造型表现生动，色彩关系明确（15分） 3. 能联系实际生活，注意设计与功能的关系，创意新颖（15分） 4. 展示效果完整，价值观积极向上，符合时代特点（15分）	师评	
教师评价	教师评语 最后评定等级：85分以上为优秀，70～84分为良，60～69分为中，60分以下为差 教师签名： 日期：		

作业设置以实际活动为主题——"世界读书日"，便于学生掌握。另外，又能将所学内容运用到校园生活中，同时增强了学生对学校生活的理解与热爱，实现了情感、道德、价值观的提升。

通过项目式教学课程的实施，学生的积极性提高了很多。在前期准备时需要搜寻大量的信息和资料，很多学生到图书馆寻找资料，"世界读书日"的效果实现了。在查找过程中，他们搜集了很多名人名作，在临摹过程中分析自己和大师的差距，从而激发自己的创作热情。也有很多学生解锁了很多之前没有的技能，并以此为契机不断精进，真正提升了学习的效果。

在信息飞速发展的时代，招贴设计教学不断向多元化发展。基于项目的教学方法，引导学生肩负起学习的使命，学生通过自己的设计传达他们想要的效果。同时，大家在团队合作中自主探索，通过不断沟通，形成新的认知，从而进一步了解招贴设计理念、构思方法、表达方法和创新应用。这不仅是一种责任，也是一种重要的文化创新。它是新时期开展项目教学的有效尝试。

美术教师在项目式学习中引导作用初探

杨英英

在项目式学习中初中美术教师的专业引导作用主要体现在为学生创设情境，激发学生学习的兴趣，进而推陈出新，培养学生的审美能力。教学课堂上注意设疑，启发引导，激活学生的思维。教师做好演示，培养学生的动手能力与创造力。正确评价学生作品，激发学生的创新思维。在教学中充分引导学生学习专业知识，注重态度和技能的培养，这样才能上出真正的"新"课。美术教材的改革与修订已经有五年的时间了，一场彻底改变传统教育观念的课程改革实验也与其他课程改革一样，在美术学科教学改革中迅速开展起来，紧扣课程标准，关注学生发展也成为美术教师思考和探索的问题，那么教师在美术课堂上到底起了什么样的作用呢？我个人体会如下。

一、教师要为学生创设环境，激发学生学习的兴趣

美术活动是在学习动机的推动下产生和发展的。这种学习动机，只有在教师调动了情趣之后，才有可能被激发出来。所以，在美术课上，教师首先要为学生创设一个轻松、愉快的心理环境，让学生有足够的心理空间和自信心，按照自己所选择的活动内容、思路进行操作。同时，教师还要为学生创设充满感情色彩的审美环境，以引起学生对美好事物的喜爱和向往，激发他们的兴趣和欲望。反之，如果教师总是闭门造车，要求学生机械地临摹，让他们缺乏日常生活的体验，那么美术活动就会变得枯燥无味，也不会激发学生的兴趣。例如，在上《学校形象设计》一课时，就应该把学生们带到户外，虽然我们学校地方不大，但学生可以用自己的审美眼光和能力选择自己要表现的内容，一排教室、一棵树、一个花坛等都是他们认真选择、比较的结果，并不是老师规定的地方，他们也不是单纯地临摹图片，而写生最后的结果是，每个学生的作品都是不同的景象，各有各的色彩，学生们也会惊讶地发现那些看惯的景色原来也是如此美丽，从而激发了学习的兴趣。

二、精选教学内容，推陈出新，培养学生的审美能力

美国心理学家布鲁诺说："学习的最好刺激，乃是对学习材料的兴趣。"如何在一堂课上选择好切口，安排好教学内容无疑是吸引学生参与课堂教学的一条切实有效的途

径。教师是学生学习的组织者、指导者、交流者，在课程的内容上一定要精选，降低现行教材内容在知识技能方面的难度。美术教师应在备课、上课、辅导学生的过程中，重视书本知识与学生的生活实际及社会发展的联系，要大胆指导学生学习的方法，让学生知道美术课不是孤立的学科，不仅要掌握绘画技能还要了解历史、时尚等，所以教师在备课的同时应该通过课程的均衡性、综合性和选择性来突出美术教材的基础性。

例如，"欣赏西方绘画"一课上，教师并不是把所有的名家名画作品进行一一介绍就可以把课上好，完全可以选择其中一幅画的历史背景来贯穿整堂课，在讲述绘画史的发展时，再逐一介绍绘画，还可以从画派的形式开始，结合画家成长的故事和绘画风格讲解，当学生全神贯注地听到富有趣味、情节动人的事迹时，很自然地在愉悦的欣赏过程中增长了知识、开阔了视野，激发了求知欲。

三、课堂上注意设疑，启发引导，激活学生的思维

美术活动中欣赏和动手的地方比较多，所以很多老师在上课的时候并不关注对学生的提问及问题的设定。心理学中有一个观点：行动来自一个人的需要。当一个人意识到自己有某种需要，也意识到通过某种行动可以满足这种需要时，就会有意识地采取一定的有效行动来实现它。

因此，课堂上老师的设疑相当重要，而每一次的设疑，都要尽可能让学生关注并参与思考，激发学生的求知欲望，产生迫切的心理需要，产生良性循环的同时也激活了学生的思维。例如，欣赏《苏州园林》一课，在出示图片的同时就可导入："俗话说，上有天堂，下有苏杭。杭州有碧波荡漾的西湖，让每个人魂牵梦萦。那苏州又有什么牵动我们的心灵呢？"这样，比直接讲述苏州园林的特点更能激发学生的学习兴趣，让学生在课堂一开始，就能跟随老师的思路，从而达到教学目的。在欣赏中，再配以昆曲《牡丹亭》，讲解唱词"不到园林，怎知春色如许""朝飞暮卷、云霞翠轩……"，进一步启发引导学生：《牡丹亭》既是昆曲的曲名又是园名，昆曲与苏州园林又有何关系？问题的设定再次激发了学生的思考。曲名与园名相通，曲情与园情交融，曲园并貌，浑然一体。虽然昆曲与苏州园林在表现形式上不同，但都体现了中国传统文化的精华。

四、做好教师的演示，培养学生的动手能力与创造力

在华盛顿儿童博物馆的墙上有一条醒目的格言——"I hear, I forget; I see, I remember; I do, I understand"（听到的，过眼烟云；看见的，铭记在心；做过的，浃髓沦肌）。这句格言充分体现了动手的重要性。所以，在学生听、说、看、思等活动外，让学生动手参与，会让他们产生更饱满的热情与深刻的印象，不仅培养了学生的动手能力，还提升了他们的创造能力。

美术活动是一种手脑并用的实际操作活动，不同题材的造型制作所使用的材料也各

不相同。老师在课堂教学过程中，有很多地方需要进行讲解与演示工作，需要使用不同的工具，这样可直接激发学生的动手欲望，促使他们从事具有创造性的美术活动。例如，制作年画，所需要的工具材料有水粉笔、颜料、宣纸、水墨、毛笔、木框、刻刀等。无论使用何种工具材料，都需要学生凭想象进行操作。但是，年画在制作中有严谨的几个步骤，本身有一定的难度，生活中也很少涉及，所以老师的演示和指导相当重要。另外，在年画制作中可用各种树叶做肌理效果，各种各样的树叶不仅可供人欣赏，又可供学生自主创造出各种美丽的图案和形象。由此可以看出，老师的课堂演示不仅帮助学生掌握绘画与制作的技能，还能提高他们的学习兴趣，激发他们动手及创新的欲望。

五、正确评价学生作品，激发学生的创新思维

美术是直观性比较强的学科，学生的作品直接反馈了学生上课的效果。在评价学生作品时，教师要根据学生的个体差异区别对待。例如，在纸盒造型活动中，能力差的学生只要制作出简单的造型即可，而能力强的则要求他们能独立地做出像花瓶、家具等组合起来的、较为复杂的作品。在评价时，教师要尽可能地评价大多数学生的作品，肯定点滴的进步，增强其自信心。对能力差的学生要有的放矢，用建议、商量的口吻提出作品不合理的地方，使他们逐步由冷淡到热情，由被动变主动，帮助他们获得成功的体验，激起他们对美术活动的浓厚兴趣。总之，新课程理念下改进初中美术教学策略和学习方法至关重要，而教学机制只钟情那些有准备的学生和博学多才的教师。因此，要想让我们的课堂精彩起来，我们就应该首先成为"研究型"教师，努力丰富自己的见闻、增长自己的学识，在课堂上更好地发挥教师的作用，这样才能上出真正的"新"课。

在学科活动中引导学生向善向美

——谈语文学科活动的设计和组织

刘艳

"处处留心皆学问，人情练达即文章。"一直以来，在语文及生活的大语文观的引领下，我用心在三尺讲台上耕耘。语文教育就像是一片肥沃的园地，正所谓"人勤地不懒"，纵观现在的大语文学习，可以在精心设计和组织语文学科活动中，引导学生向善向美。

一、守住语文阵地，开展读书活动，用心引领学生回归书本，悟得一缕美好的墨香

在科技发展日新月异的今天，网络与影视资源以其震撼的效果和影响力，吸引了很多人。网络游戏及影视作品中的角色、画面、情节、音乐等充斥着学生的大脑，学生对此津津乐道。相形之下，纸介书本倒像是一根"食之无味，弃之可惜"的鸡肋。尽管这样不利于语文学习，但是想着去"堵"，也实在不是很好的办法。常言道，兴趣是最好的老师。转念一想，精心设计一下读书活动，是不是可以吸引更多的同学回归书本，寻得墨香的美呢？

正所谓"腹有诗书气自华"，书读得多，见解也就会不一样了。在网络和影视资源全覆盖的年代，教师有责任引导学生回归书本，悟得那一缕美好的墨香。阅读对语文学科的重要性不言而喻。阅读本质是一种输入，而分享是一种输出，输出的内容是对阅读书籍内容理解程度的检验，同时促进学生进行更高质量的阅读，进而形成正向循环，提升阅读能力和表达能力。表达形式则大体可以分为书面表达和口语表达，这两种形式在我的阅读活动设计中均有体现。

（一）设计阅读进阶活动

设计阅读进阶活动，阅读进阶推荐书目，照顾到不同程度学生阅读的起点和困难点，从阅读兴趣的激发、书目的选择、计划的制订、方法的选择、过程的推进、成果的检测等环节通盘考虑；利用名著阅读手册，深度阅读、记录，进行多元个性化展示（大话西游、思维导图展示、西游图鉴）；在假期向学生推荐充满文化、人文情怀的书籍，让阅读浸润生活；进行《论语》《世说新语》讲解，推荐程度好的学生进行《史记》故

事讲解，让他们在输出中感悟读书的美好。

（二）设计原著与影视作品打通的学科活动

设计原著与影视作品打通的学科活动，就着学生对影视资源的兴趣，结合自己阅读原著的体会有意识地引导学生与原著比较，从而获得新的启示。

纵观中外著名作品，其实有很多被拍成电影和电视剧。鼓励学生阅读名著，在和影视作品的对比中获得新的启示。比如，中国古典四大名著《西游记》《三国演义》《水浒传》《红楼梦》，都被拍成了电视剧。可以鼓励学生比较原著与电视剧中的情节及人物形象的差异。例如，《林教头风雪山神庙》这一课，我通常会把电视剧中林冲奋起反抗，杀了陆谦和富安的那一幕与课文中相关情节进行比较，学生在阅读原著之后，都会发现电视剧中很多细节处理得与原著不一样。"仁者见仁，智者见智"，学生就此与书本对话，与生活对话，对其进行正向引导。

二、重视古诗文教学，开展多种形式的古诗词展演活动，引领学生回归传统文化，觅得一片精神的乐土

在科技高度发达的现代，生活是快节奏的，适应这种快节奏的生活方式就是时下流行的一种快餐文化。智能手机几乎人手一部，碎片化的阅读很多。老师可以引导学生观看一些经典的电视节目，如《经典咏流传》《中国诗词大会》等，让学生除了在书本上读到古诗文，在喜闻乐见的电视节目中也能看到古诗文，在科技迅速发展的大环境中，教师有责任引领学生回归传统文化，觅得一片精神的乐土。

教师可以设计形式丰富的诗词展演活动，如诗歌吟唱、吟咏、朗诵、表演等，从形式多样的诗词展演中去寻求精神之美、传统文化之美。在精神层面上，主要还是引导学生回归传统文化。语文一直担负着传承文化的重任，为此，教师有责任引领学生热爱古诗文，重拾经典，充盈思想，丰富精神。

除教材外，还有一些优秀的古代文集、古代诗人的传记等，可鼓励学生去读一些古代经典著作，如《世说新语》《史记》等。另外，还有一些电视节目，如《百家讲坛》《中国诗词大会》等，都可以利用起来，引导学生在传统文化中获得心灵的滋养。

在这个快餐文化盛行的年代，学生能静下心来重温经典，获得一种心灵的恬静也是好的。

三、留心生活，引导学生关注身边的人和事，在平凡的生活中发现美，赢得一种诗意的生活

在这个科技高度发达的人工智能时代，手机、网络等对青少年的影响是巨大的。"90后""00后"的青少年，对手机、网络的热衷程度是空前的。而这种热衷无疑是影响他

们的语文学习的。我们的孩子，一旦电子产品在手，便深深被这些"芯片"吸引，不可自拔。有一句话这样来形容"90后"的孩子：一群孩子在房间里安安静静，原来手机里是热热闹闹的。面对这样的情况，我们语文教师，有责任让孩子们摆脱电脑的束缚，让他们关注身边的人和事，从虚拟的生活中走到现实的生活中来。

虽说孩子们过着的是两点一线的生活，但是只要做生活的有心人，就能感受到成长的快乐。设计语文写作活动，引导学生关注自己的生活，写写成长中的感受是很有必要的。除此之外，同龄人写的文章可以利用起来，做到"奇文共欣赏"。另外，还可以广泛涉猎，多看新闻，关注时事，从而做到"家事国事天下事，事事关心"。引导学生做生活的有心人，走出自我的小圈子，融入集体，赢得一种诗意的生活！

美国教育家华特曾经说过："语文的外延与生活的外延相等。"语文的内容包罗万象，博大精深。人生的悲欢离合，求索的艰难坎坷；高山流水，清风明月；草长莺飞、山清水秀……都是语文鲜活的内容。所以，语文不是一本单一枯燥的教科书，而是活生生的、五彩斑斓的生活。能够把语文学好的人一定是懂得体验生活、观察生活的人！在语文学科教学中，可以设计一些有意思的活动，引导学生关注生活，向善向美。

（一）利用四季，感受自然景物之美，感受人情之美

比如，秋季到来时可以设计制作树叶画，或者写树叶信。一年四季，各有其美。秋天落叶缤纷，火红的枫叶、金黄的银杏、深褐色的梧桐叶……每一片落叶都有着不同的美。学生应和爸爸妈妈一起去公园赏赏景、散散心、拍拍照，一起捡拾树叶，感受落叶之美。草木一秋，人生一世，面对大自然中的落叶，你对生命有什么感悟呢？你又想对养育你的父母表达什么心声呢？请你把捡拾的落叶做成一幅美丽的树叶画，或者写一封有创意的树叶信送给你的家长。

（二）利用节日契机，设计学生喜欢的小活动，引导学生积极完成

比如，利用妇女节的契机，设计为女性长辈写首诗歌的活动，表达你的敬意。
示例：
您是生命的据点，是孩子快乐的起点，是家庭温暖的源泉，是职场奋斗逐梦的靓影，是红映半边的天。
愿您，被岁月被世界温柔以待，笑靥如花，芳华依旧，意气风发！
妇女节，请同学们创作一首叙事诗，献给自己的奶奶、姥姥、妈妈或老师。
任务要求：
（1）诗作中要通过情境或细节呈现人物的精神、性格或品质。
（2）尽可能做到"诗歌三美"：音乐美、绘画美和建筑美。

学生创作作品：

宝塔诗《献给您的诗》

夜

近深

灯光下

案旁桌前

教案页页翻

只见背影映墙

师者传道亦解惑

默默无闻诲人不倦

亦良师也亦良友

蚕丝尽蜡成灰

桃李满天下

愿万事吉

事业顺

幸福

安

我常常陷入这样的深思，语文教育的意义是什么？我们很自然地把文化的传承作为语文存在的意义。学生美好的韶华时光里，不应该只是题海与考试，在不磨灭学生兴趣的基础上充分利用语文教育资源，开展有效的语文学科活动是很有必要的。语文一直都担负着工具性和人文性的双重功能。除听、说、读、写这些基本的语文能力以外，审美与创造，以及对文化的理解和传承也是我们语文老师的使命担当！

爱因斯坦说："真正的教育，就是在学校里学的知识全部忘光之后还能留下的那部分东西。"是啊，随着时间的推移，知识可能淡忘了，然而那些我们曾经追过的书，那些开展过的活动，还有那些感动过我们的人和事却会是历久弥新的！

播下一颗善良的种子，感受一种美好的生活，让语文学科在活动中绽放光彩！让学生的生命在活动中向善向美！